U1005034

本书系国家社科基金项目

“明代司法监察制度及其运作研究”

（批准号17XZS005）的研究成果。

明代司法监察制度及其运作

朱声敏 著

凤凰出版社

图书在版编目（CIP）数据

明代司法监察制度及其运作 / 朱声敏著. -- 南京 : 凤凰出版社, 2022.8
ISBN 978-7-5506-3717-7

Ⅰ. ①明… Ⅱ. ①朱… Ⅲ. ①监察—法制史—中国—明代 Ⅳ. ①D691.49

中国版本图书馆CIP数据核字(2022)第131512号

书　　名	明代司法监察制度及其运作
著　　者	朱声敏
责任编辑	孙　州
装帧设计	陈贵子
出版发行	凤凰出版社(原江苏古籍出版社) 发行部电话025-83223462
出版社地址	江苏省南京市中央路165号,邮编:210009
照　　排	南京凯建文化发展有限公司
印　　刷	南京新洲印刷有限公司 江苏省南京市六合区雨花路2号,邮编:211500
开　　本	880毫米×1230毫米　1/32
印　　张	7.5
字　　数	175千字
版　　次	2022年8月第1版
印　　次	2022年8月第1次印刷
标准书号	ISBN 978-7-5506-3717-7
定　　价	88.00元

(本书凡印装错误可向承印厂调换,电话:025-57500228)

目　录

绪　论

一、学术研究回顾

司法活动是国家机器的主要职能之一，几乎与国家机器相伴相生。历代统治者都高度关注司法活动，除了不断建设和完善司法机构、司法制度，还不断加强对司法机构、司法人员的监察，所以司法监察制度及其实践也不断完善。但是古代并没有现代的"司法"和"司法监察"概念，故学界对于古代或明代司法监察制度的研究，成果很少，多数学者都是在对整个古代或明代监察制度的研究之时将司法监察作为监察的一个领域进行探讨。所以，进行学术史回顾，不得不提学界对古代或明代监察制度的研究。

（一）国内对明代或中国古代司法监察制度的研究回顾

截至目前，学界以"明代司法监察"为主题的研究成果寥寥无几。张锦国的硕士学位论文《试论明代的司法监察制度》对明代司法监察之思想及立法、司法监察机构及其职权、司法监察之运作形式三个方面作了稍为系统的阐述，但篇幅短小，失之空泛，且对于司法监察的制度规范论述遗漏颇多，对于司法监察之运作分析也不全面，更不深入①。

① 张锦国：《试论明代的司法监察制度》，中国人民大学2010年硕士学位论文。

隆奕考察了明初司法监察制度，认为明初司法监察制度由独立监察机构的监察、中央行政的监察以及司法体系内部监察三道监察网构成。作者指出封建专制导致明初司法监察制度有三大弊端：整个监察体系无一单一职能的监察机构，司法职能和其他监察职能相混；行政对司法的监察使得司法监察沦为行政的“奴婢”；宦官、厂卫特务组织干预司法，造成人人自危的社会气氛①。

黄阿明、方琢、王伟凯等学者分别考察了明代磨勘司的命运，都认为磨勘司加强了中央对行政、司法各项事务的监察，是朱元璋为加强对朝政控制、巩固皇权的一项措施②。陶道强论述了巡按御史会审的三种类型，即决囚审录、恤刑会审、特遣会审③。恤刑制度作为明代重要的司法监察制度之一，也颇受学界关注，研究成果丰硕④。

更多学者研究司法监察则是着眼于整个古代，进行长时段考察。王晓天、李江发认为把中国古代的司法监察分为独立监察机关的监察、行政机关的监察、上级司法机关对下级司法机关的监察三种类型，认为明、清的都察院属于第一种监察⑤。张晋藩指出七类司法渎职现象（断罪不如法、出入人罪、受财枉法等）、三种

---

① 隆奕：《明初司法监察制度述论》，《哈尔滨学院学报》2007 年第 1 期。

② 黄阿明：《明初磨勘司考论》，《社会科学辑刊》2013 年第 4 期；方琢：《洪武时期磨勘司之设与革》，《黑龙江社会科学》2017 年第 1 期；王伟凯：《明代磨勘司职能考辨——兼论〈明史·大理寺〉目下的一丝差错》，《社会科学辑刊》2017 年第 2 期。

③ 陶道强：《明代监察御史巡按职责研究》，中国社会科学出版社，2017 年，第 148—156 页。

④ 笔者寓目的相关著作主要有：梁治平：《清代习惯法：社会与国家》，中国政法大学出版社，1996 年；张世明、步德茂、娜鹤雅主编：《世界学者论中国传统法律文化》，法律出版社，2009 年；张晋藩：《论中国古代司法文化中的人文精神》，《法商研究》2013 年第 2 期；卢薇、王洪芳：《明代恤刑思想及刑狱实践之剖析》，《兰台世界》2015 年第 11 期。

⑤ 王晓天、李江发：《中国古代司法监察的发展沿革与成因探讨》，《湖南社会科学》2013 年第 1 期。

司法监察方式(审录囚徒,辨明冤枉;巡按州县,监督司法;“杂治”会审,决定大狱)。他也指出中国古代司法监察提供的历史借鉴是遏制司法渎职的一道防线,有专门的系统性规定,有严格的监察官的任职条件与监察责任[①]。李青认为历代司法监察专向性突出,通过御史参与某些重大疑难案件的审理和定期或不定期的出巡、录囚来实现[②]。

(二) 国内对明代或中国古代监察制度的研究回顾

当前学界多从立法、司法、行政、经济、军事等方面对明代乃至整个中国古代的监察制度及其运作进行综合阐述,成果丰硕。总结起来,与明代司法监察相关的研究成果主要分为三类:

1. 有关明代监察制度的宏观研究

早在20世纪三四十年代,杨鸿烈就指出“明代监察制度集历代监察制度之大成”。邓嗣禹则对明代监察体制在澄清吏治方面的积极作用给予高度赞扬。50—70年代,台湾学者徐道邻、戴炎辉、林咏荣等都对明代监察制度进行过大致勾勒。80年代以来,明代监察制度日益受到学界重视,相关研究不断深入,直接论述或者间接涉及明代监察制度的论文(包括硕士、博士学位论文)、著作超过三百篇(部)。学者们基本认为中国是最早建立监察制度的国家之一,商周时期就有了监察制度的萌芽,秦汉时期开始建立君主专制政体下的监察制度,尽管代有变迁,但没有一次变迁不牵涉国家机器运转方式的变革[③]。

---

① 张晋藩:《中国古代司法监察的历史管窥》,《中国党政干部论坛》2014年第10期。

② 李青:《中国古代司法监察的现代意义》,《政法论坛》2018年第4期。

③ 这方面的研究有:王勇:《中国古代监察制度的嬗变及其借鉴意义》,《社会科学》1999年第12期;胡沧泽:《唐代监察体制变革》,《福建师范大学学报》2001年第3期;王宏彬:《我国古代行政监察制度的历史嬗变》,《黑龙江社会科学》2002年第3期;刘长江:《中晚唐监察体制与宦官专权》,《山东师范大学学报》2002年第5期;贾玉英:《唐宋中央监察制度变迁初探》,《河南大学学报》2003年第6期。

明初皇权专制达到巅峰，明代政府对监察制度的依赖程度超过以往任何朝代，监察机构及其官吏的活动对于明代政府的正常运转具有特殊的重要意义。所以学者们在其监察制度通史或断代性政治史著作中对于明代的监察制度都给予关照，并肯定明代监察制度的空前完善与严密。如李渡指出“监察权全面渗透到明王朝政治生活的各个领域，成为国家中枢权力的重要组成部分”①。怀效锋认为“明代不仅建立了一整套完善的监察人员铨选、考核、升黜等人事管理制度，还建立了严密的监察责任制度……形成了交叉分工的多元型网络监察体制，使其具有权力制衡和均衡的作用”②。刘双舟认为明代御史巡按制度主要是吸取了汉朝的经验，即所谓“以小制大、以卑督尊”。但是明代的御史巡按制度显然比前代有较大的发展，具体表现在任职时限固定、钦差大臣身份、双重监察体制等方面③。毛圣泰指出中国古代监察制度被西方学者誉为中国历史上的第二条“万里长城”④。

对于明代监察制度的特点，关文发等总结为两点：第一，最完备，纵横交错。第二，对社会的影响空前强大⑤。丁玉翠也总结为两点：一方面充分体现了专制皇权统治的高度强化，另一方面亦体现了对监察官自身职务犯罪的全面防范⑥。

21世纪以来，张晋藩于我国古代监察制度研究用力颇深，一系列成果发人深省。除了本书介绍的其他作品，他还将我国古代

---

① 李渡：《明代皇权政治研究》，中国社会科学出版社，2004年，第90页。

② 怀效锋：《序》，刘双舟：《明代监察法制研究》，中国检察出版社，2004年，第1页。

③ 刘双舟：《明代监察法制研究》，第1页。

④ 毛圣泰：《论明代监察御史选任的五维建构》，《南昌大学学报（人文社会科学版）》2015年第4期。

⑤ 关文发、严广文：《明代政治制度研究》，中国社会科学出版社，1995年，第160页。

⑥ 丁玉翠：《明代监察官职务犯罪研究——以〈明实录〉为基本史料的考察》，中国法制出版社，2007年，第16—35页。

监察法制的发展和演变分为八个阶段，认为明代属于调整与强化阶段，为清代的细密与完备奠定基础，指出“司法监察是整个监察制度的核心”①。他还指出明朝的监察法由简单、单行法规趋向系统化，表现了立法技术的进步②，体现了监察任务的不断加重及其活动的日趋加强③。

对于明代监察制度的缺陷，学界的观点似乎也是趋于一致。李德福最早指出“明代言官往往一方面是君主专制的催化剂，是君主集权的主要扮演者，同时也是君主专制的牺牲品，这正是封建时代言官的悲剧所在”④。胡沧泽也说：“御史和谏官的谏诤是为皇权服务的，其效果的好坏，主要取决于皇帝的态度。”⑤关文发、严广文将明代监察制度的缺陷总结为五点：机构设置重叠，监察官员偏重于作为皇帝耳目，监察官员权重品低，监察过苛、威福过甚，监察权往往沦为贪污聚敛的工具⑥。

2. 有关监察主体的研究

台湾学者巨焕武比较早地考察了明代巡按御史与中差御史⑦。大陆自20世纪80年代开始陆续有学者比较深入地讨论都察院、大理寺、总督、巡抚和提刑按察使司的监察职能。

(1) 监察机构的范围

给事中和御史是明代监察系统的主力军这一结论已成共识。

① 张晋藩主编：《中国古代监察法制史》，江苏人民出版社，2007年，第306页。

② 张晋藩：《中国古代监察思想、制度与法律论纲——历史经验的总结》，《环球法律评论》2017年第2期。

③ 张晋藩：《中国古代的治国之要——监察机构体系与监察法》，《中共中央党校学报》2018年第5期。

④ 李德福：《明代言官》，《上海社会科学》1982年第3期。

⑤ 胡沧泽：《中国监察制度史纲》，方志出版社，2004年，第135页。

⑥ 关文发、严广文：《明代政治制度研究》，第169—175页。

⑦ 巨焕武：《明代巡按御史与中差御史》，《政治大学学报》第31期(1975年5月)；《明代巡按御史之点差及出巡》，《政治大学学报》第34期(1976年12月)。

但是对于监察主体的范围，大家的看法颇有分歧。商传、关文发、严广文、王守法、张创新等人都认为明代监察主体仅仅包括中央的都察院（含十三道监察御史，但不包括督抚）和六科[①]。陈国平、韦庆远、柏桦、张德信、徐晓庄、张晋藩等人则都认为明代监察主体除了都察院、给事中，还应该包括总督、巡抚和提刑按察使司[②]。傅丽认为明朝时期形成了中央和地方双重监察体系，其中提刑按察使司是明朝地方监察的主体[③]。除了都察院、六科、督抚、按察司，李孔怀、刘双舟都认为明代行政监察机构也应该包括厂卫特务机构[④]。张显清、林金树将大理寺也纳入监察机构的讨论范围[⑤]。吴艳红、姜永琳根据四川司法档案认为布政司在司法监察过程中发挥重要作用[⑥]。丁玉翠将监察官分为专任监察官和兼任监察官，前者包括都察院、六科及提刑按察使司的官员，后者包括督抚和分守道、分巡道官员，以及因事而设的诸多专务道。她还指出，从广义上说明代具有监察职能的机构还有通政使司和厂卫特务机构[⑦]。钞晓鸿则提出了“广义监察”“狭义监察”的概

---

① 白寿彝主编：《中国通史·明代》，上海人民出版社，1999 年，第 331—332 页；关文发、严广文：《明代政治制度研究》，第 133 页；王守法：《中国政治制度史》，山东人民出版社，2002 年，第 157 页；张创新：《中国政治制度史（第二版）》，清华大学出版社，2005 年，第 286—288 页。

② 陈国平：《明代行政法研究》，法律出版社，1998 年；韦庆远、柏桦：《中国官制史》，东方出版中心，2001 年；张德信：《明朝典章制度》，吉林文史出版社，2001 年；张晋藩主编：《中国古代监察法制史》；徐晓庄：《明代监察机构刑事司法职能研究》，《中州学刊》2008 年第 2 期。

③ 傅丽：《明代的提刑按察使司制度研究》，《兰台世界》2015 年第 6 期。

④ 刘双舟：《明代监察法制研究》；李孔怀：《中国古代行政制度史》，复旦大学出版社，2006 年。

⑤ 张显清、林金树主编：《明代政治史》，广西师范大学出版社，2003 年。

⑥ 吴艳红、姜永琳：《布政司与明代司法——以〈明代四川地方司法档案〉为中心的研究》，《南京大学学报（哲学·人文科学·社会科学）》2016 年第 4 期。

⑦ 丁玉翠：《明代监察官职务犯罪研究——以〈明实录〉为基本史料的考察》，第 8—12 页。

念，将民众、厂卫都纳入监察机关的范围[①]。

（2）监察官的选拔、培养、考核制度

明代监察官的选拔，重视被选者的道德修养和效忠精神、才干见识和历事经验以及年龄、体貌、言语等。关于监察官的选取条件及其程序，学者基本上都是根据《明史·选举三》和《明会典·选官》来进行解说，观点分歧基本没有。蔡明伦统计的 557 名言官中，进士出身者 503 人，占 90.3%，从而得出“言官是由佼佼者中的精英分子组成的”这一结论[②]。吴艳红认为监察御史是明代官员中具有专门法律知识的队伍[③]。

（3）监察机构和监察官的职权、职能

王世华、余兴安都比较早地讨论了明代的巡按御史。王世华指出大约从弘治以后，巡按御史取代了按察司，导致原来的“双重监察体制”遭到破坏[④]。余兴安认为巡按与巡抚、按察司地位存在此消彼长的过程，但巡按一直居于核心地位[⑤]。付海梅对巡按御史的期限、交际、随行人员以及回避等方面的规定作了阐述，同时梳理了巡按御史在地方监察、照刷文卷、审录罪囚等方面的职能[⑥]。修晓波重点考察明代的巡视监察，辨析了监察御史与巡按御史的区别[⑦]。方琢专门研究明代御史刷卷制度，肯定该制度在国家机构运转中的重要作用[⑧]。

---

① 钞晓鸿：《试析明代监察机制》，《陕西师范大学学报》1993 年第 4 期。

② 蔡明伦：《明代言官群体研究》，中国社会科学出版社，2009 年，第 41—42 页。

③ 吴艳红：《制度与明代推官的法律知识》，《浙江大学学报（人文社会科学版）》2015 年第 1 期。

④ 王世华：《略论明代御史巡按制度》，《历史研究》1990 年第 6 期。

⑤ 余兴安：《明代巡按御史制度研究》，《中国史研究》1992 年第 1 期。

⑥ 付海梅：《明代的巡按御史制度研究》，《兰台世界》2014 年第 35 期。

⑦ 修晓波：《明代巡视监察制度若干问题探讨》，《历史研究》2018 年第 4 期。

⑧ 方琢：《明代御史刷卷制度研究》，东北师范大学 2018 年博士学位论文。

邱永明认为中国古代监察是监察、检察、审计合一的综合性监察制度[①]。徐晓庄认为明代的监察机关既是行政监察机关，又是刑事司法机关，既从事行政监督，又从事司法监督，既是侦查机关，又是审判机关，同时又自设监狱，执行刑罚，是明代国家机构中结构最复杂、职能最广泛的庞大的国家机器[②]。刘双舟将监察权细分为弹劾权、封驳权、检查权、司法权以及荐举权等多项权能[③]。陈国平则指出御史的权力发展到明代，有了考绩黜陟由皇帝亲自决定等四种特别权利[④]。赵毅论述了明代设立言官的价值追求及六科职能[⑤]。蔡明伦将明、清对比，指出明代言官在职权、地位等方面均有高出之处[⑥]。邝士元也认为“明代官制虽多沿汉唐旧规，但监察机关之权甚高”，开监察御史集弹劾、纠仪、巡察于一身的先河[⑦]。

(4) 监察官的风气及其演变

白品海、鹿慧揭示明代监察官奋不顾身、以身殉职的直谏精神[⑧]。孙与常认为宣德年间的监察官砥砺上进，为政治清明贡献了力量[⑨]。侯明认为除了皇权对言路的压抑，儒家传统道德的失败，致使明中后期士风日益颓坏，这也是导致言官分化的原因[⑩]。谢贵安肯定明代言官在程朱理学的影响下，为捍卫儒家纲常不惜

---

① 邱永明：《中国封建监察制度运作研究》，上海社会科学院出版社，1998年，第175页。

② 徐晓庄：《明代监察机构刑事司法职能研究》，《中州学刊》2008年第2期。

③ 刘双舟：《明代监察法制研究》，第53—58、69—81页。

④ 陈国平：《明代行政法研究》，第87—92页。

⑤ 赵毅：《明代六科论略》，《社会科学辑刊》1988年第6期。

⑥ 蔡明伦：《明代言官群体研究》，第19—23页。

⑦ 邝士元：《中国经世史》，上海三联书店，2013年，第217页。

⑧ 白品海、鹿慧：《论明代监察制度对皇权与相权的制约》，《文史哲》1998年第2期。

⑨ 孙与常：《明宣宗对监察职官的考核与黜陟》，《社会科学战线》1989年第1期。

⑩ 侯明：《论明代言官的权责》，《史学月刊》1990年第3期。

与皇帝产生剧烈冲突，虽杀身亦不少屈的精神①。

(5) 监察官与其他政治势力的关系

监察官与其他政治势力的关系也是学者思考得比较多的问题。李德福较早对明代言官与朋党的关系等方面作了初步探讨和概述②。朱崇业、李熊分别考察了言官与皇帝的关系③。学者们无一例外都认为皇帝的态度决定监察官员的作用。内阁与宦官是明代仅次于皇帝的政治势力。谭天星认为随着内阁权力的变化，内阁与科道的关系经历了一个控制与反控制的斗争过程；并认为科道对内阁的反动不利于政治的良性发展④。白自东、任树民、雷振海认为以都察院为首的监察系统，在明代中后期是反对宦官专权的骨干和主力军⑤。蔡明伦比较完整、系统、深刻地论述了言官群体与皇帝、内阁、宦官之间的关系⑥。杜晓田不但论述了都察院与六科、吏部、大理寺和刑部等衙门之间既相互配合又相互牵制的关系，还论述了都察院内部成员之间的关系⑦。

3. 有关监察制度运作效果的研究

众所周知，研究古代制度史，不但要注意文本的表达，更应注意其实际运作。很多学者在介绍了明代监察制度或者考察监察主体的功能、作用之后简单论述监察制度运作效果，20 世纪 80

---

① 谢贵安：《明朝言官制度的历史镜鉴》，《人民论坛》2018 年第 11 期。

② 李德福：《明代言官》，《上海社会科学》1982 年第 3 期。

③ 朱崇业：《言官与明代政治》，《晋阳学刊》1990 年第 3 期；李熊：《明代言官与皇帝述论》，《西南师范大学学报（哲学社会科学版）》1988 年第 4 期。

④ 谭天星：《明代内阁政治》，中国社会科学出版社，1996 年，第 122 页。

⑤ 白自东、任树民、雷振海：《论明代监察制度的演变与监察官员的地位和作用》，《西藏民族学院学报（社会科学版）》1989 年第 1 期。

⑥ 蔡明伦：《明代言官群体研究》，第 101—182 页。

⑦ 杜晓田：《明代都察院运行机制考略》，《河南师范大学学报（哲学社会科学版）》2011 年第 3 期。

年代以来才有学者对该问题作了比较精深的研究。学界倾向于认为明代监察制度在趋于成熟、发挥作用的同时，逐渐背离其设立的初衷，走向了反动的一面①。陶道强考察明代巡按御史职责，认为人员的贪腐、侵越职权等原因，使巡按御史制度在明中后期日益颓废，渐次失去了澄清吏治、维护社会治安的作用②。高春平总结明代有六种社会因素干扰破坏监察制度，即专治皇帝变乱纲纪，权臣祸乱，宦官专权，监察官员自身腐化变质，达官显贵践踏法律，地方恶势力干扰破坏③。

4. 有关明代或中国古代监察制度借鉴意义的研究

学古在于鉴今。在监察制度改革的当下，很多学者都在总结明代或中国古代的监察制度及其实践，以为当代监察制度建设之参考。

宗静、崔建利赞赏明代监察制度中完备而严密的监察组织体系、单线垂直独立的监察组织模式、秩卑权重的职权定位原则、较为完善的监察法律基础等特征④。邝士元总结选任严格，行使职权既受限制又不乏灵活，科参的设置，巡抚与巡按不定期巡察以及秩卑而权重、禄薄而赏厚，为明代监察制度五大优点；职掌混淆、御史职权不独立、科道并列、巡抚非专职是明代监察制度的四大缺陷⑤。

欧阳庆芳、向丹探讨明代御史制度，建议从干部队伍建设、体

---

① 白钢主编：《中国政治制度通史·明代》，人民出版社，1996 年，第 281—291 页；赵毅：《明代六科论略》，《社会科学辑刊》1988 年第 6 期；张增香：《明代六科给事中浅议》，《东疆学刊（哲学社会科学版）》1995 年第 4 期；尹树国：《明代六科制度述略及简评》，《内蒙古大学学报（人文社会科学版）》2000 年 6 月增刊；刘祥学：《耳目之坏：从御史选用制度的演化看明代政治走向》，《史学集刊》2020 年第 3 期。

② 陶道强：《明代监察御史巡按职责研究》，第 265 页。

③ 高春平：《明代监察制度与案例研究》，商务印书馆，2020 年，第 16—18 页。

④ 宗静、崔建利：《明代监察制度的主要特征》，《兰台世界》2013 年第 24 期。

⑤ 邝士元：《中国经世史》，第 220—225 页。

制改革、纪检监察立法执法、专项治理、外部监管等方面完善我国的纪检监察制度[①]。王天乙探讨明代巡按制度对现行巡视制度的借鉴意义[②]。段颖惠指出明代从御史的选用限制、监察纪律、任职原则上可以启示当代监察法治建设[③]。张晋藩认为严格监察官的选任、监察官必须严格依法监察、监察要有实据等措施对当代监察制度具有借鉴意义[④]。常冰霞和艾永明认为当前监察体制改革中，应当保持监察权的独立性、明晰监察权的行使边界、加强监察官修养、强调对监察官的外部监督[⑤]。

（三）国外对于明代或中国古代监察制度的研究回顾

国外学者对明代监察制度和运作也多有涉及，但黄仁宇、费正清、牟复礼等人与国内学者一样，都是把明代监察置于对整个中国“大历史”政治或者明代政治的背景中进行讨论，对明代的司法监察制度及其运作状况着墨不多。一百多年来，浅井虎夫、东川德治、山根幸夫、野口铁郎等日本学者在其所著政治通史、法制通史或断代史、断代专题史著作中都对明代监察制度、监察机构予以简单介绍，然而多为静态描述，很少有对制度运作实际情况和监察官活动的动态考察。美国学者贺凯在 1966 年完成了《明朝监察制度》一书，认为明朝监察制度“最直接的榜样是元朝的监察制度”，高度赞扬明朝监察制度代表着“古代监察领域的最高成就”[⑥]。

总结中外学者的研究状况，我们可以看出，与明代司法监察

---

① 欧阳庆芳、向丹：《明代御史制度对我国纪检监察工作的启示》，《湘潮（下半月）》2015 年第 9 期。

② 王天乙：《明代巡按制度及其现代启示意义》，《改革与开放》2017 年第 8 期。

③ 段颖惠：《明朝对御史的监察立法及其意义》，《湖南工程学院学报（社会科学版）》2013 年第 1 期。

④ 张晋藩：《中国监察体制改革的历史文化渊源》，《人民法治》2018 年第 9 期。

⑤ 常冰霞、艾永明：《中国古代监察权的监督与制约及当代启示》，《华侨大学学报（哲学社会科学版）》2020 年第 1 期。

⑥ （美）贺凯著，谢天译：《明朝监察制度》，中国方正出版社，2021 年，第 23、27 页。

相关的研究成果多为对明代乃至整个古代的监察制度及其运作进行的阐述，而且是在综合了人事、经济、文化活动等监察内容的大框架下进行，很少有专门针对司法监察进行的讨论，研究作品缺乏司法监察的特色。学者们往往只是在古代政治制度史或是监察制度史的框架下对明代司法监察的有关制度进行简单的列举与概括，限于对明代监察制度的宏观阐释，选题失于宽泛，最终导致多数论著因循成说，缺乏创新。也许由于兴趣和研究选题的限制，在为数不多的涉及司法监察的论述中，学者们对于司法监察制度之建构与运作实践中的很多细节问题，也是语焉未详甚至未曾谈及。比如制度层面，谈及明代监察，多数学者动辄引《明会典》，而忽略比之更早的《大明律》《大明令》《宪纲》《诸司职掌》等法律文本，这些法律文本之间存在怎样的历史发展脉络？洪武时期即开始在地方形成常设机构与中央临时钦差相结合的地方双轨司法监察体制，后来如何演变，演变原因何在？实践层面，按察司官的司法监察权力如何颉颃巡按御史？司法监察的纠错机制是如何启动的？明代监察官纠正错案，其背后有无一定的运作逻辑和价值意蕴？监察官在履行司法监察职责过程中面临哪些困难？这些困难固然包含行使综合性监察权所面临的共同因素，有没有体现司法监察特色的因素？这些问题似乎都没有得到很好的回答，已有相关研究成果在某些地方也仍有拓展、讨论的余地。另外，当代学者对于明代通俗小说中关于司法监察实况的反映及其文化底蕴也缺乏发掘。在法律与文学的交叉领域进行学术研究，早在 20 世纪 20 年代就已经开始。我们研究历史，完全可以而且应该从明代通俗小说中吸收丰富的养分。因为司法监察的实施，必然会在民间社会留下痕迹，通俗小说作家必然对此有所体验并形成自己对司法监察活动的认知和评价。以往学界忽视对通俗小说的研究和利用，这就限制了我们对明代司法监察运作的认知。这些遗憾，应该予以弥补。

二、研究范围与思路

司法监察，亦称为司法监督，古代的司法监察主要包括司法系统内部的审级监督、特定监察机构的外部监督两种类型。本书以第二种类型为研究对象，拟从制度和实践二维角度对明代司法监察进行深入、系统研究。在研究路线上，本书从分析史料入手，既重视对制度架构的梳理，更重视对制度施行状况和效果的考察，动静结合，强调对具体问题的剖析和阐释，力争还原和再现明代司法监察制度演进发展的历程和实际运行情况，并总结其现代启示意义。

本书研究明代司法监察制度及其运作，既然要写作成文，自然需要尽可能地使其内容结构以一定的有机体系呈现于读者面前。前文已经对学界的研究状况进行了综合分析，明确了努力方向。鉴于学力有限，笔者不可能针对所有问题进行面面俱到的分析和讨论。而且，笔者对于研究对象的考察，也受到史料的局限和影响。所以，笔者以为在进行研究讨论之前，有必要对本研究的范围与思路予以简要分析和说明。

（一）研究范围

司法监察，顾名思义，就是监察机构及其工作人员对司法活动过程进行监督和审查。这个词看似简单，其实颇费思量。其原因就在于古代没有像现代立法、司法、行政、监察分立的说法，体制上的诸权合一使司法和监察往往混为一谈，监察严重干预、侵夺司法，使得“监督者自身成为审判者”①。所以，有学者认为“从

---

① 艾永明：《中国古代监察与司法的关系——兼议对当代监察体制改革的启示》，《法治研究》2018年第5期。

某种意义上讲,中国古代的监察机关也是司法机关"[①],或者认为"监察机构成为古代司法机构重要组成部分"[②]。这就给我们界定"司法监察"带来了困惑,其主要表现为学界对司法监察主体和司法监察活动认识的分歧。比如,在提及古代"司法监察机构"时,有学者胪列了大理寺、刑部、御史台(都察院)等[③],有学者认为明代"中央司法监察机构"即三法司和厂卫[④]。在论述明代"司法监察"时,有学者认为其方式包括问拟刑名、追问公事、请旨发落、详拟罪名、月报囚数、审录在外罪囚、审录参详、审录在京罪囚以及刑科轮值登闻鼓等[⑤]。据张晋藩的看法,明代司法监察的方式包括各种会审、对在押罪囚的审录、御史出巡追问、巡按州县、死刑三复奏程序等[⑥]。

笔者以为,尽管古代司法和监察没有泾渭分明的界限,但相较于司法机关,监察机关毕竟有着自己独特的职能和行为方式。监察适用于司法领域才形成了"司法监察"。故司法监察的主体应该是监察机构及其官员,其对于各级官吏受理案件、侦查、勘验、拘捕、羁押、审判和囚禁、决配等司法活动的监督、审查,均属司法监察的范围。

---

① 刘双舟:《明代监察法制研究》,第 183 页。

② 郭成伟等:《清末民初刑诉法典化研究》,中国人民公安大学出版社,2006 年,第 64 页。

③ 蒲坚编:《中国古代法制丛钞》第 4 卷,光明日报出版社,2001 年,第 125 页;孟昭华、王涵编著:《中国历代国家机构和行政区划》,中国社会出版社,2003 年,第 479 页。

④ 怀效锋主编:《中国法制史》,中国政法大学出版社,1998 年,第 374 页。

⑤ 彭勃主编:《中华监察大典·法律卷》,中国政法大学出版社,1994 年,第 570—574 页。

⑥ 张晋藩主编:《中国古代监察法制史》,第 365—368 页;张晋藩:《中国古代司法监察的历史管窥》,《中国党政干部论坛》2014 年第 10 期。

依照明代历史看来，都察院和六科是中央专职的监察机构，他们具有广泛的监察权，自然属于司法监察机构，而且是司法监察职能的主要履行者。刑部是中央司法机构，负责京师案件和全国大案要案的审判。大理寺是最高复审机构。很明显，把刑部和大理寺划入司法机构之列比较合适。如此一来，刑部和大理寺等司法机关内部依审转程序进行的审级复审就不应再作为司法监察予以讨论。然而，明代有各种名目的会审，在京师有圆审、秋审、大审、热审等；在京外又有定期或不定期的录囚，系皇帝指派官员对司法活动进行的监督、审查。刑部和大理寺官员参与其中，缘此，二机构又具有司法监察机构的性质。提刑按察司是地方常设司法和监察机构，监督地方官员以及平狱讼、雪冤抑是其基本职能之一，故也应列为明代司法监察机构之一。因此，本书所言“司法监察官”，主要指的是中央专职监察机构都察院、六科的堂官和监察御史、给事中以及地方的提刑按察司堂官，也包括参与各种形式的京师会审、京外审录及监督执行裁判结果的大理寺、刑部官员。需要说明的是，尽管内阁、司礼监、锦衣卫、通政使司、布政使司在不同程度上具有监察司法活动的权力，但因上述机构既非职司监察之专门机构，亦非古人通常所言之“法司”，故本书不将其列入“司法监察机构”的范围。

必须指出，明代巡按御史虽逐渐形成地方司法审判的一个层级，但其更主要的身份是钦差，是中央派往地方的监察官员，肩负监督地方官吏行政、司法等各项活动之职责，故诸如照刷卷宗、审录罪囚、纠弹原审官吏等活动应归入其履行监察职责之范畴。根据《宪纲》内“理断词讼”条[①]，巡按御史、按察司官有责任受理“理

① 《宪纲》规定：“凡有告争户婚、田土、钱粮、斗讼等事，须于本管衙门自下而上陈告、归问。如理断不公，或冤抑不理者，直隶赴巡按监察御史，在外赴按察司或分司及巡按监察御史处陈告，即与受理推问。如果得实，将原问官吏依(注转下页)

断不公或冤抑不理"的案件，故此时巡按御史或按察司官直接受理诉讼是其履行监察职能的重要体现。所以，凡是巡按御史、按察司官接受申诉案件或其他官员应受理而未受理的案件，本书均以司法监察视之。

(二) 研究思路

本书的主旨是对明代司法监察制度及其实际运作状况展开比较系统的研究。如前文所述，这一选题的相关研究成果非常丰富，给本研究提供了很多养分。然而以往学者由于学术兴趣的差异和分析角度的不同等原因，未曾专门对这一选题展开系统、深入而全面的探讨，留下了进一步研究的空间，让笔者有机会尝试着作一番努力。

在借鉴、消化前人研究成果的基础上，笔者首先对明代司法监察制度进行一番比较详细的介绍：第一章，简单分析和总结前代司法监察制度发展源流，梳理明代司法监察制度建构的形式与原则，把握其时代情境与精神内核；第二章，探讨都察院、六科等明代中央机构的设置及其司法监察职能；第三章，探讨明代地方双轨司法监察体制的建构及其演变，并分析其背景原因。通过上述三章的论述，我们既可以深入了解明代司法监察制度的建构逻辑，又为下文探讨明代司法监察的运作实况奠定基础。由于现有相关研究成果蔚为大观，所以笔者对于诸如监察官的选拔、回避等前人已经讨论较多的一些问题点到为止，避免赘述，注意将笔墨集中在司法监察异于综合性监察的特殊之处。

(续上页注)律究治。其应请旨者，具实奏闻。若见问未经结绝，又赴本管上司告理，不许辄便受状。追卷变易是非，须要实时附簿，发下原问官司，立限归结。如理断不当及应合归结而不归结者，即便究问。违者，监察御史、按察司体察究治。如不系分巡时月及巡历已过所按地面，却有陈告官吏不公不法者，随即受理追问。"(《宪纲事类·宪纲·理断词讼》，第 39 页)

司法监察包括对受理案件、侦查、拘捕、羁押、执行等系列活动的监督、审查，其中最为关键的是审判监察。故而辨明冤枉、纠正错误的裁判是司法监察活动的一个关键环节。本书第四章分析明代司法监察纠错机制的运行，考察司法监察纠错程序启动的主体和途径，归纳司法监察官纠正的错案类型，探究君臣纠正错案的主观动机。第五章，结合明代的时代特色、宏观政治环境，分析明代司法监察的实践困境，揭示导致明代司法监察制度运行失调的诸多因素。相比其他揭示明代监察制度运作困境的论著，本书注意阐述其司法监察的特色，诸如监察官人手缺乏与案牍繁杂的矛盾、监察官法律素养低下与监察工作专业化的矛盾、监察技术落后与司法监察情况复杂的矛盾等。

鉴于明代通俗小说空前流行，冯梦龙等小说家们在深刻描摹社会世俗生活，反映时代变迁的同时，也对司法监察活动实况进行了具体的描写，对监察官进行了细致的刻画，反映了当时的市井百姓对司法监察的认识和体验，所以本书以“明代司法监察的民间认知”为第六章，正标题与前几章自然承接，副标题指出是“以通俗小说为材料的分析”。这一章利用小说家们不经意间留下的珍贵历史文本，依次解读通俗小说对监察官素质特征、司法监察运作过程、司法监察功能的反映，与前文对制度和运作实况的阐述相照应，再探讨通俗小说描述监察官平反冤案故事及其塑造监察官光辉形象的社会原因，对其进行文化阐释，以期有助于我们深入理解当时的政治生态和司法监察运作实况。

在上述分析过程中，笔者对明代特有的一些元素，诸如空前强大的皇权、强调礼法结合的治国理念、重视法律的宣教、“明刑弼教”和“重典治吏”理念的实践，以及明代中后期商品经济发达和阳明心学崛起背景下士风的变化等予以较多关注，以期真实地还原明代的历史场景。

笔者才疏学浅,对于明代司法监察的解读和讨论难免出现各种错误和疏漏,祈方家教正。

第一章　明代司法监察制度建构的形式与原则

司法权是国家最重要的权力之一，司法权能否正确行使，攸关国家稳定、社会安宁。尽管古代社会没有现代意义上行政、司法、监察分立的理念，缺乏现代意义上的司法监察制度和机制，但统治阶级为了约束司法权力、保证司法秩序，准确地打击和预防犯罪，很早就开始对各级机关及其官吏的司法活动实施监督，形成了日益完善的司法监察制度。

明代处于我国古代社会后期，在总结和继承前代经验的基础上，结合时代特点，使得各项法律规范都有创新和发展，成为"继唐朝之后中国古代封建立法的第二个高峰时期"①。对于司法监察，明代统治阶级进一步加强制度的建构和完善，使得司法监察制度无论在组织建制、职能规定，抑或是官吏选任、监察纪律方面，都进一步系统化、完整化，成为司法监察活动取得成效的重要保障。

第一节　明代司法监察制度的历史渊源

早在先秦时期，我国监察制度已经出现萌芽，规谏君主、监察

---

① 怀效锋、李鸣：《〈唐明律合编〉点校说明》，（清）薛允升：《唐明律合编》，法律出版社，1999年，第11页。

百官等监察制度的重要条文已经出现[①]。西周国家机构中出现了御史、大宰、小宰、宰夫、宫正等具有某种监察职能的官职，例如宫正即是“运用考课手段察其德行，以辨识官员的执法与守法状况”[②]。春秋战国时期，各国为加强竞争力，纷纷进行变法，借监察制度以强化中央集权。同时，“为治吏而察吏的监察思想迅速萌发”[③]，各家学说尤其是法家学说“为建立独立的监察机构和有效的权力监督机制提供了理论上的依据”[④]，法家“利异相监”成为“中国古代监察制度的内在理据”[⑤]。原来在君主身边管理文书、负责记事的御史，在此时职权扩大为兼管监察，且其监察对象也由原先的中央官吏扩及地方官吏。此后两千多年，御史组织在大多数时候都是肩负监察职责的最重要机构。而且，御史往往位卑权重，升迁迅速。

秦汉开始，监察制度开始系统化。秦朝中央政府的基本架构是“三公九卿”，“三公”之一的御史大夫为副丞相，掌管法律和监察事务。《秦律》将“五失”作为衡量官吏是否违法的标准和监察官员监察百官的法律依据，但是尚未见专门针对司法监察的条款。据学者考证，秦代“廷尉每年必须至御史府核对法令文本，侍御史可以从中监督法律的实施状况”[⑥]。汉惠帝三年(前192)于中国历史上第一次颁布单行的监察法规《监御史九条》，明确将监察范围限定在三辅地区，其内容包括司法监察、行政监察等，采取

---

① 详参张晋藩主编:《中国古代监察法制史》，第30—33页。

② 邱永明:《中国古代监察制度史》，上海人民出版社，2006年，第34页。

③ 张晋藩:《中国古代监察思想、制度与法律论纲——历史经验的总结》，《环球法律评论》2017年第2期，第28页。

④ 张晋藩:《中国古代监察思想、制度与法律论纲——历史经验的总结》，第29页。

⑤ 艾永明:《利异相监:法家理论与中国古代监察制度》，《法治现代化研究》2017年第6期，第65页。

⑥ 张晋藩:《中国古代监察法制史》，第120页。

列举式立法，醒目清晰[①]。汉武帝为打击地方割据势力，对《监御史九条》进行修改和完善，颁布了《刺史察举六条》，即"六条问事"，主要针对全国范围包括职掌司法审判的廷尉在内的二千石以上的高官和豪强进行监察，其中第三条为"二千石不恤疑狱，风厉杀人，怒则任刑，喜则淫赏，烦扰苛暴，剥戮黎元，为百姓所疾，山崩石裂，妖祥讹言"[②]。

东汉时期，御史台脱离少府，成为完全独立的国家监察机关。西晋曾短暂设置黄沙狱治书侍御史，监察皇帝交付的大案和廷尉的审判活动。北朝最有代表性的监察单行法规有两部：一是西魏的《六条诏书》，二是北周的《诏制九条》。前者制定于大统十年(544)，用于对官吏进行考课，其中包括"恤狱讼"一条。后者是北周武帝于宣政元年(578)颁行，着重加强对诸州官吏依律决狱科罪、擒获盗贼、查访贤才等方面的考察。

到了唐代，监察制度趋向成熟。中央监察系统主要分为两部分：以御史为主的纠察系统和给事中、谏议大夫、左右散骑常侍、左右补阙、左右拾遗等组成的言谏系统。纠察系统重于监督百官、维护纲纪。言谏系统重在谏铮君主、封驳诏书、节制君权。两个系统都只对皇帝负责。纠察系统还形成了影响久远的"一台三院"监察体制：御史台作为中央最高监察机关，下设台院、殿院、察院，其中察院设监察御史分巡地方。当时无论是一般监察规范，还是司法监察规范的建设都取得了空前成就。首先，《唐律》中的每一律都有关于治吏的内容，尤其是《职志律》和《断狱律》中设置了很多有关司法监察的条款，明确了司法监察的机构、职权和监察纪律。其次，唐代颁行《唐六典》，详

---

① 详参邱永明：《中国古代监察制度史》，第121页。

② (汉)蔡质撰，(清)孙星衍校集：《汉官典职仪式选用一卷》，(清)孙星衍等辑：《汉官六种》，周天游点校，中华书局，1990年，第211页。

细规定了包括监察机构在内的各级机构的职掌和设置,以及官吏的违法责任种类和方式。再次,唐代专门的监察法规《监察六法》对汉代《六察》进行了突破:监察范围上,把监察对象从汉代的二千石高官扩展到整个官僚集团;监察内容上,通过对吏治、司法、人事等方面具体考察,对官员的治绩作出全面的评价,尤其是将惩治贪官污吏作为监察的首要任务,司法监察被置于突出地位。最后,历朝皇帝为加强对司法活动的监控,还颁布了许多诏令。玄宗强调御史要"察黠吏豪宗兼并纵暴,贫弱冤苦不能自申者"①。玄宗在《饬御史刺史县令诏》中提到"御史执宪,纲纪是司",要求御史积极纠劾"在外官人,罕遵法式,孤弱被抑,冤不获申,有理之家,翻遭逼迫,侵刻之吏,务欲加诬"的现象②。另外,唐朝还创制了"三司会审"制度,重大案件由御史台、大理寺、刑部会官审理或者复核。

宋代监察制度以皇帝颁发的诏、敕、令为主要形式,散见于《宋刑统》和《庆元条法事类》等法律规范中,尽管零散,但内容较唐代充实。在沿袭唐制的基础上,宋朝监察制度也进行创新,且出现了影响深远的变化:其一,出现"台谏合一"的趋势。宋朝谏官除了讽谏皇帝,其监察官吏的功能大大加强,同时,御史开始兼领言谏之责,二者合流,同为风宪之官,常相提并论,从而提高了监察权的地位。其二,御史台地位提高、权力扩大。宋朝沿用了一台三院制,但御史台三院的组织结构出现了合并的趋势。御史台"最重狱事",大理寺与刑部的司法过程都受到御史台的监察,大案要案仍

---

① (宋)欧阳修、(宋)宋祁:《新唐书》卷四八《百官三》,中华书局,1975年,第1240页。

② (清)董浩等编:《全唐文》卷二九元(玄)宗《饬御史刺史县令诏》,中华书局,1983年,第327页上。

是监察重点[1]。御史台甚至自景德年间(1004—1007)开始取得直接受理申诉案件的权力。其三,宋代完善了唐代开创的监察御史分别监察六部的"六察制",在御史台内部设置六察司,按察六部的监察御史称为"六察官"。此制让监察御史的分工更加明确,使得监察工作更具有针对性和有效性。其四,监司的设置。宋代地方各监司都具有司法监察之责,但复审刑狱本是设立提点刑狱司之初衷,故该司于司法监察中所起作用尤其重要。

元朝是中国古代监察制度发展的重要时期,其重要标志在于以下两点:其一,监察机构健全且地位高。御史台地位空前提高,与中书省、枢密院并肩而立。地方设行御史台与行中书省并立,另有提刑按察司(肃政廉访司)。其二,监察法规的健全。元世祖于至元五年(1268)制定了《宪台格例》,史称"御史台纲三十六条",简称为"台规",是古代第一部完整的中央监察法规,也是第一部以皇帝名义颁布的单行监察法规;至元六年(1269),制定了《察司体察等例》作为地方性监察法规总汇;至元十四年(1277),制定了规定行台御史职能的《行台体察等例》三十条。其后,还相继制定了《禁治察司等例》《台察咨禀等事》《察司合察事理》《廉访司合行条例》等十数种法规。这些监察法规对监察机构的职掌、地位及监察官员的违法惩处等方面,都作出了具体的规定,为监察和司法监察活动提供了法律保障。而且,元朝监察法规还第一次对司法权和监察权的界限作了比较明晰的划分[2]。

综上,古代司法监察制度主要包含两方面的内容:其一是关于监察机构自身性质、设置、职掌、地位等方面的内容;其二是关于监察机构、监察官吏对监察对象实施监察的程序、权限等方面

---

① 详参王晓天、李江发:《中国古代司法监察的发展沿革与成因探讨》,《湖南社会科学》2013 年第 1 期,第 297 页。

② 详参邱永明:《中国古代监察制度史》,第 369 页。

的内容。历代司法监察制度呈现出清晰的发展脉络，即日益独立的监察机构、垂直的组织体系、广泛的监察权、以卑察尊的监察方式、日益完善的监察法律规范以及立法形式多样等等，为明代司法监察制度的进一步发展提供了历史资源。但是我们也必须注意以下两点：其一，监察机构在日益独立的同时，也日益失去对皇权的监督和限制；其二，监察权逐步发展壮大，日益侵夺行政权、军事权、司法权，引发了一些不良后果。另外，地方司法监察制度的发展，将在本书第三章予以进一步讨论。

第二节 明代司法监察制度建构的形式

作为开创明朝基业且在位三十余年的第一任皇帝，朱元璋在明朝一切典章制度的建构过程中无疑扮演了总设计师的角色，其性格、思想无疑会深刻影响明朝典章制度。朱元璋认为，君主有"育民"之责，他说："若非天生人君以育之，又何言斯民之有哉？"还提出："天生人君，必赏善以罚恶。"[①]意即人君"育民"的手段是赏善罚恶。在另一篇文章中，他直接提出："子民者君，君育民者法。其法也，三纲五常以示天下，亦以五刑辅弼之。"[②]在他看来，圣君以德法并用，方才实现了"寰宇气和，天地清宁"的境界[③]。故朱元璋非常重视各项法律制度的建构，于监察制度亦不例外。洪武十三年（1380），废除丞相制度之后，皇帝直接总领庶政，对于监察机构及其官吏的依赖程度远超前代，故明代统治阶级对于监察制度予以特别重视，在该方面成绩斐然。论者总结道：明代监

① （明）朱元璋：《明太祖集》卷一〇《策问·天生斯民论》，胡士萼点校，黄山书社，1991年，第231页。

② （明）朱元璋：《明太祖集》卷一五《序·心经序》，第307页。

③ （明）朱元璋：《明太祖集》卷四《诰命·刑部尚书诰（侍郎同）》，第65—66页。

察制度“从体系上集两千年封建监察法律之大成而臻完备”①。作为监察制度最重要的内容之一，司法监察制度的发展亦超迈前代。

明朝司法监察制度建构的形式主要有律、令、诰、例、会典等，监察制度的具体内容散见于各种形式的法律文本之中。《大明律》是明代治国的根本，设置了司法监察制度的基本条文。《宪纲事类》是专门的监察法规，也是我国古代监察史上较为完备的一部成文法。

一、《大明令》和《大明律》

《大明令》与《大明律》是明代最基本的法律文本，二者同时颁行。《实录》记载吴元年（1367）十二月，“甲辰，律令成，命颁行之”②。因为《大明令》颁行后，未经修改而一直沿用至明亡，而《大明律》在洪武三十年（1397）方才修订完成，故此处先介绍《大明令》。

《大明令》中有朱元璋诏曰：“朕惟律、令者，治天下之法也。令以教之于先，律以齐之于后。”③这说明令与律是一种并行的关系，令从正面引导，不规定制裁措施，律则对违犯律、令的行为进行制裁，成为《大明令》得以贯彻实施的保障。《大明令》共一百四十五条，“刑令”将近一半，其中与司法监察关系较为紧密的条款有三：其一，“凡所在重刑，须要追勘，一切完备，在京申御史台，在外从监察御史、提刑按察司，审录无冤，有司结案待报。若犯人翻

---

① 邱永明：《中国古代监察制度史》，第408页。

② 《明太祖实录》卷二八上，吴元年十二月甲辰条，“中研院”历史语言研究所，1962年，第422页。

③ 《大明令》，怀效锋点校：《大明律》，法律出版社，1998年，第231页。

异，或家属称冤，听牒移准”[①]。其二，“凡六品以下官员，犯赃罪至徒流者台宪就便断罪外，其余干系处重罪名，并五品以上，追问明白，奏闻区处。杂犯六品以下，行省、按察司断决，五品以上，移文会议，申台奏闻”[②]。其三，“凡军官有犯取受，在内除都督府官并各卫指挥、千户，从御史台奏闻，六品以下，议拟施行。在外监察御史巡历去处，军官有犯取受者，密切实封，呈台奏闻，区处施行”[③]。该三条律文简单规定了监察官对重刑案件的审录职责、对于文官、军官犯罪的处理权限，其精神分别被《大明律》“辩明冤枉”“职官有犯”“军官有犯”条吸收，并得以进一步具体化。

《大明律》是有明一代最基本的法典，其“草创于吴元年，更定于洪武六年，整齐于二十二年，至三十年始颁示天下”[④]，成为“中华法系达到巅峰的重要标志”[⑤]。《大明律》共分三十卷，四百六十条，变革了自《北齐律》以来律典十二篇的传统，按六部分篇，置“名例”于律首，另有吏律、户律、礼律、兵律、刑律、工律等六篇。在这部法典当中，有关司法监察的内容主要包括“职官有犯”“军官有犯”“讲读律令”“照刷文卷”“磨勘卷宗”“禁止迎送”“告状不受理”“辩明冤枉”“有司决囚等第”等。这些条文为明代司法监察奠定了基本框架。其中，《大明律·名例律》中的“职官有犯”条规定了监察官对于文官的处理权限[⑥]。因六品以下外官“官职既小，事权已轻，又渐远于君，恐章奏往复迟误公事”，方许监察官“径自取问”[⑦]。当然，最终的裁决权仍掌握在皇帝手中。紧接

---

①②③ 《大明令·刑令》，怀效锋点校：《大明律》，第 262 页。

④ （清）张廷玉等：《明史》卷九三《刑法一》，第 2284 页。

⑤ 张晋藩、林中：《法史钩沉话智库》，中国法制出版社，2016 年，第 58 页。

⑥ 《大明律》规定：“凡京官及在外五品以上官有犯，奏闻请旨，不许擅问。六品以下，听分巡御史、按察司并分司取问明白，议拟闻奏区处。”（怀效锋点校：《大明律》卷一《名例律·职官有犯》，第 4 页）

⑦ （明）雷梦麟：《读律琐言》卷一《名例律·职官有犯》琐言曰，第 18 页。

着，“军官有犯”条明确了“六部、察院、按察司并分司及有司，见问公事，但有干连军官及承告军官不公不法等事，须要密切实封奏闻，不许擅自勾问”①。

明代在《大明律·吏律》中开辟了“讲读律令”条，明确了御史、提刑按察司官员具有督促百司官吏学习律令的职责和权力②。《吏律》中“照刷文卷”“磨勘卷宗”两条规定了朝廷对各级衙门和官吏以照刷文卷、磨勘卷宗这两种手段进行监控，同时也规定了问题官吏的责任，保障了照刷、磨勘的威慑力，保障了监察官的职权行使效果。“照刷文卷”即对政务公文情况进行全面检查清理，该条详列各级官吏迟延、失错、漏报文卷的责任，强调“若钱粮埋没、刑名违枉等事，有所规避者，各从重论”③。“磨勘卷宗”即照刷之后隔一定时间进行复查，该条进一步规定官吏对于“刑名造作等事，可完而不完，应改正而不改正者”的责任，确保“照刷文卷”的功效，并对作弊者予以严厉打击，强调“若官吏闻知事发，旋补文案以避迟错者，钱粮计所增数，以虚出通关论。刑名等事，以增减官文书论”④。

明代在《大明律·刑律》中设置了类似现代诉讼程序的条文，如“告状不受理”规定民人告状，本管官不受理的要受惩罚；监察御史、按察司及分司亦要督促本管官吏及时处结当地案件，否则

---

① 怀效锋点校:《大明律》卷一《名例律·军官有犯》，第 5 页。

② 《大明律》规定:“凡国家律令，参酌事情轻重，定立罪名，颁行天下，永为遵守。百司官吏，务要熟读，讲明律意，剖决事务。每遇年终，在内从察院，在外从分巡御史、提刑按察司官，按治去处考校。若有不能讲解，不晓律意者，初犯罚俸钱一月，再犯笞四十附过，三犯，于本衙门递降叙用。其百工技艺，诸色人等，有能熟读讲解，通晓律意者，若犯过失及因人连累致罪，不问轻重，并免一次。其事干谋反、逆叛者，不用此律。若官吏人等，挟诈欺公，妄生异议，擅为更改，变乱成法者，斩。”(怀效锋点校:《大明律》卷三《吏律二·公式·讲读律令》，第 36 页)

③ 怀效锋点校:《大明律》卷三《吏律二·公式·照刷文卷》，第 40 页。

④ 怀效锋点校:《大明律》卷三《吏律二·公式·磨勘卷宗》，第 41 页。

也要被问罪[①]。当然，《刑律》篇更多的是实体方面的规定，“诬告”条禁止风宪官“挟私弹事”，否则，一旦发现不实，视同诬告[②]；“辩明冤枉”条规定监察官具有平反冤屈之责、具体处理办法及相应的责任[③]；“有司决囚等第”条规定御史、按察司官对死罪案件的审录及对死囚的审决权力和相应责任[④]。

明代为了加强对监察官的管理，在《礼律》中设“禁止迎送”条，规定：“凡上司官及使客经过，若监察御史、按察司官出巡按治，而所在各衙门官吏出郭迎送者，杖九十。其容令迎送不举问者，罪亦如之。”[⑤]“风宪官吏犯赃”条特别对风宪官吏犯赃作出了规定：“凡风宪官吏受财，及于所按治去处求索借贷人财物，若卖

---

① 《大明律》规定：“若都督府、各部监察御史、按察司及分司巡历去处，应有词讼，未经本管官司陈告，及本宗公事未绝者，并听置簿立限，发当该官司追问，取具归结缘由勾销。若有迟错，不即举行改正者，与当该官吏同罪。其已经本管官司陈告，不为受理，及本宗公事已绝，理断不当，称诉冤枉者，各衙门即便勾问。若推故不受理，及转委有司，或仍发原问官司收问者，依告状不受理律论罪。”（怀效锋点校：《大明律》卷二二《刑律五·诉讼·告状不受理》，第175页）

② 《大明律》规定：“凡诬告人笞罪者，加所诬罪二等；流、徒、杖罪，加所诬罪三等，各罪止杖一百，流三千里……若各衙门官进呈实封诬告人，及风宪官挟私弹事，有不实者，罪亦如之。”（怀效锋点校：《大明律》卷二二《刑律·诉讼·诬告》，第177页）

③ 《大明律》规定：“凡监察御史、按察司辩明冤枉，须要开具所枉事迹，具封奏闻，委官追问得实，被诬之人，依律改正，罪坐原告、原问官吏。若事无冤枉，朦胧辩明者，杖一百，徒三年。若所诬罪重者，以故出入人罪论。所辩之人知情，与同罪；不知者，不坐。”（怀效锋点校：《大明律》卷二八《刑律五·断狱·辩明冤枉》，第218—219页）

④ 《大明律》规定：“凡狱囚鞫问明白，追勘完备，徒、流以下，从各府、州、县决配。至死罪者，在内听监察御史、在外听提刑按察司审录，无冤，依律议拟，转达刑部定议奏闻回报。直隶去处，从刑部委官，与监察御史；在外去处，从布政司委官，与按察司官，公同审决。若犯人反异，家属称冤，即便推鞫。事果违枉，同将原问原审官吏，通问改正。其审录无冤，故延不决者，杖六十。若明称冤抑，不为申理者，以入人罪故失论。”（怀效锋点校：《大明律》卷二八《刑律十·断狱·有司决囚等第》，第219页）

⑤ 怀效锋点校：《大明律》卷一二《礼律二·仪制·禁止迎送》，第94页。

买多取价利及受馈送之类，各加其余官吏罪二等。”[①]

二、《大诰》

朱元璋重视刑罚的作用，认为：“有等凶顽不循教者，往往有趋火赴渊之为，终不自省。是凶顽者，非特中国有之，尽天下莫不亦然。”[②]故他希望以纲纪约束臣民，实现太平之治。洪武十八年(1385)，朱元璋在《御制大诰序》中说：“朕闻曩古历代君臣，当天下之大任，闵生民之涂炭，立纲陈纪，昭示天下，为民造福。”[③]故朱元璋于洪武十八年至洪武二十年(1387)间，连续颁布了四编《大诰》，共计二百三十六条，收辑洪武年间官民过犯，特别是对臣民法外用刑的典型案例，成为一部“御制判例集”[④]，其中六成以上是治吏条文。

《大诰》是朱元璋颁布的特别法，尽管其法律效力基本仅限于洪武一朝[⑤]，且朱元璋常法外开恩，然而《大诰》是朱元璋亲自处理过的案例实录，且以“重典治吏”为指导方针，对于《大明律》中的刑罚多数都予以加重，有的刑罚相当残酷，故而在当时对于贪官污吏和豪强地主具有很大的震慑作用，对于防范和惩治监察官渎职犯罪也具有积极意义。如刑部尚书王峕，本应“持五刑以弼五教”，却“不体先圣之教，纵奸顽之志，郁良善之心，怀暴诽谤，惟在沽名。凡奏刑名，增减情辞，故行出入，每每不当”。结果，被御

---

① 怀效锋点校：《大明律》卷二三《刑律六・受赃・风宪官吏犯赃》，第189页。

② (明)朱元璋：《明太祖集》卷一五《序・心经序》，第307页。

③ 《御制大诰》序，刘海年、杨一凡总主编：《中国珍稀法律典籍集成》乙编第1册，科学出版社，1994年，第51页。

④ 武树臣等：《中国传统法律文化鸟瞰》，大象出版社，1997年，第127页。

⑤ 关于《大诰》在朱元璋死后不再具备法律效力的原因，详参杨一凡：《明〈大诰〉的实施及其历史命运》，《中外法学》1989年第3期。

史唐铎“按实”，受到处罚[①]。绍兴府余姚县吏叶彦彬之子“以黄冠符篆印作县印，用使批文，下乡骗民”，叶彦彬“贿于有司，虚有罪，实释之”。而御史王式文“徇情出妄告之罪”被处死[②]。浙江按察使陶晟因琐事监禁会稽县知县凌汉五月有余。朱元璋得知此事后，担心凌汉出意外，命地方立即将凌汉送到京城。但陶晟居然敢将皇命视若具文，继续将凌汉监禁半月后方才押赴京城。到了京城，又将凌汉在船上监禁了四日才交付法司。朱元璋大怒，将其罪恶昭告天下，处死[③]。浙江按察司佥事王翰等“故纵绍兴逃军杜康一等一十四名在乡扰民，告发到官，又行迁延不问”，被问罪[④]。监察御史罗师贡受赃而“故出邀截实封李兴史死罪”，陈宗礼“朦胧奏旧监生作新监生疏放”，李哲“变乱成法”，徐彦和“故禁平人致死”[⑤]，黄德安“受赃五十贯，故出人罪”，马通“故出人死罪”[⑥]，均被处罚。刑科给事中杨克绍“盗勘合卖囚”，被处决[⑦]。还有御史刘志仁、周士良二人前往淮安查案，受贿枉法，以追赃为由，诬指平民，“罪恶贯盈，神人共怒”，被逮至京城凌迟示众[⑧]。御史魏卓“平日在道问事，囚罪本有一分，辄增作二三分，文致其罪。其囚一分情真，增以二分”，加之他与其他官僚同谋排陷都御史以及“陷害勋臣”，也被凌迟示众[⑨]。

《大诰》问世，朱元璋又在全国宣传与推行之，下诏“一切官民

---

① 《御制大诰·尚书王旹诽谤第八》，第 58 页。
② 《御制大诰·奸吏建言第三十三》，第 71 页。
③ 《御制大诰续编·枉禁凌汉第三十一》，第 123 页。
④ 《御制大诰续编·滥设第七十三》，第 155 页。
⑤ 《御制大诰三编·进士监生不悛第二》，第 185—186 页。
⑥ 《御制大诰三编·进士监生不悛第二》，第 194 页。
⑦ 《御制大诰三编·进士监生不悛第二》，第 190 页。
⑧ 《御制大诰三编·御史刘志仁等不才第三十九》，第 239 页。
⑨ 《御制大诰三编·排陷大臣第四十》，第 242 页。

诸色人等，户户有此一本”，若犯非死之罪，有《大诰》的减一等，否则加一等[①]。《大诰武臣》颁行时，又令“各官家都与一本”[②]。如此就造成了明初紧张的政治氛围，当然也在一定程度上整肃了司法监察秩序。

三、例

明代的例包括条例、则例、榜例等。明人有“万世成法，莫过于律；因时制宜，不可无例”[③]之说。从朱元璋开始，明朝就注重制例，颁布了大量严刑禁例，以弥补律令之不足[④]。其后累朝增订，数量繁夥，成为明代“国家法律体系的主体”[⑤]。

（一）综合性条例中关于司法监察的规定

条例越来越多，繁杂无序，易造成司法实践的困难。于是，弘治年间，《皇明条法事类纂》和《问刑条例》应运而生。

《皇明条法事类纂》是成化、弘治时期例的汇编，其中有不少关于司法监察的规范。除了重申监察官须遵循“告状不受理”“辩明冤枉”“禁止迎送”等《大明律》规定的法律规范，《皇明条法事类纂》还收录了不少补充律令不足或者进一步增强律令可操作性的条例。如《大明律》有“禁止迎送”条，然而面对越演越烈的风宪官与地方官员和同宴戏的问题，律文却是个空白。成化年间，终于有御史王祥提出“崇重风宪”一事，主张“各处按察司官，无故不许

---

① 《御制大诰·颁行大诰第七十四》，第93页。

② 《大诰武臣》序，《中国珍稀法律典籍集成》乙编第1册，第252页。

③ （明）戴金编：《皇明条法事类纂》卷一《名例类·五刑》，刘海年、杨一凡主编：《中国珍稀法律典籍集成》乙编第4册，第9页。

④ 详参杨一凡、刘笃才：《历代例考》，社会科学文献出版社，2012年，第163—166页。

⑤ 杨一凡：《明代条约的治吏功能》，汪世荣等主编：《吏治与中国传统法文化》，法律出版社，2011年，第4页。

与都、布二司官和同宴戏”。得到宪宗应允，遂定为新例[①]。又如成化之后，朝廷钦差法司官员前往外地审录已成常例。出于对御史的行使职权的规范，成化八年(1472)，朝廷新创“部官御史坐次例”，规定“今后凡奉敕旨一时同差者，俱照所差职名先后序坐”云云[②]。

《问刑条例》是有明一代最重要的条例汇编，初编于弘治十三年(1500)，经世宗的修订，定型于万历十三年(1585)，共三百八十二条，成为“明代中后期最重要的刑事法律”[③]。《问刑条例》摒弃了“重典治吏”的原则[④]，扩展并细化了律文的原则性规定，提高了法律的可执行性和确定性。以性质而言，《问刑条例》是刑事方面的条例汇编，所以几乎没有专门针对司法监察的新规定，只是某些条款从具体事务执行的角度对《大明律》予以补充。如前述明律有“辩明冤枉”条，《问刑条例》进一步规定：“法司凡遇一应称冤调问及东厂、锦衣卫奏送人犯，如有冤枉及情罪有可矜疑者，即与辩理，具奏发落，毋拘成案。若明知冤枉不与辩理者，以故入人罪论。”[⑤]该条之下，还附“新颁条例”规定霜降朝审和五年热审的一些处理细则[⑥]，以刑罚手段来调整司法监察规范。

(二) 专项监察条例中关于司法监察的规定

元朝末年，尚在戎马倥偬之中的朱元璋已经开始着手制定专门的监察规范。《实录》记载其在元至正丙午年(1366)曾“命按察

---

① (明)戴金编：《皇明条法事类纂》卷二一《礼部类·失仪·在外司府卫县稽缓勘合公文拿问当该官吏例》，第925—926页。

② (明)戴金编：《皇明条法事类纂》卷二一《礼部类·失仪·部官御史坐次例》，第929—931页。

③④ 杨一凡、曲英杰：《〈问刑条例〉与明代中后期统治集团的立法思想》，《学习与探索》1991年第5期。

⑤ 《问刑条例·刑律·断狱·辩明冤枉条例》，怀效锋点校：《大明律》，第439页。

⑥ 《问刑条例·刑律·断狱·辩明冤枉新颁条例》，第440页。

司佥事周浈等定议按察事宜，条其‘宪纲’所当务者以进”①。此处“宪纲”内容如何，今已不可考，但无疑应为监察专项条例。洪武四年(1371)正月，朱元璋颁布《宪纲》四十条②。然而，现存史籍没有详列其内容。当时实践中出现了“中外宪臣往往有任情增益”的现象，宣宗“遂敕礼部同翰林儒臣，考洪武旧文而申明之。并以洪武、永乐以来，祖宗所定风宪事体着在简册者，悉载其中，永示遵守，而益之以训戒之言”③。书成，宣宗驾崩，未及颁布。英宗继位，颁行天下，名曰《宪纲事类》。整部法规共九十五条，包括《宪纲》《宪体》《出巡相见礼仪》《巡历事例》《刷卷条例》五部分，内容均系风宪官的职守、行事规则、礼仪、纪纲禁例和渎职责任的法律规定，其中《宪纲》三十四条、《巡历事例》三十六条成为其主体内容。正统之后，尽管朝廷对于监察内容有所修订、删削，但都维持了《宪纲事类》的独立内容框架，沿至明亡。

《宪纲事类》是综合性的监察单行法，有论者认为《宪纲》“条目的设计似乎也有极力遵循《大明律》立法精神的努力”④，与《大明律》的相关规定相辅相成。从其内容上看，监察机构的司法和监察职能并重，除了吸纳律令关于“辩明冤枉”“禁止迎送”“告状不受理”等内容，还包含了更为丰富的其他内容。首先，《宪纲》第一条就明确都察院、监察御史、按察司“纠劾百司”的职能，“凡风宪任纪纲之重，为耳目之司。内外大小衙门官员但有不公不法等事，在内从监察御史，在外从按察司纠举”⑤。其次，《宪纲》明确

① 《明太祖实录》卷一九，元至正丙午正月辛卯条，“中研院”历史语言研究所，1962年，第260页。

② 《明太祖实录》卷六〇，洪武四年正月己亥条，第1176页。

③ 《宪纲事类》，《中国珍稀法律典籍集成》乙编第2册，第31页。

④ 吴艳红、姜永琳：《明朝法律》，南京出版社，2016年，第69页。

⑤ 《宪纲事类·宪纲·纠劾百司》，第34页。

司法监察机关内部“互相纠劾”的监督制度，“凡都察院、按察司堂上官及首领官，各道监察御史、吏典，但有不公不法及旷职废事、贪淫暴横凌虐，皆当纠劾，毋得徇私容蔽。其所纠举，并要明具实迹奏请。按问明白，复奏区处”①。此外，在《宪纲》有关职掌的十二条条目中，跟监察御史、按察司官在司法监察职能关系比较紧密的还有“官吏取受”“追问刑名”“理断词讼”“照刷文卷”“审理罪囚”等条，明确监察御史、按察司官对司法事务行使监察职权的范围、处理方式等等。《宪纲》还有“拟断公事”条明确了“凡监察御史、按察司官巡历去处，所问事有拟断不当者，都察院、按察总司随即改正”②。值得注意的是，《宪纲》还赋予监察御史和按察司官员在律条不全的情况下“比律事理”的权力，“凡监察御史、按察司官追问轻重刑名，中间果有律令该载不尽者，比拟律条开具请旨”③。

《宪纲》也设置很多条款规范监察官纪律，如“回避仇嫌”“禁约迎送”规定监察官履职所到之处，必须严格约束自己、洁身自好，无论接见人员，还是接受馈赠、安排宴席都必须避免嫌疑，不能妨碍公务。又如“纠举之事，须要明着年月，指陈实迹，明白具奏”④，互相纠劾时，“其有挟私妄奏者抵罪”⑤。《宪体》还规定风宪官“行止语默，必须循理守法”⑥，“出巡同事之人，须相协和”⑦等。为防止风宪官越俎代庖、武断行事，《宪体》强调：“各衙门问过罪囚，或有合断事理，干碍计禀者，先令有司定拟罪名，然后参考事例明白，方可发落，不可辄自与决。恐有别例，议论不同，宜从所长。”⑧

---

①⑤　《宪纲事类·宪纲·互相纠劾》，第36页。

②　《宪纲事类·宪纲·拟断公事》，第40页。

③　《宪纲事类·宪纲·比律事理》，第46页。

④　《宪纲事类·宪纲·纠劾百司》，第34页。

⑥　《宪纲事类·宪体》，第47页。

⑦　《宪纲事类·宪体》，第48页。

⑧　《宪纲事类·宪体》，第49页。

当然，《宪纲》是针对监察官进行立法，有的条款较之《大明律》相应条款更为简单，因其省去了与监察官无关的内容。如《宪纲》也设置了“讲读律令”条，但只规定“凡国家律令并续降条例事理，有司官吏须要熟读详玩，明晓其义。监察御史、按察司官所至之处，令其讲读。或有不能通晓者，依律究治”①，省去了律文中对“不能讲解，不晓律意者”的处罚办法，也省去了律文中“若官吏人等，挟诈欺公，妄生异议，擅为更改，变乱成法者，斩”等内容②。

嘉靖年间，张璁奏请申明《宪纲》七事，随后汪鋐条列《宪纲》五事，王廷相再“奉诏申明《宪纲》十五事”③。万历十五年(1587)，都察院左都御史詹仰庇陈御史出巡事宜，世宗诏令：“今后巡按御史，敢有任情行事，不遵《宪纲》者，该院从实查参，于回道考察之日分别议处。”④可见《宪纲》在《明会典》问世之后，仍能保持着独立的单行法地位。

四、《诸司职掌》与《明会典》

《诸司职掌》是朱元璋仿《唐六典》，于洪武二十六年(1393)三月敕定的法律典籍，以职官制度为纲，下分十门，分别详细地规定了六部、都察院、通政司、大理寺、五军都督府的官制及其职掌，共十卷。朱元璋曾说：“诸司职掌有崇卑，政有大小。无方册以着成法，恐后之莅官，罔知职任施政之详。”⑤可见其意义之重大。《诸司职掌》，犹如唐代的“格”一样具有法律效力，在《明会典》颁行之

---

① 《宪纲事类·先纲·讲读律令》，第45页。

② 详见怀效锋点校：《大明律》卷三《吏律二·公式·讲读律令》，第36页。

③ 《明世宗实录》卷一五四，嘉靖十二年九月辛丑条，第3482页。

④ 《明神宗实录》卷一八九，万历十五年八月戊寅条，第3550页。

⑤ (明)黄光升编：《昭代典则》卷一—《明太祖》，北京大学出版社，1993年，第1131页。

前，一直奉行不替[①]。其中基本上收录了洪武《宪纲》的主要条款，置于“都察院”门下，规定都察院长官“职专纠劾百司，辩明冤狱，提督各道，及一应不公不法等事”；十二道监察御史“凡遇刑名，各照道分，送问发落。其有差委监察御史，出巡、追问、审理、刷卷等事，各具事目，请旨点差”[②]。又将“十二道监察御史职掌”分为纠劾百司、问拟刑名、出巡、刷卷、追问、审录六个子目[③]。但是，《诸司职掌》颁行以后，各朝又以敕令、事例等形式陆续增加或修订对各机关的职权范围、施行规则等各项规范，使得《诸司职掌》的权威受到影响。天顺元年(1457)英宗的一句话颇能说明问题。其敕令都察院：“凡遇一应政务，悉依《诸司职掌》及《宪纲》施行，言事必以直道而务存大体，治事必以正法而务循旧章。”[④]言下之意，都察院运行过程中出现了问题，原因是没有严格遵照《诸司职掌》与《宪纲》所致。成化七年(1471)，刑科给事中白昂等官员在疏中提出大理寺“审录罪囚，参详罪名”应该“遵《诸司职掌》事例行之”[⑤]。此话也可见《诸司职掌》的权威，至少是关于司法和监察方面的权威在不断减弱。

与此同时，不断有官员提出以《诸司职掌》为蓝本“删订增广成书，使一代之制，粲然明白，垂之万世，而足征可也”[⑥]。于是，英宗诏令开始编修《会典》。《会典》即会要典章之意，是具有汇编性质的重要法典，其以《诸司职掌》为主，参以《皇明祖训》《宪纲》

---

① 柏桦、李倩：《论明代〈诸司职掌〉》，《西南大学学报(社会科学版)》2014年第4期，第153—160页。

② 《诸司职掌·都察院》，杨一凡、田涛主编：《中国珍稀法律典籍续编》第3册，黑龙江人民出版社，2002年，第323页。

③ 《诸司职掌·都察院》，第325—335页。

④ 《明英宗实录》卷二七六，天顺元年三月戊子条，第5891页。

⑤ 《明宪宗实录》卷九四，成化七年八月己巳条，第1812页。

⑥ (明)陆容：《菽园杂记》卷一一，中华书局，1985年，第133页。

以及其他敕令、条例等法律规范，于弘治年间编纂成，于正德年间颁布，其后又历经嘉靖、万历朝的修订，于万历十五年(1587)修订后重颁。其意义在于系统地记载明代历朝典章制度，既维护法律权威，也方便官吏检阅。当然，万历《明会典》作为有明一代典章制度的汇集，“反映了明代皇权之下各部职能的结构和诸司职掌的基本情况和历史变化”①，不仅收录全部《大明律》条文及各朝条例，且进行了系统化的编撰，还补充了很多不为律、令和《诸司职掌》所载的谕旨、诏令等内容。如监察领域，新增洪武之后的其他监察则例，特别设立了对监察官员犯罪加重处罚的规定，等等。《明会典》中大量关于会审的规则基本都是《诸司职掌》所没有的。

《明会典》相对于《诸司职掌》的另一个重要增补，即是对于六科系统的记载。六科指与中央政府六部相呼应的吏、户、礼、兵、刑、工六科，是平行于都察院的另一套中央监察机构，在明代政治中具有举足轻重的地位和作用。明朝建立伊始，就开始设立给事中，洪武六年(1373)开始设六科给事中。洪武二十四年(1391)，六科的编制基本上确定，但却没有在洪武二十六年(1393)三月敕定的《诸司职掌》中得以明确。万历《明会典》在卷二一三详细记录了六科通掌、各科分掌和南京六科的建置、职掌及其历史演变，明确了六科给事中“职专主封驳、纠劾等事”②，与六部对口登记，稽察案卷文书以及轮值登闻鼓楼等权力。六科的司法监察权力，主要集中在刑科目下，共十三条，包括汇报罪囚人数、死刑三复奏请旨、重大案件的勘问等等。

综合上述，有明一代，朱元璋及其继任者都注意制度建构并取得了很大成就。明代以律、令、例、会典等形式建构了完善的司

---

① 瞿林东:《中国史学史纲》,北京出版社,1999 年,第 598 页。

② (明)申时行等修:《明会典》卷二一三《六科・六科》,中华书局,1989 年,第 1061 页。

法监察制度，不仅对监察职能、监察机构履行职务的方式等方面规定得极为详尽，而且制定了都察院、六科的部门施行细则和监察纪律，为监察官顺利履行司法监察职责、确保司法秩序的正常运行提供了制度保障。

第三节　明代司法监察制度建构的原则

明代司法监察制度内容繁杂、巨细无遗，空前完备。认真审查，我们不难发现其制度之建构与演变都贯穿了强化皇权、相互制衡、规范监察、重典治吏等几条原则。透析这几条原则，我们才能把握明代司法监察制度形成的时代意境及其深刻的精神内核。

一、强化皇权原则

强化皇权是历代制度建构的基本要义，司法监察制度的建构自不例外。作为一个“把专制集权主义发展到极致的君主”[①]，朱元璋于立国前后对监察机构的设置进行了多次尝试与改革，最主要的目的均是推动君主集权政治的进一步发展，确保皇帝对监察官吏的绝对控制。

（一）都察院、六科的设立与改革推动皇帝集权进一步发展

在古代家天下的背景下，监察制度作为与行政权、军事权相提并论的一种权力，从来都是为皇权服务的。秦始皇一统天下，以丞相、太尉、御史大夫为最高官职。其中，御史大夫既是丞相副手，又负责监察百官，这种制度设计本就是让御史大夫监督丞相，避免其权力过大而威胁皇权。

早在大明王朝尚未建立之时，朱元璋就对徐达等人表示，元

---

① 毛佩琦主编:《中国社会通史・明代卷》，山西教育出版社，1996年，第525页。

代纪纲不正导致法度不行以至于天下大乱，他强调“建国之初，当先正纪纲”[①]。于是他仿效元代设置了御史台执掌监察大权。明初，正式设立“三大府”：中书省、大都督府、御史台。但是，“三大府”的存在严重屏蔽了皇帝对下情的掌握。于是，洪武三年(1370)，朱元璋设正四品的磨勘司负责覆核天下赋税钱粮、司法刑名[②]，由自己直接掌控。洪武十三年(1380)，朱元璋废除丞相制度，寻罢御史大夫，五月，再罢御史台和按察司[③]，将大权集中于自己一人之手。然而，政务繁忙，使其感到力不从心。尤其是皇权需要监察机构来维护，于是洪武十四年(1381)四月，再设因运作效果不理想而于洪武十年裁撤的磨勘司以“稽考在京诸司文移”[④]。洪武十五年(1382)，朱元璋设置都察院。最初，都察院长官都察御史只是正七品衔，监察御史为正九品衔。次年，为加强监察职能，朱元璋将都察院提升为正三品衙门，几个月后又提为正二品，与六部平级，并增其规模。其后，朱元璋逐渐将磨勘司的工作并入御史刷卷职能，最终于洪武二十年(1387)罢磨勘司。因为御史直接对皇帝负责，所以此举使朱元璋强化了皇权，推动明代政治进一步集权[⑤]。

都察院之外，主要的中央监察机构还有六科。六科先直隶皇帝，后改隶其他衙门，但不久又复归朱元璋直接掌握[⑥]。每科设都给事中一人掌印，左、右给事中各一人，每科另有给事中四到八

---

① 《明太祖实录》卷一四，甲辰春正月戊辰条，第176页。

② 《明太祖实录》卷五一，洪武三年四月丁亥条，第1010页。

③ 《明太祖实录》卷八〇，洪武六年三月乙巳条，第1449—1450页。

④ 《明太祖实录》卷一三七，洪武十四年四月乙亥条，第2163页。

⑤ 关于磨勘司的设立和废置以及意义，详参黄阿明.《明初磨勘司考论》，《社会科学辑刊》2013年第4期；方琢：《洪武时期磨勘司之设与革》，《黑龙江社会科学》2017年第1期；王伟凯：《明代磨勘司职能考辨——兼论〈明史·大理寺〉目下的一丝差错》，《社会科学辑刊》2017年第2期。

⑥ 张德信：《明朝典章制度》，第278页。

人不等，满额为五十员，均为七品、从七品职衔。尽管员额上不到都察院的一半，但是六科权力范围很广，包括封驳、谏诤、对口监察六部以及纠劾官吏等，“职专主封驳、纠劾等事”[1]。无论是朝廷商议大事，还是重要人事选拔，抑或是刑狱审断，六科都有资格参与其中。但凡“主德阙违，朝政失得”，或者“百官贤佞”，六科官吏既可以单独上奏，也可以联名上奏[2]。凡是各部的题奏或者皇帝诏令执行的事项都要经六科对口登记，以便查核。尽管在这一过程中，六科对于六部强调的是“对口”监察，然而这一原则并不排斥其他给事中参与进来。因为任一给事中都具有类似御史的纠劾权，任何一科给事中均可对其对口之外的部务提出意见以及弹劾任何官吏。

至于“封驳”，明代与前代大异其趣。臣子封驳之权，汉唐已有之。例如，后汉钟离意为宰相，数次封还诏书。“唐制，凡诏敕皆经门下省，事有不便，得以封还。而给事中有驳正违失之掌”[3]。可见，汉唐臣子封驳之权，针对的是皇帝的诏旨。到了明代，据顾炎武总结：“旨必下科，其有不便，给事中驳正到部，谓之科参(若曰抄出驳之，抄出寝之，是也)。六部之官无敢抗科参而自行者，故给事中之品卑，而权特重。”[4]可见，明代的“封驳”，其实是指“科参”。汉唐的“封驳”事宜，至明代已演变成为给事中对各衙门文书是否有错漏进行检核。而且，顾炎武这里指出明代给事中“权特重”，也仅是指其“掌封驳之任”而已。所以，明代六科对皇帝仅保留些谏议的职能，主要已经成为皇帝监督官吏的工具。

---

① (明)申时行等修:《明会典》卷二一三《六科・六科》,第1061页。

② 《明史》卷七四《职官三》,第1805页。

③ (清)顾炎武著,(清)黄汝成集释:《日知录集释》卷九“封驳”,上海古籍出版社,2006年,第502页。

④ (清)顾炎武著,(清)黄汝成集释:《日知录集释》卷九“封驳”,第503页。

（二）皇权对监察官绝对控制

早在元至正二十年(1360)六月，朱元璋就对臣子指出“言路”的重要性，他说：“治国之道，必先通言路。”[①]他认为皇帝以一己之力“酬应上下之务”，如果言路堵塞，致使其不能兼听广询，不能得到广泛的信息，就不可能正确处理各项事务，无法治理好国家。于是，明代皇帝将以“言路”为代表的监察官视为“耳目”，作为其“兼听广询”赖以依靠的重要工具。为此，在制度设计中，既要给予监察官优越的地位、广泛的权力，又要其绝对听从皇帝旨意，为皇帝绝对控制。这体现在如下三点：

1. 监察官升迁快速

以科道官为主体的监察官，与其他官吏一样，除授罢黜，均决于皇帝。但监察官升转快速，却最能体现皇权的任性。

都察院、六科定制之后，十三道监察御史、都给事中都是七品官衔，左右给事中、给事中仅从七品。明初，科道官的升转与其他衙门官员无甚大差异，“御史三考，无过仅升主事也”[②]。但是这种情况不久即发生了改变。因为朝廷对于科道官比较重视，“掌风纪者，尤须秉公持正，振肃纪纲，激浊扬清，扶植善类。有实犯者，必公言之，勿惮权贵；有屈抑者，必辩明之，勿忽卑职，用称朝廷耳目之寄”[③]。所以，科道官多系精英之选，往往姿貌雄伟、器识学问俱佳[④]，又系耳目风纪之司，衔小秩卑，但位权特重，所以升迁较一般官吏迅速。典型的如宣德二年(1427)，林硕由七品御

---

① 《明太祖宝训》卷三，元至正二十年六月戊戌条，第182页。

② (明)沈德符：《万历野获编》卷一一《吏部·选科道》，《明代笔记小说大观》，上海古籍出版社，2005年，第2202页。

③ (明)朱祁镇：《戒谕百官敕》(正统六年六月二十五日)，(明)傅凤翔：《皇明诏令》卷一〇，第316页。

④ (明)沈德符：《万历野获编》卷一一《吏部·选科道》，第2202页。

史超升正三品的浙江按察使[①]。于谦为御史巡按江西，深受皇帝赏识，“会增设各部右侍郎为直省巡抚，乃手书谦名授吏部”[②]，于是于谦由七品御史飞升为正三品的兵部右侍郎，巡抚河南、山西。又如正统年间的叶盛，进士登科后先任兵科给事中，随后任都给事中，仅六年过后，便于景泰初外任从三品的右参政[③]。

当然，正常情况下，科道官的升转速度没有那么离谱，但也堪称迅速。隆庆四年(1570)，朝廷议准南京科道官政迹卓异者“升转京堂”[④]。这意味着南京科道官可由七品、从七品，直升为三品、四品的京堂。此处没提京师科道官，但其升迁速度也可推知。弘治十五年(1502)，孝宗对六科的内部升转作出规定[⑤]。隆庆六年(1572)，穆宗进一步对科道官的升迁大开绿灯，规定都给事中、左右给事中与资深御史以及资俸相等的南京给事中、御史等，都可以直升太常太仆少卿、尚宝卿等京堂官[⑥]。当然，科道官也有放外任的。通常来说，放外任的待遇不差于京堂。根据弘治十一年(1498)孝宗诏令，两京科道官有机会直升为三品、四品的外官[⑦]。万历年间，朝廷有令：“各部员外郎不准改授御史。”[⑧]由此可推测，纵是五品的中央各部员外郎，尚艳羡七品御史之职。

科、道相较，科又往往优先于道。万历年间，沈德符记载：“正、嘉以后，都给事之外转必升参政。”而且，哪怕在七品的都给事中位置上只有一日，都可以直升三品的参政。御史则“非转京堂，止得副使”，按察司副使仅是四品而已，哪怕该御史任职九年

---

① 《明宣宗实录》卷三一，宣德二年九月己亥条，第806页。

② 《明史》卷一七〇《于谦传》，第4543页。

③ 《明史》卷一七七《叶盛传》，第4721页。

④⑤⑥ (明)申时行等修：《明会典》卷五《吏部四·推升》，第27页。

⑦ (明)申时行等修：《明会典》卷五《吏部四·保举》，第28页。

⑧ (明)申时行等修：《明会典》卷二〇九《都察院一·急缺选用》，第1045页。

考满也是如此[①]。

科道官升迁太速，引起其他衙门官吏的不满，以至于明末清初的杨士聪将科道官升转太速视为明代一大弊政[②]。

2. 监察官权势日益煊赫

巡按御史自从设立之后，权势便日益扩张。洪武十四年(1381)，朱元璋为提高审决狱囚的效率，遣监察御史林愿、孙荣等分按各道罪囚[③]。永乐元年(1403)，成祖赋予巡按御史考察府州县官的权力[④]。于是，巡按御史职权由"审决狱囚"得以扩大至"察其能廉贪"。由此，地方官员的宦海生涯很大程度上掌握在巡按御史手中。巡按大事奏裁，小事立断，自身虽为七品官员，但逐渐凌驾于三司之上，更不把六、七品的州县官放在眼里，轻之鄙之，视若属吏。嘉靖年间，巡按直隶御史蒋旸甚至以细过杖杀真定知县丛芝，而朝廷仅将蒋旸降级处分了事，引发世人的愤慨[⑤]。

给事中的权力也日益扩张。如前述，六科给事中作为皇帝耳目，且身处禁中，为近侍之臣，在明代政治中发挥着重要的监察作用。吴元年(1367)，给事中刚刚设立时，朱元璋给了其五品职衔。洪武六年(1373)，将其降为七品、从七品，以示压抑，防止其坐大以至于不正当地干扰朝政[⑥]。有学者指出，到明朝后期，六科利用封驳、纠察百官的权力，颐指气使，严重扰乱权力结构，干扰了六部行政职权的正常发挥[⑦]。

---

① (明)沈德符:《万历野获编》卷一一《吏部·科道俸满外转》，第 2203 页。

② 司马朝军:《续修四库全书杂家类提要·玉堂荟记四卷》，商务印书馆，2013 年，第 376 页。

③ 《明太祖实录》卷一三九，洪武十四年十月癸亥条，第 2196 页。

④ 《明太宗实录》卷二六，永乐元年十二月丁亥条，第 482—483 页。

⑤ (明)沈德符:《万历野获编》卷二二《司道·宪臣笞属吏》，第 2492 页。

⑥ 张德信:《明朝典章制度》，第 278 页。

⑦ 陈永胜主编:《中国廉政史话·制度卷》，甘肃文化出版社，2016 年，第 78 页。

3. 监察官须惟皇帝意志是从

监察官一开始就被定位为皇帝耳目，其本质就是皇帝钳制臣民的御用工具。他们弹劾大臣可以不请示台长，甚至可以与台长相抗衡，但不得不听命于皇帝。

科道官弹劾常常是以皇帝的态度为风向标。大明尚未建立，朱元璋就对风宪官曰："凡事当存大体，有可言者勿缄默不言；有不可言者，勿沽名卖直。"[①]然而，风宪官沽直求荣者比比皆是。正如后来解缙说的那样，"御史纠弹，皆承密旨，每闻上有赦宥，则必故为执持，意谓如此，则上恩愈重"[②]。永乐年间，阁臣杨荣"进言十事，皆指斥五府、六部、三法司积弊"。成祖"览而喜之，密与荣曰：'实切时病，但汝为心腹之臣，若进此言，恐群臣益相猜疑，不若使慎密御史言之。'于是得监察御史邓真，俾入奏"[③]。成化年间，叶盛直言不讳地指出科道官窥伺上意，弹劾官吏往往得到皇帝授意，甚至是事先得到皇帝面谕；皇帝还煞有介事地告诫科道官不要泄露"秘密"[④]。他还指出科道官弹劾官吏也是讲究战术的，即六科先得到皇帝的授意，先发难，然后御史紧随其后，及时声援[⑤]。天启元年(1621)，礼部尚书翁正春"抗论忤魏忠贤，被旨谯责"。次年，"御史赵胤昌希指劾之"[⑥]。这些情况的出现，想来也不奇怪。明代君主专制空前强化，朱元璋乾纲独断、暴虐无常，造成了君尊臣卑的局面，延于后世，流毒无穷。嘉靖八年(1529)，有给事中上疏批评世宗："风纪大臣议狱，一不当意，斥而

---

① 《明太祖实录》卷一九，丙午春正月辛卯条，第260页。

② 《明史》卷一四七《解缙传》，第4117页。

③ (明)焦竑：《玉堂丛语》卷三《宠遇》，中华书局，1981年，第80页。

④ (明)叶盛：《水东日记》卷一"纠弹不承密旨"，魏中平点校，中华书局，1980年，第11页。

⑤ (明)叶盛：《水东日记》卷二七"纠劾多出上旨"，第266页。

⑥ 《明史》卷二一六《翁正春传》，第5708页。

去之，若胥吏然。”[①]尤其明代中期之后，士风日渐颓坏，秉公执法、刚正直言者动辄得咎，其人自然鲜少；明哲保身、谄媚权贵者如鱼得水，所以专事迎主以求进身者自然如过江之鲫，此是体制使然。

监察官逢迎皇帝，还体现在俯首于皇帝宠信的家奴太监。如刘瑾专权时，左都御史刘宇阿谀逢迎唯恐不及，不但言事秉承刘瑾之意，还在都察院安插亲信，使都察院遍地都是刘瑾私人[②]。明末魏忠贤窃夺憙宗政柄，许多科道官寡廉鲜耻，投于门下，形成阉党，甘为魏忠贤奔走效劳[③]。正如学者指出，无论是给事中，还是御史，其本质上“都只是皇帝的鹰犬，而且是直接受皇帝本人的嗾使而进行搏噬。这是与前朝有很大不同的”[④]。

二、相互制衡原则

设官分职是历代政治活动的需要，也是历代君主猜防臣下、对各衙门进行权力制衡的妙招。按制度规定，明代主要司法监察机构都察院、六科、按察司之间彼此颉颃，其内部官吏之间也相互监察。皇帝还经常安排各衙门多官进行会审，最后由自己裁定，从而使得自己牢牢掌控最高司法权、司法监察权。

（一）监察机构相互掣肘

都察院是最庞大的监察机构，御史照刷各衙门文卷，京城内外大小官吏无不在御史监察范围。都察院台长有权与吏部一道，对包括科道官在内的所有文官进行考核。《宪纲》第一条就规定：“内外大小衙门官员但有不公不法等事，在内从监察御史，在外从

① 《明世宗实录》卷一〇三，嘉靖八年七月甲午朔条，第2418页。
② 《明史》卷三〇六《刘宇传》，第7837页。
③ 《明史》卷三〇五《魏忠贤传》，第7820页。
④ 周良霄：《皇帝与皇权（第三版）》，上海古籍出版社，2014年，第300页。

按察司纠举。”[①]此即“纠劾百司”，既意味着监察御史可以纠劾六科给事中，也意味着都察院与按察司可以相互纠劾，任何一方作奸犯科，都可能遭受另一方的弹劾。例如，永乐二年（1404），左都御史陈瑛劾奏“陕西按察副使王煜娶属官司狱女为妻，失风宪体征”，王煜被“下狱”[②]。

另一主要的司法监察机构是六科，其给事中多达五十余人。六科与都察院以“科道”并称，二者职掌颇为近似，给事中以拾遗补阙、封驳奏章为主；御史偏重纠察非法、弹劾百官。尽管职能有所偏重，但都专门为皇帝监察百官而设。六科除了对六部进行对口监察，也有类似御史的纠察权。按照规定，“凡两京大臣、方面等官，有不职者”“及诸人有不公不法等事”，六科俱得劾奏[③]。六科的设立，不仅将六部的公务纳入监察视野，同时也分化了都察院的司法监察职权，且与后者相互制衡。有明一代，不乏给事中弹劾御史的案例。典型的如宣德年间，刑科给事中年富弹劾“都御史顾佐等失入死罪十七人”，宣宗“诘责佐等”[④]。嘉靖四十年（1561），御史于业贪赃枉法，被吏科给事中胡应嘉劾奏“廉耻扫地，冒居要秩，有玷清班”，结果降级调外任用[⑤]。

（二）监察机构内部官吏相互监察

明代还规定监察官之间如果有“不公不法及旷职废事、贪淫暴横者，许相互纠举，以清宪体”[⑥]。即允许监察机构内部官吏相互监督、纠劾。

---

① 《宪纲事类·宪纲·纠劾百司》，第34页。

② 《明太宗实录》卷二七，永乐二年正月辛亥条，第494页。

③ （明）申时行等修：《明会典》卷二一三《六科·六科》，第1061页。

④ 《明史》卷一七七《年富传》，第4702页。

⑤ 《明世宗实录》卷四九五，嘉靖四十年四月戊申条，第8215页。

⑥ （明）申时行等修：《明会典》卷二〇九《都察院一·纠劾官邪》，第1045页。

都察院的职官分为三类：第一类是堂官（长官），包括正二品的左右都御史、正三品的左右副都御使、正四品的左右佥都御史；第二类是堂官的下属办事人员，包括正六品的经历、正八品的照磨、从九品的司狱和司务等；第三类是正七品的十三道监察御史（最初是十二道，后来加贵州道、云南道，减去北平道），满员共一百一十人。较之于前代，十三道监察御史是明代监察制度中最有特色的人员，其组织上虽隶属于都察院，受都察院堂官领导与考核，但既然与堂官同为皇帝耳目之官，则履行职责时可以不受堂官节制，有权独立行事、独立进奏，甚至可以监察堂官。如洪武三十年（1397），左都御史杨靖替其乡人在直诉状词上“增饰浮词”，为御史所劾。朱元璋爱其才，本不想追究，奈何“御史论不已”，只得将其赐死①。又如嘉靖三十二年（1553），科道官弹劾右副都御史楚书“侵盗官银并多不经之费”，世宗命巡按御史勘明，将其降秩一级，调外任②。正统四年（1439），朝廷规定巡按御史事毕回京，“不须经由本院而径直赴御前奏复”，明确了巡按直接向皇帝负责，其地位相对于台长有了更大的独立性。御史可以纠劾堂官，堂官当然也负有督察御史之责。如北平道监察御史何哲追问公事时，贪赃枉法，即被都御史詹徽举问③。御史出巡期间所为不妥，都察院长官可以指令其改正；巡毕回道，都察院长官还要对其进行考察。如弘治五年（1492），都御史韩文揭发御史李兴巡按陕西期间“酷刑致死人命诸事”，孝宗命给事中李应和等往勘之，得李兴非法致死者三十人，遂将其系狱④。此外，都察院内部还

① 《明太祖实录》卷二五四，洪武三十年秋七月丁巳条，第3662页。

② 《明世宗实录》卷四〇二，嘉靖三十二年九月癸亥条，第7047页。

③ 《御制大诰三编·排陷大臣第四十》，《中国珍稀法律典籍集成》乙编第1册，第240页。

④ 《明孝实录》卷六二，弘治五年四月癸卯条，第1193页。

设置照磨所，复核御史的刷卷结果。

六科内部，虽每科都设都给事中掌印，但给事中履行职责时并不需要听从都给事中或者左右给事中的吩咐，各给事中可以相互纠察。尽管六科按照六部分科进行对口监察，但是任何给事中对于政令得失、军民休戚之事“皆得言之”，自然也包括对其他给事中处理的事务提出意见。

地方监察机构按察司内部亦是如此，按察使可以纠劾其属下，其属下也可以揭发、检举长官。如正统三年(1438)，浙江按察使林硕“误引赦例出人死”，其副手按察司佥事耿定劾之。英宗下令将林硕“逮讯”，结果“输赎还职”①。

（三）会审制度发达

各机构在司法监察方面的相互掣肘还体现在皇帝经常诏令各衙门官员会官审录。洪武二十六年(1393)，为了避免淹禁，提高审判效率，“群臣有言请疏决罪囚”，朱元璋命三法司会审罪囚②，由此拉开明代会审的序幕。洪武二十九年(1396)，朱元璋一度罢大理寺，自己执掌最高复审权，经常面讯大狱。倘有重案，不时也会诏令“五军都督府、六部、都察院、六科给事中、通政司、詹事府详加审录，冤者即为奏闻”③，或者“命群臣审录”④，其目的在于使各衙门彼此颉颃、相互监督⑤。会审成为皇帝之下最高级别的司法审判方式或者司法监察方式。这里须指出，明代各种形式或各种名目的会审，有的是初审，有的是复审，本书所言司法监察意义上的“会审”指的是以会审形式进行的复审。

① 《明史》卷一六一《林硕传》，第4378页。

② 《明太祖实录》卷二二七，洪武二十六年四月庚寅条，第3313页。

③ 《明太祖实录》卷二五三，洪武三十年六月壬午条，第3654页。

④ 《明太祖实录》卷二五四，洪武三十年八月戊戌条，第3670页。

⑤ 陈宇赫：《明代大理寺研究》，中华书局，2013年，第79页。

有明一代，会审频繁举行，会审制度空前发达。但所有会审，均由皇帝决定，或者由臣下奏请而皇帝定制。除了决定各衙门进行会审，皇帝还决定参与会审的官吏。参与会审的官吏直接向皇帝负责，随时向皇帝报告审理情况，结果更是由皇帝裁断。倘若皇帝对会审的过程、结果稍有不满，其可以发回要求重审，或者另行组织官吏进行会审。如朝审，在朱元璋时期已经滥觞。当时朱元璋命令三法司会同五府、九卿衙门、锦衣卫各堂上官及科道官，逐一审录狱囚。但是这种会审规模大、级别高，却没有最终的判决权，只能草拟出判决意见等待皇帝定夺。“若有词不服，并情罪有可矜疑，另行奏请定夺。其情真罪当者，即会题请旨处决”①。洪武三十年(1397)，朱元璋又一次令众官会审。永乐年间，复行多次会审，但每一次会审的参与主体均不完全相同。又如，在京五年大审的制度，始于天顺四年(1460)，英宗令“法司将见在监累诉冤枉者，会同三法司堂上官、刑科给事中各一员审录”。到了成化十七年(1481)，参与大审的官吏确定为“司礼监太监一员会同三法司堂上官”②。会审的种类，除了朝审、大审，还有热审、秋审等名目。

各种会审，参与者非常广泛，并无严格制度，均由皇帝临时选派亲信与高级官员一道参加，除都察院、刑部、大理寺三法司官员外，还经常出现六科、宦官，不时出现宗室、勋臣、六部卿贰和锦衣卫之身影，形成了一种颇具政治基础的司法监察方式。形式多样、主体广泛的会审，既包涵哀矜折狱、明刑慎罚的司法理念，更寓含皇权至上的政治权威。

司法监察机构及其官员相互制衡是明代司法监察制度建构

① (明)申时行等修:《明会典》卷一七七《刑部十九·朝审》，第903页。

② (明)申时行等修:《明会典》卷一七七《刑部十九·恤刑》，第904页。

的重要原则，体现在方方面面，以上仅是列其大者，其细微之处还会在本书第二章、第三章进行更详细的分析。

三、规范监察原则

司法审判是实现国家职能的重要活动，为了体现法律的权威性，同时也对司法官进行权力约束，中国很早就形成了援法定罪的传统。法律成为司法官吏进行活动的依据，也成为监察官对司法活动进行监督的依据。为了保障司法监察的有序进行，从汉朝起，历代就出台了专门的制度。汉有《监御史九条》、曹魏有《六条察吏》、唐有《巡察六条》，元朝立法虽粗疏，仍有较详密的《宪台格例》等众多监察法规。这些法律的制定，为监察官履行职责提供制度依据，进一步规范了司法监察活动。

纵观中国古代君主，在重视法制建设一事上，似乎无人能出朱元璋之右。他不但手订《御制大诰》，而且对《大明律》亲加裁酌，历时三十年乃成。对于监察制度的制定，朱元璋同样殚精竭虑。如前述，不但《大明律》中有许多规范监察官职务行为的条款，朱元璋还在明朝尚未建立时已经开始酝酿专门监察法规。洪武四年（1371），御史台提交草拟的《宪纲》四十条，朱元璋亲自审查、修订之后，下令颁布并刊发给有关机构，由此拉开了有明一代专门监察立法的帷幕。洪武二十六年（1393），朱元璋又制定了《诸司职掌》，规定了都察院、按察使司等监察官吏的职责。

朱元璋的嗣君继续努力，不断完善监察制度。宣宗敕礼部同翰林儒臣对旧有的条款进行考订，强调朝廷意志，删除不规范的内容，保证文本的权威性和严肃性，编成《宪纲事类》，英宗即位后将其颁行天下。《宪纲事类》所涉及的内容相当宽泛，前文已详述，此处略之。

朱元璋在考虑《宪纲》的时候，也已经开始斟酌六科的职责规范。洪武二十四年(1391)，六科的编制基本上确定。历经弘治、正德、嘉靖、万历等数朝君臣努力编修而成的《明会典》是“明代最详博完备之成典”[①]，其明确将六科职掌分为“六科通掌”和“各科分掌”两部分，依次胪列了各科的一系列职掌[②]。《明会典》还囊括了关于都察院、按察司、刑部、大理寺、内阁、司礼监、锦衣卫参与京师会审或遣官审录的规定，“从体系上集两千年监察法律之大成而臻完备”[③]。

永乐年间，明成祖迁都北京，但由于特殊的历史情况，仍在南京保留了一套中央机构。朝廷也会根据需要制定适用于南京衙门的制度规范，《南京都察院事例》即是其中之一。该文件共计二十八条，规定南京都察院的主要职掌。其文字比中央都察院简略，但职权方面与后者基本相同，当然，其管辖范围仅限于南京地区。在司法监察方面，南京都察院主要是弹劾不法官吏，与南京刑部一道问拟刑名，与其他衙门一道参与各种会审。

正统之后，总督、巡抚的设置日益普遍化。尽管二者逐渐转化为地方大员，但毕竟二者都加有都御史或副都御史、佥都御史头衔，名义上也与巡按御史一样属于都察院编制。而且，明代后期，巡抚与巡按“集体司法”成为普遍现象[④]。于是，规范总督、巡抚(尤其是巡抚)与巡按御史的监察职权、明确划分履职范围以及协调其间关系也提上日程。嘉靖年间，世宗颁布了《抚按通例》。该文件首先要求巡抚、巡按正身率下，不得徇私枉法，对地方官吏要严加督察、激浊扬清。其次，明确巡抚与巡按的职权关系。如

---

① 梁启超:《梁启超论中国法制史》，商务印书馆，2012年，第117页。

② (明)申时行等修:《明会典》卷二一三《六科·刑科》，第1064—1065页。

③ 邱永明:《中国监察制度史》，华东师范大学出版社，1992年，第408页。

④ 陶道强:《明代监察御史巡按职责研究》，第128页。

某案件判决罪囚发口外为民之后，如既可以由巡抚处理，又干系巡按职权的，巡抚、巡按谁先受理的，就由谁负责执行；如先由其他衙门处理，审转到达巡抚、巡按之处的，一概由巡抚负责执行，没有巡抚，则由巡按执行[①]。

由上述内容可见，有明一代，皇帝积极进行司法监察制度建构。随着形势的发展，司法监察任务不断加重，司法监察制度也日趋法典化。这既理顺了各监察机构和人员的权力关系，又有效规范了监察官的行为，防止其履职不力、徇私枉法。

四、 重典治吏原则

德、刑都是中国古代国家治理的手段。唐代确立了“德本刑用”原则，“儒、法两家最终握手言和”[②]，“德主刑辅”的法哲学观更是“完全融入唐律及其疏议之中”[③]。明朝立国之后，朱元璋结合时代条件，在坚持“德主刑辅”同时，更加强调“明刑弼教”。

其实，“明刑弼教”和“德主刑辅”一样，都早在春秋战国就已提出，但在宋代之前，统治阶级强调的是“德主刑辅”。到了南宋，鉴于社会矛盾不断尖锐，朱熹对“明刑弼教”思想进行全新阐释，指出“刑”是治理国家必不可少的手段，改变了“刑”在“德主刑辅”中被贬抑的地位。经过朱熹阐发，“明刑弼教”重道德而不轻刑罚，“往往是同重刑主张相联系的”[④]。鉴于元末吏治腐败给朱元璋留下深刻印象，同时也由于当时阶级斗争的尖锐和统治阶级内部矛盾的激化，朱元璋认可了朱熹的上述思想，从统治需要出发，

---

① (明)申时行等修:《明会典》卷二一一《都察院三・抚按通例》，第1057页。

② 张仁善:《中国法律文明》，南京大学出版社，2018年，第118页。

③ 何勤华、钱泳宏:《法律文明史》卷七《中华法系》，商务印书馆，2019年，第44页。

④ 杨一凡:《明大诰与朱元璋的明刑弼教思想》，《烟台大学学报(哲学社会科学版)》1989年第1期，第20页。

将“明刑弼教”理论上升为具体的法律实践：强调刑罚，但并不否定教化，指出刑罚可以更好地推动教化[①]。由此，“明刑弼教”就成了朱元璋立严刑峻法，重罚犯者，避免“壅蔽之患”[②]的正当性依据。于是，大明建立伊始，朱元璋便推行“重典治吏”，对不法官吏施以了前所未有的惩罚力度。

与此相应，朱元璋在“重典治吏”的背景下设置了一系列的司法监察条款，对于违反规定的监察官予以严厉惩罚，使得其制度明显体现出一种“重典”色彩。朱元璋深思熟虑三十年制定的《大明律》就较前代往往加重，例如该律第一次破天荒地单列“风宪官吏犯赃”条，规定：“凡风宪官吏受财，及于所按治去处求索借贷人财物，若卖买多取价利及受馈送之类，各加其余官吏罪二等。”[③]其实，追溯起来，对承担君主“耳目”功能的监察官进行格外严厉的监控也不是明朝的首创。比如，对监察官于临按之所的贪赃行为进行严惩，自唐律已经开始。《唐律疏议》规定：“诸官人因使，于使所受送遗及乞取者，与监临同。”但是，若其他官吏犯赃是在其行经过处，则减一等；而监察官不减。根据疏议的解释，原因是“纠弹之官”令人畏惧，故而处罚要重于一般官吏[④]。元朝统治者虽然不重视法制建设，但是鉴于监察官的特殊地位，元代对于犯罪的监察官，往往也比一般官员处罚更重。根据《元史》的记载，“诸风宪，荐举必考其最绩，弹劾必著其罪状，举劾失当，并坐之”“诸风宪官吏但犯赃，加等断罪，虽不枉法亦除名”。而且，对于其他官吏犯罪可以得到的优待，元代也限制适用于御史台及其行

① 详参吴晗：《朱元璋传》，人民出版社，1985年，第222页。

② 《明太祖实录》卷六〇，洪武四年正月己亥条，第1176页。

③ 怀效锋点校：《大明律》卷二三《刑律六·受赃·风宪官吏犯赃》，第189页。

④ 刘俊文点校：《唐律疏议》卷一一《职制·因使受送遗》(第141条)，中华书局，1983年，第222页。

台、廉访司等监察机构官吏。例如，当时的做法“诸内外百司官吏，受赃悔过自首，无不尽不实者免罪，有不尽不实，止坐不尽之赃”，这是对自首的受赃罪犯减轻甚至免除处罚。然而，同时也规定监察官吏不在自首免罪之列①。到了明代，明律对于风宪官犯赃的，不但无限制“自首免罪”之说，更无自首减轻或免罪的优待，而且直接在其他受赃官吏之上加二等处罚。与唐、元两代相比，明律之重由此凸显。其他情况下，风宪官也会因各种不法行为被处以严刑甚至极刑。例如，洪武三十年(1397)，都御史杨靖仅因帮助其乡人在直诉状词上“增饰浮词”，就被朱元璋“赐死于家”②。处罚之重，令人愕然。

明初对于监察官的重典，更多地体现在《大诰》这一特别法之中。朱元璋颁布《大诰》的原因在于对臣民不守律令的失望，洪武十八年(1385)，其在《御制大诰》序中说：“朕闻曩古历代君臣，当天下之大任，闵生民之涂炭，立纲陈纪，昭示天下，为民造福。”③希望以严刑惩戒奸人，建立太平世界。然而，重刑的施行还是没有达到其预期效果，于是，朱元璋“皇皇宵昼，思治穷源”④，于次年三月又颁布《大诰续编》。但是到了十二月，朱元璋还是感于“臣民有不善者，往往造罪渊深”，“迩来凶顽之人，不善之心，犹未向化”⑤，遂颁布《御制大诰三编》，继续重典方针，尤其是以严刑峻法惩治不法官吏。有学者统计《大诰》所载的贪赃案例，一千多件的涉事官吏依照明律本不应死，但却被朱元璋判处死刑⑥。其

---

① (明)宋濂等：《元史》卷一〇二《刑法一・职制上》，中华书局，1976年，第2613页。

② 《明太祖实录》卷二五四，洪武三十年秋七月丁巳条，第3662页。

③ 《御制大诰》序，第51页。

④ 《御制大诰续编》序，第99页。

⑤ 《御制大诰三编》序，第173页。

⑥ 陈梧桐：《评朱元璋整肃吏治的措施》，《朱元璋研究》，天津人民出版社，1993年，第189页。

中不少是渎职的司法监察官吏。如监察御史徐彦和，先因受赃，朱元璋法外开恩，其得以戴罪还职；其后因故禁平人致死，被处死[①]。明朝的法定刑只有笞、杖、徒、流、死五种，但为了重典治吏，洪武一朝，族诛、凌迟、剁指等许多酷刑数见不鲜。如御史王式文，徇情枉法，事发后，被"墨面文身，挑筋去指"[②]。又如前述北平道监察御史何哲追问案件时，徇私枉法，被都御史詹徽举问，遂怀恨在心，与同道御史任辉、齐肃于洪武十九年(1386)共同谋划，排陷詹徽。四川道监察御史魏卓也参与了上述阴谋，及平日在道问事故入人罪，意在献能，希求升用。事发，四人均被凌迟处死[③]。在朱元璋看来，此等"凶顽之徒，虽数千万言，终不警省，是其自取也"[④]。

洪武朝开始成型的明代专项监察法规《宪纲》也采取了"重典治吏"的态度，对不遵守监察纪律的监察官予以严厉处罚。如"纠劾百司"条规定监察官纠举官吏"若系机密重事，实封御前开拆，并不许虚文泛言。若挟私搜求细事及纠言不实者，抵罪"[⑤]。"互相纠劾"条规定监察官"其所纠举，并要明具实迹奏请。按问明白，复奏区处。其有挟私妄奏者抵罪"[⑥]。"亲问公事"条规定："凡监察御史、按察司官分巡去处，如有陈告官吏取受不公等事，须要亲行追问，不许转委。违者，杖一百。"[⑦]

朱元璋之后，其继任者继续对司法监察官吏的渎职行为采取严厉的惩治措施。如正统四年(1439)，朝廷定例，加重对于内外

① 《御制大诰三编·进士监生不悛悔改第二》，第186页。
② 《御制大诰·奸吏建言第三十三》，第71页。
③ 《御制大诰三编·排陷大臣第四十》，第240—242页。
④ 《御制大诰三编》序，第174页。
⑤ 《宪纲事类·宪纲·纠劾百司》，第34页。
⑥ 《宪纲事类·宪纲·互相纠劾》，第36页。
⑦ 《宪纲事类·宪纲·亲问公事》，第38页。

风宪官徇私坏公的处罚，尤其是贪赃枉法者，更是从重论处：凡是向各衙门嘱托公事者，比常人加三等处罚，有赃者从重论[①]。本来，明律就明确规定了司法回避制度[②]，洪武年间，朝廷也曾规定风宪官分巡地面，倘若是其原籍，或者遇到有仇嫌之人，必须回避，甚至按临之地是曾经寓居之地，也要回避，以此杜绝监察官在熟地、对熟人倚法弄奸的可能性[③]。然而，或许因为上述制度实施的效果并不理想，所以正统年间朝廷进一步明确了处罚措施。当时英宗诏令："凡监察御史、按察司官追问公事，中间如有仇嫌之人，并听移文陈说回避。若怀私按问、敢有违枉者，于反坐上加二等科罪。"这是要求监察官严格履行回避义务，而且哪怕监察官秉公执法，按问属实，也要处以"不应得为"之罪[④]。

本章小结

中国古代很早就开始对各级机关及其官吏的司法活动实施监督，形成了日益完善的司法监察制度。纵观中国古代君主，在重视制度建构一事上，似乎无人能出朱元璋之右。自他开始，明代统治者积极总结和借鉴前代制度建构经验，尤其是对元代的监察制度作了详细的梳理，承袭了日益独立的监察机构、垂直的组织体系、广泛的监察权、以卑察尊的监察方式、特定的监察官选拔标准和管理方式、常设监察机构与临时巡按制度相结合等历史传统；又结合时代特点，以《大明律》为根本大法，辅之以令、大诰、

---

① (明)申时行等修：《明会典》卷二〇九《都察院一・风宪总例》，第 1039 页。

② 《大明律》规定："凡官吏于诉讼人内，关有服亲，及婚姻之家，若受业师，及旧有仇嫌之人，并听移文回避。违者，笞四十。若罪有增减者，以故出入人罪论。"(怀效锋点校：《大明律》卷二二《刑律・诉讼・听讼回避》，第 176 页)

③ (明)申时行等修：《明会典》卷二一〇《都察院二・出巡事宜》，第 1049 页。

④ (明)申时行等修：《明会典》卷二一一《都察院三・追问公事》，第 1055 页。

例、会典等形式进一步建构和完善了司法监察制度。明代司法监察制度建构形式多样、内容全面，不仅对监察职能、监察机构履行职务的方式等方面规定得极为详尽，以及明确了都察院、六科的部门施行细则和监察纪律。明代司法监察制度发展到了历史高峰，为监察官顺利履行司法监察职责、确保司法秩序的正常运行提供了制度保障。

明代司法监察制度的建构，首要任务在于维护皇权，确保皇帝乾纲独断。无论是都察院的创设，还是六科的改革，无论是中央监察体制的完善，还是地方监察体制的发展，最主要的目的均是推动君主集权政治的进一步发展，使监察机构与监察官绝对听命于皇帝，确保皇帝对包括监察官在内的臣民的绝对控制。为了实现这一目的，同时也确保监察机构能有效运作，明代皇帝有意让都察院、六科等司法监察机构及其官员相互制衡、彼此颉颃。与援法定罪的传统相适应，明代司法监察重视监察的程序和监察官的履职行为的规范化。不但各种形式的法律文本有许多规范监察官职务行为的条款，明代还制定了单独的监察法规，使古代监察法规空前完备。这一方面体现了法律的权威性，让法律成为监察官对司法活动进行监督的依据，另一方面又将监察官的活动纳入法律的轨道，保障司法监察的有序进行。明代司法监察制度还体现了“重典治吏”的原则，对于德行有亏、履职不力的监察官予以严厉惩罚。透析上述几条原则，有助于我们把握明代司法监察制度形成的时代情境及其深刻的精神内核。

第二章　明代中央司法监察机构及其职能

中国古代监察机构经过漫长的历史发展，到了明代已经成熟。“耳目之司”的定位，让监察机构在国家机器中占据重要地位。明代监察机构的履职范围，囊括立法、行政、军事、经济、礼仪等等，其中最主要的工作内容莫过于司法监察。与行政、司法不分的政府功能设置相一致，明代的司法监察权由许多机构共享。所以，明代司法监察与前代一样，呈现出一种机构繁多而职任不专的局面。

第一节　都察院及其司法监察职能

明代最重要的司法监察机构是都察院。明初因袭元制，置御史台。洪武十三年(1380)，撤之，两年后改置都察院，为正二品衙门。都察院在明代是一个异常庞大的机构，其职责在于“考察百僚，扶植良善，纠正奸邪，伸冤理枉”①，“足以和分掌中央行政事务的六部抗衡”②。其台长“左右都御史、副都御史、佥都御史职

---

① (明)朱祁镇:《雨潦修省敕》,(明)傅凤翔:《皇明诏令》卷一〇,《珍稀法律典籍集成》乙编第3册,第300页。

② 方志远:《明代国家权力结构及运行机制》,科学出版社,2008年,第232页。

专纠劾百司、辩明冤枉、提督各道及一应不公不法等事”[①]。左都御史与六部尚书合称“七卿”，为三师、三孤、太子三师之外的最高级官员。十三道监察御史满额为一百一十人，均为正七品，“任纪纲之职，受耳目之寄。纠劾百僚，肃清庶政”[②]，“凡遇刑名，各照道分送问发落”[③]。每道御史分别为七到十一人不等，朝廷敕其“出纳一道之务，深察幽微，敷奏毋隐”[④]。巡按御史则代天子巡狩，大事奏裁，小事立决，“一方吏治之臧否，军民之休戚系焉”[⑤]。有学者认为：“从御史台到都察院不仅是名称的改变，其实质是突出了御史的法纪纠察监督作用，而使唐宋御史负责朝会祭祀礼仪的事务退到了次要。”[⑥]由我们对都察院的职能进行分析可知，这种看法是中肯的。

概括起来，明代都察院的司法监察职能主要在于以下数端：

一、纠劾官邪

作为最庞大、最高级别的监察机关，明代都察院的监察对象上至宰执大臣，下至普通官吏，全国军民无不包含其中。朱元璋设立都察院时，曾说：“朕设察院，职英俊，禄忠良，以为耳目之寄。”[⑦]考察官吏、激浊扬清，系都察院的基本职能。早在洪武四年(1371)，朱元璋就令“监察御史、按察司官巡历去处，但有守法奉公、廉能昭著者，随即举闻”[⑧]。永乐元年(1403)，成祖表达了

---

① (明)申时行等修：《明会典》卷二〇九《都察院一·风宪总例》，第1039页。
② 《明宣宗实录》卷七六，宣德六年二月壬寅条，第1764页。
③ 《诸司职掌·都察院》，第323页。
④ (明)朱元璋：《明太祖集》卷七《敕·命方常职御史敕》，第131页。
⑤ (明)朱厚熜：《申严宪纲敕》，(明)傅凤翔：《皇明诏令》卷二〇，第659页。
⑥ 倪正茂等：《中华法苑四千年》，群众出版社，1987年，第159页。
⑦ (明)朱元璋：《明太祖集》卷七《敕·谕御史》，第143页。
⑧ (明)申时行等修：《明会典》卷一三《吏部十二·举劾》，第80页。

对守令的重视，特命巡按御史及按察司，“凡府州县官到任半载之上者，察其能廉贪，具实奏闻”[①]。《明会典》载：“巡按任满，巡抚年终，将所属大小官填注考语、揭帖送部。其考语俱要自行体访。”[②]嘉靖二十七年(1548)，世宗诏令“御史巡历地方，务要访求按属贤否，勉励戒饬。其有戒饬不悛者，即时随事参奏提问。不必以无人诉告、例难访察，使久为地方之害。仍行各抚按官一体悉心究访”[③]。

考察贤否、激浊扬清，自然也包括对于徇私枉法、裁断不公官吏的弹劾。《宪纲》首条为“纠劾百司”[④]。洪武二十六年(1393)《诸司职掌》中对都察院的职能设定，首句亦即言都察院诸长官“职专纠劾百司”[⑤]，“十二道监察御史职掌”首先也是“纠劾百司”[⑥]。可见，对违法乱纪的官吏进行检举和揭发，是众御史的首要职责。洪武《诸司职掌》规定，监察御史须就文武百官构党为非、擅作威福，猥亵阘茸、肆贪坏法，扰害善良、贪赃坏法等行为进行弹劾。监察官之间如果有“不公不法及旷职废事、贪淫暴横者，许相互纠举，以清宪体”[⑦]。该条款类似于今天的“兜底条款”，将不宜一一列明的内容、其他律文没有包括或者难以包括的广泛内容，都以“不公不法”“旷职废事”等概括之，从而赋予监察官以纠察、弹劾的权力。

对于不法官员，巡按御史应该奏闻，甚至一度有权直接拿问。巡按御史逮问官员时须遵循一原则，即在外六品以下文职官员可

① 《明太宗实录》卷二六，永乐元年十二月丁亥条，第482—483页。
② (明)申时行等修：《明会典》卷一三《吏部十二·朝觐考察》，第79页。
③ (明)申时行等修：《明会典》卷二一〇《都察院二·出巡事宜》，第1051页。
④ 《宪纲事类·宪纲》，第34页。
⑤ 《诸司职掌·都察院》，第323页。
⑥ 《诸司职掌·都察院》，第325页。
⑦ (明)申时行等修：《明会典》卷二〇九《都察院一·纠劾官邪》，第1045页。

自行逮问，六品以上文职官员和所有武职官员需经奏闻获准，方可逮问①。

当然，如任职地区司法乱象纷呈，巡按御史在纠劾之前也可以事先进行整顿，对不法官吏进行警醒。例如，嘉靖年间，王廷相巡按陕西时，就曾发布《案验录二十九条》，分别列举了有司官员、各首领佐贰官和积年主文、书手、皂隶等官吏在受理词讼、缉捕人犯、监狱管理以及传递司法文书等方面的渎职枉法行为，并对上述人员提出警告②。

二、照刷文卷

照刷文卷，简称刷卷，指都察院对各级机关所行公文档案进行审查，视其文卷有无错漏、过失或者稽迟而采取不同的措施。因为明代全国各府、州、县衙门普遍对应中央六部设置了吏、户、礼、兵、刑、工六房，所以司法监察最主要的刷卷工作即是对全国各府、州、县衙门的刑房文卷进行审查，"以贪赃坏法文卷"为主要对象③。正统四年(1439)定制，凡在京大小衙门及内外三司、卫、所、府、州、县等衙门文卷，除干碍军机重事不刷外，其余的均由监察御史每岁一次，或二岁、三岁一次照刷④。

根据《刷卷条例》的规定，照刷文卷有严格程序：御史或按察司官巡视过程中，从各衙门取得卷宗，做好记号，"分豁已未照刷，已未结绝，号计张缝，依左粘连刷尾。同具点检单目并官吏不致隐漏结罪文状，责令该吏亲赍赴院，以凭逐宗照刷"。就司法监察而言，巡按御史主要是复核府、州、县刑房案卷，核查办案程序、人

① 怀效锋点校：《大明律》卷一《名例律·职官有犯》，第4页。

② (明)王廷相：《王廷相集·浚川公移集》卷一《案验录二十九条》，中华书局，1989年，第1120—1138页。

③④ (明)申时行等修：《明会典》卷二一〇《都察院二·照刷文卷》，第1052页。

证、物证、犯罪事实和情节以及量刑的准确性等各个环节是否合法合理。经过照刷，御史根据不同情况，分别于卷尾批以“通过”“通照”“稽迟”“失错”“违错”和“埋没”等字样，分别上奏。同时，御史也有督促、辩明冤枉以及注销案卷的职责，“迟者举行，错者改正，合追理者即与追理，务要明白立案，催促结绝”“各卷内有文案不立，月日颠倒，又在乎推究得实，随其情而拟其罪”。倘若御史不能正确履行职责，将被追究责任，“不能尽职者，监察御史从都察院、按察分司从总司体查，奏闻究治”[①]。

三、巡按地方

除了上述两种监察方式，司法监察另一重要的方式是御史接受皇帝的派遣而巡按地方，以从程序、实体对司法活动进行监察，激浊扬清、辩明冤枉。御史出巡，秦汉已经产生。洪武二年(1369)，“监察御史谢恕巡按松江”[②]，其后《明太祖实录》中不时出现“分巡监察御史”头衔，一直到洪武十年(1377)朱元璋“诏遣监察御史巡按州县”[③]，从当时朱元璋的言语来看，应当都是沿袭汉唐御史巡察的惯例，临时派遣，尚未制度化。洪武十四年(1381)，朱元璋“差监察御史分按各道罪囚”[④]，随后明代的御史巡按活动开始制度化。从点差派遣、出巡任务、巡察方式以及回道考察、失职责任等都有明确规定。

明朝对巡按御史的选派称为点差，即点派差遣。《宪纲》规定：“凡点差御史分巡并追问、审理等事，都察院具事目，请旨点

① 《宪纲事类・刷卷条例》，第 57 页。
② 《明太祖实录》卷四三，洪武二年七月癸丑条，第 854 页。
③ 《明太祖实录》卷一一三，洪武十年七月乙巳条，第 1871 页。
④ (明)申时行等修：《明会典》卷二一一《都察院三・审录罪囚》，第 1055 页。

差。”[①]《诸司职掌》规定：“凡遇刑名，各照道分送问发落，其有差委监察御史出巡、追问、审理、刷卷等事，各具事目，请旨点差。”[②]明代确定点差的机关为都察院。都察院长官先列出点差事由，上奏皇帝。得到皇帝首肯后，都察院再将点差事由划分为大、中、小三等，提出推荐人选（一般是一差推荐两人），引至御前，由皇帝从中拣选。嘉靖、万历等皇帝多年不视朝，只能采用书面点差来任命巡按御史。当然，巡按御史的籍贯、曾任职地必须予以回避[③]。《宪纲》规定：“凡监察御史、各道按察司官，每出巡审囚刷卷，必须遍历，不拘限期。”[④]《诸司职掌》重审：“凡分巡御史按治州郡，必须遍历，不拘期限。”而且，每到一地，其使命就是“先将罪囚审录、卷宗吊刷”，再查看学校、钱粮等事[⑤]。可见，巡按御史职责甚广，但无疑是以处理刑名为第一要务。其巡历地方，首要之事便是审录罪囚。

所谓审录，也称录囚，即对已关押囚犯进行审判，如发现冤抑就便纠正。统治者深知冤假错案带来的积重冤滞对社会造成的危害，故设置了录囚制度。录囚制度是监察官行使监察权的重要方式，其任务就是辩明冤枉、及时纠正，借以监督司法活动、统一法律的适用。除定期举行外，遇有重大灾异呈现，朝廷往往也特令录囚，以应天警。京城内的多官会审往往也称为审录。巡按御史参与的，是京外的地方审录。京外地方审录有两种方式，一种是由巡按御史单独对案件进行复核，另一种是由巡按御史会同朝廷钦差的大理寺、刑部官员以及地方官员进行的会官审录，亦称

---

① 《宪纲事类·宪纲·点差御史》，第35页。

② 《诸司职掌·都察院》，第323页。

③ （明）申时行等修：《明会典》卷二一〇《都察院二·出巡事宜》，第1049页。

④ 《宪纲事类·宪纲·出巡期限》，第37页。

⑤ 《诸司职掌·都察院·出巡》，第327页。

“京外恤刑会审”。

明朝第一次派遣官员出京审录的做法见于洪武十四年(1381)，当时朱元璋“差监察御史分按各道罪囚。凡罪重者，悉送京师”[①]。洪武二十四年(1391)开始，朝廷经常派遣官员出京审录[②]。宣德八年(1433)，宣宗“谕法司，天下重囚，遣的当官分临各处，公同巡按御史详审处决”[③]。明确了巡按御史亦有审录罪囚之责。成化四年(1468)，宪宗命刑部、大理寺及各地按察司官等十五人会同巡按御史审录各地罪囚[④]。成化八年(1472)，朝廷定制“凡在外，五年审录”[⑤]。同年，朝廷定下审录的内容和处理方式，即“真犯死罪，情真无词者，仍令原问衙门监候呈详，待报取决。果有冤枉，即与辩理。情可矜疑者，陆续奏请定夺。杂犯死罪以下，审无冤枉，即便发落”[⑥]。为杜绝地方官吏隐瞒罪囚的事情发生，嘉靖二十六年(1547)，世宗诏令地方司府州县“遇五年一次刑部差官审录，将充军人犯，除已经解发著伍外，其余不分曾否详允及虽经定卫、尚未起解者，逐一开送审录”[⑦]。为了防止原问官吏对审录官员阳奉阴违，致使审录流于形式，同年，朝廷还将审录后监察原问官吏执行裁断的权力赋予巡按御史和刑部：“凡经审录官奏审过重囚，奉有钦依饶死者，抚按官即遵照发遣，不许仍执决单，故行奏扰。二司官如有故违钦恤，敢为番异，竟致人于死者，巡按御史指实具劾。本部察访参奏。”[⑧]次年，朝廷进一步完善对审录发落原罪囚的监察方法，即巡按御史责令有关衙门汇报审录中发现的矜疑案件，并详细报告执行会审裁断的日期：何日

---

①③　(明)申时行等修：《明会典》卷二一一《都察院三・审录罪囚》，第1055页。

②⑤⑦⑧　(明)申时行等修：《明会典》卷一七七《刑部十九・恤刑》，第904页。

④　《明宪宗实录》卷五四，成化四年五月癸未条，第1107页。

⑥　(明)申时行等修：《明会典》卷二一四《大理寺・审录在外罪囚》，第1073页。

起解需要发遣者，何日发落释放宁家者，何日结勘驳回再问者[1]。

除了例行的审录、刷卷，巡按御史只要发现案件可能存在错误，即有权随时介入案件审理。按照明代制度，若非关系封建统治稳定的重大命盗案件，百姓须自下而上陈告，不可跨越等级。问刑官吏觉得如有必要，也须逐级审转。大体上是先由州县，接着到府，再到按察司，最后到中央。但是，在这一过程中，巡按御史可以随时介入，对案件进行审理和平反。明律规定："凡监察御史、按察司辩明冤枉，须要开具所枉事迹，具封奏闻，委官追问得实，被诬之人，依律改正，罪坐原告、原问官吏。"[2]官官相护、因循苟且，这是官场痼疾。为了防止这种情况的发生，正统四年(1439)，朝廷还规定："如番异原招，事有冤抑者，即与从公辩理。若果冤抑，并将原问审官吏按问，其应请旨者，奏闻区处。若审录无异，故延不决，及明称冤枉，不与申理者，并依律罪之。"[3]

有的案件是百姓控告问刑官员取受不公、阘茸渎职等事情。为了杜绝巡按御史推诿责任，朝廷规定巡按接受此类案件的，要亲自处理。《明会典》记载："监察御史、按察司官分巡去处，如有陈告官吏取受不公等事，须要亲行追问，不许转委。违者杖一百。"[4]嘉靖十三年(1534)，朝廷进一步要求巡按御史将"问革过文武职官若干员。凡各官所犯情罪，俱要开具略节招由"[5]。朝廷甚至一度要求巡按接受的所有案件均要亲自审理。成化六年(1470)，朝廷规定："各处巡按御史俱要亲理词讼。仍将本院递年发去勘合逐一问结缴报。御史回还，备开接管已未完勘合件数，

---

①③ (明)申时行等修:《明会典》卷二一一《都察院三·审录罪囚》，第1056页。

② 怀效锋点校:《大明律》卷二八《刑律·断狱·辩明冤枉》，第218—219页。

④ (明)申时行等修:《明会典》卷二一〇《都察院二·出巡事宜》，第1050页。

⑤ (明)申时行等修:《明会典》卷二一一《都察院三·回道考察》，第1054页。

具呈本院查考。”①

除了辩明冤枉，巡按审录还有一个重要功能，即查销积案以免淹禁。积案不结几乎是司法的通病，为了杜绝地方积案之弊，提高司法效率，《出巡事宜》规定：“仰本府应有词讼，疾早从公依律归结，毋得淹延，妨废民生，及听吏胥增减情词，出入人罪。仍将现问应有囚数，分豁已、未完结，尽实开报，毋得隐瞒，自取罪愆，具依准回报。”②永乐元年（1403），成祖令“各布政司死罪重囚，至百人以上者，差御史审决”③。

至于巡察方式，巡按御史可以采取吊刷卷宗、审录罪囚、接受百姓诉讼等明察方式，也可以采取悄悄深入民间微服私访的暗察方式。《出巡事宜》要求风宪官“凡考察官吏廉贪贤否，必于民间广询密访，务循公议，以协众情”④。巡按御史微服私访，往往可以掌握更丰富、更真实的信息，有时还可以得到意外收获。所以，暗察的方式应该被御史普遍使用。在明代通俗小说中，相关案例不胜枚举。

为了防止御史因为裙带关系影响职责的履行，明代规定了巡按御史的回避制度：如果按临之地系原籍或曾历仕、寓居处所，或有亲族担任该地长官，必须回避；如公务涉及与自己有仇嫌之人，也必须回避⑤。

御史巡按地方，事了回京还要回都察院述职，接受台长的考核，此即“回道”。出差御史必须按期限回京交任述职，如违反了期限，则会受到相应的惩罚。嘉靖十三年（1534）定制：巡按御史所到之处，“如审允转详、处决及辩理过原拟罪名，俱将各犯略节

---

① （明）申时行等修：《明会典》卷二一一《都察院三·回道考察》，第1054页。

②④⑤　（明）申时行等修：《明会典》卷二一〇《都察院二·出巡事宜》，第1050页。

③ （明）申时行等修：《明会典》卷二一一《都察院三·审录罪囚》，第1056页。

招由开报”，由台长考察核实并依法奏请皇帝处置。其考核、奏请之依据即是相关出巡法规、回道考察法规。此外，都御史作为御史之首，还可以主动监察巡按御史履职期间的其他行为，对于后者滥用职权、渎职失察、处置不当、擅作威福等情况，据实参奏[①]。

四、参与京师会审

明代在沿袭前代的基础上，完善了会审制度。所谓会审，即几个部门的官吏联合审理大案、重案。它是由皇帝组织的、众多部门和人员参加的、直接向皇帝负责的一种审判方式。会审的主体，最常见的是都察院、刑部、大理寺“三法司”官吏。三法司拥有对重大刑事案件的会审权，若遇特别重大的案件，皇帝还可以指令内阁等其他衙门官吏参与审理。因为参与会审的官吏级别高，又便于为皇权直接掌控，因而会审承担了大量的大案、要案、钦案的审理。在会审中，御史不仅是会审成员，可以监督案件的审理情况，而且还就便纠弹无故不参加会审的官员。凡属死刑重案，多由会审审定，无论会审结果如何，都要提交御前，由皇帝定夺。

按照会审的地点，明代会官审录可以分京师审录和地方审录两种，前者指秋审、朝审、热审等会官审录，即在正常审判程序完成之后，对于重大案犯还要由三法司以及其他高级官员、太监会同再审；后者指皇帝派遣御史或其他官员赴地方会同特定官员对狱囚进行审录的活动，亦称差官审录。审录内容包括：重囚的复审、淹狱的清理、罪刑的减等、徒流囚犯的遣发、枷号的疏放等等。可见，巡按御史与钦差大理寺、刑部官吏以及地方官吏一齐审录，也是会审的一种，因前面已有叙述，此不赘述。

根据《明会典》记载：“洪武三十年，令五府、六部、都察院、六

---

① （明）申时行等修：《明会典》卷一七八《刑部二十·伸冤》，第905页。

科、通政司、詹事府详审罪囚。”[①]这是明代会审的开端。此后，依据参与人员和鞫问时间的不同，会审分为圆审、朝审、大审、热审等形式。大理寺复核刑部、都察院、五军都督府问拟的罪囚时，如囚人告诉冤枉且有一定的证据，则“行移隔别衙门再问”，是为一次“番异”。若囚人二次番异不服，“再取本囚供状在官，照例具奏，会同六部、都察院、通政司等衙门堂上官圆审，回奏施行”，此即圆审，亦称九卿会审[②]。朝审源于洪武三十年(1397)，每年霜降后，三法司会同公侯伯会审真犯死罪的重囚，天顺三年(1459)成为定制，“历朝遂遵行之”[③]，是死刑前的一种复核程序。大审始于天顺四年(1460)，在京每五年举行一次，由司礼监太监会同三法司堂上官进行[④]。热审源于永乐年间，当时朝廷只是在夏季决遣轻罪，重罪者出狱听候而已。历经宣德、正统朝的演进，成化年间开始，每年小满后十余日，司礼监传旨下刑部，即会同都察院、锦衣卫，“覆将节年钦恤事宜题请通行南京法司，一体照例审拟具奏”。弘治元年(1488)夏，孝宗令法司、锦衣卫“将见监罪囚情可矜疑者，俱开写来看”，“自后岁以为常”。于是热审开始成为定制[⑤]。另外，还有未形成制度的寒审，曾在洪武、永乐、宣德年间偶尔施行了数次[⑥]。上述各种会审都比较规范，朝廷对于会审的案件类型、会审的参加人员、判决的方式等都有相应的规定[⑦]。

---

①③ (明)申时行等修:《明会典》卷一七七《刑部十九·朝审》,第903页。

② (明)申时行等修:《明会典》卷二一四《大理寺·审录参详》,第1072页。

④ (明)申时行等修:《明会典》卷一七七《刑部十九·恤刑》,第904页。

⑤ (明)申时行等修:《明会典》卷一七七《刑部十九·热审》,第903页。

⑥ 《明史》卷九四《刑法二》,第2308页。

⑦ 详参尤韶华:《明代司法初考》,厦门大学出版社,1998年,第128—160页;那思陆:《明代中央司法审判制度》,北京大学出版社,2004年,第204—218页。

五、轮值登闻鼓和追问公事

明承前代旧制，设登闻鼓于午门外以受理冤抑、通达幽滞、辩明冤枉。洪武元年(1368)即开始设登闻鼓于午门外，“凡民间词讼皆自下而上，或府州县省官及按察司不为伸理，及有冤抑重事不能自达者，许击登闻鼓。监察御史随即引奏，敢沮告者死。其户婚田土诸细事，皆归有司，不许击鼓”①。可见，最初登闻鼓是交由监察御史监守。也是在洪武年间，朝廷对另一种直诉的方式也作出规定，即若军民赴京上诉或陈告，可以先到通政司递交状子，通政司交都察院理问，如都察院玩忽职守，或当事人不服理问结果，“许击登闻鼓陈述”，值班的监察御史随即引奏。后来，登闻鼓移至长安右门外，又因为朝廷觉得监察御史值班不方便，改由六科给事中与锦衣卫轮值登闻鼓，御史只负责追问②。而且，洪武二十六年(1393)开始，朝廷定制：“凡在外军民人等赴京，或击登闻鼓，或通政司投状，陈告一应不公冤枉等事，钦差监察御史出巡追问，照出合问流品官员，就便请旨拏问。带同原告，一到追问处所。”③由此可知，无论是否从登闻鼓这一渠道进行，只要是军民京控鸣冤的案件，概由御史追问。

六、预议大狱

监察御史最初是天子身边的史官，后逐渐兼具监察职能，被定位为“耳目”之官、“言路”的重要组成部分。理论上，可以“预议大政”，即就任何事件、事务发表意见或提出建议，当然也包括司法事务。大明尚未建立，朱元璋就鼓励风宪官曰：“有可言者勿缄

---

① (明)申时行等修:《明会典》卷一七八《刑部二十・伸冤》，第905页。

②③ (明)申时行等修:《明会典》卷二一一《都察院三・追问公事》，第1055页。

默不言。”[①]孝宗《即位诏》中云：“给事中、御史，职当言路。凡朝廷政事得失，天下军民利病，许直言无隐。”[②]故监察御史有权就司法事件、事务发声，自然就会对皇帝和有关机构产生影响。如弘治年间，巡按御史向冲上书曰：“臣待罪言路，亦既有年月，言素无补，幸有一得之愚，披露上陈，少效涓埃之报。”遂洋洋洒洒陈言朝政之弊，希望新帝继承宪宗皇帝遗志，重人命、戒凶暴。其建言引起了孝宗的注意，最后朝廷定下了一条新例，加强对司法官吏的监控[③]。

此外，都察院名义上还有一个庞大的地方派出系统，即督抚系统。朱元璋撤销行中书省后，地方三司成为地方一级机构，倘遇大事，三司协商处理，但实施效果不甚理想。于是，中央向地方派出巡抚，其后又派出总督。明中期以后，督抚制度的发展出现明显的地方化趋势，三司权力向督抚集中。尽管督抚其人有着总督、总理、巡抚、经略等名目，但是无不挂着都御史、副都御使或佥都御史职衔，从而强调其在编制上仍隶属于都察院，可见督抚依然没有摆脱风宪官的法律地位。然而，因为其逐渐固定设置在各地，事实上已经成为地方一级行政机构，故本书不将其纳入“监察官”范围进行讨论。

第二节　六科及其司法监察职能

六科是与都察院并驾齐驱的监察机构，六科给事中与都察院监察御史一同构成明代监察官员的主体，合称“科道官”。《明会

---

① 《明太祖实录》卷一九，丙午春正月辛卯条，第 260 页。

②③ （明）戴金编：《皇明条法事类纂》卷三六《刑部类・斗殴及故杀人・应偿命罪囚遇赦照大明令追银二十两给与死者之家例》，第 422 页。

典》记载六科职权包括“凡两京大臣、方面等官，有不职者，俱得劾奏，或大班面劾。及诸人有不公不法等事，俱得劾奏”。《明会典》又记载：“正德元年题准，若系重事，特旨令科道记著者，即时纠举，不得隐漏。”[①]《明史》曰：“御史为朝廷耳目，而给事中典章奏，得争是非于廷陛间，皆号称‘言路’。”[②]万历年间，大臣管志道上疏曰：“据臣释褐以来，所有弹章奏牍，非出于科，即出于道。”[③]此话既可见“科道”在弹劾官邪方面的积极性、重要性，也可见科道并称的合理性。明代的给事中虽号称言官，但其职权并不局限于向皇帝进谏，而是“出给命令，封驳奏章，举正革弊，职任最为清要”[④]。在万历《明会典》中，六科的职掌分“通掌”和“分掌”两部分。前者共三十五条，对六科职责中共同的部分以及六科官吏之间的协调合作进行了规范。“分掌”依吏、户、礼、兵、刑、工的次序规定了六科的具体职责权限及工作细则，其中，“刑科”目下共十三条。据此，六科与司法监察相关的具体职能可以概括为建言、轮值登闻鼓、参与会审等，刑科单独行使另外一些职权。

一、 六科的司法监察职能

六科给事中虽然官品卑微，但却能以小制大、以下克上。正常情况下，给事中积极履行职能，或直言建议，或劝谏皇帝，或纠劾不法行为，对于改善司法活动、防止冤屈的发生具有很大的意义。如弘治十年(1497)三月，兵科给事中王缜上疏陈说四事，其一为“近日法网太密、条例太繁，或无辜而罗织系狱，或微罪而淹

① (明)申时行等修：《明会典》卷二一三《六科·六科》，第1061页。
② 《明史》卷一六四《赞曰》，第4461页。
③ (清)孙承泽：《春明梦余录》，《春明梦余录》卷二五《六科》，第395页。
④ (明)朱厚熜：《雨潦修省敕》，(明)傅凤翔：《皇明诏令》卷一〇，第297页。

禁累月，宜加宽恤”。孝宗首肯，“命所司知之”[①]。弘治十七年(1504)，刑部拟处决重囚，刑科给事中于瑁指出其中有二人“情皆可矜”，受到孝宗重视，最终一名囚犯得以“减死充军”[②]。嘉靖六年(1527)，都给事中周琅指出内外衙门动辄淹禁，世宗责令：“今后中外理官务平心推鞫，不得任意出入，以致冤滥。在外有司责之监司，在京令部院及科道纠察，但有用法深刻致戕民命者，即黜为民，虽才守可观，不许推荐，务期用刑得中，以称朕钦恤之意。”[③]嘉靖四十二年(1563)，刑科都给事中李瑜等指出其看到刑部送大理寺复审的罪囚，动辄五百余人，其中多称冤抑。本来大理寺被寄以平反天下冤案的厚望，然而大理寺却严重失职，没有任何参驳，让刑部任意而为。更可怕的是，“甚至狱辞已付廷评，而该部意有出入，辄复追改寺，臣亦径从”。其请世宗诏令热审之时，刑部、大理寺“矢心审谳，当务求明允，不宜顾望依违”。得到世宗首肯[④]。

给事中轮值登闻鼓。明代大多数时间里，登闻鼓楼每日由各科与锦衣卫官一员值班。其作用在于“如有申诉冤枉，并陈告机密重情者，受状具题本封进。其诉状人先自残伤者，参奏”。特别的，如决囚之日，有人击鼓诉冤，给事中受状后，批校尉立即驰令有关衙门停决候旨[⑤]。宣德二年(1427)，直登闻鼓给事中以所受词上闻，宣宗因谕之曰：“朝廷虑刑狱有冤，下情不能达，故设登闻鼓。……我国家命六科给事中轮直，最得其当。……况给事中为

---

① 《明孝宗实录》卷一二三，弘治十年三月癸亥条，第2205页。

② 《明孝宗实录》卷二一七，弘治十七年十月庚辰条，第4088—4089页。

③ 《明世宗实录》卷七八，嘉靖六年七月庚辰条，第1732—1733页。

④ (清)孙承泽：《天府广记》卷二四《大理寺、通政司》，北京古籍出版社，1984年，第328页。

⑤ (明)申时行等修：《明会典》卷二一三《六科·六科》，第1061页。

朝廷近侍，诚能效职，当显用尔，无或阿比，以忝所任。”[①]

给事中监督处决重囚。为了进一步体现“慎刑狱”，正统元年(1436)，英宗曾下令：“遇决囚，有投牒受冤者，则判停刑请旨。”[②]此处应该是针对秋后处决重囚而言，意指若重囚中有诉冤枉者，给事中接受本状封进，让校尉驰令有关衙门停决候旨。正德十二年(1517)，大学士杨廷和疏中提道：“重囚临刑，其亲属有击鼓诉冤者，直鼓给事中于校尉手上批字，走赴市曹，暂免行刑，具本连鼓状封进，候旨裁决，或杀或留，皆在临时有难予处，此祖宗旧制，累朝遵行。”[③]可见给事中轮值制度得到了较好遵行。嘉靖七年(1528)朝廷议准，由重囚家属于临决前一日，即敲登闻鼓，给事中将诉状于薄暮封进[④]。

给事中参与会审。明代会审制度发达、名目繁多，但各种会审都有明确的制度进行规定[⑤]。而且，大凡会审，六科往往都须派员参加。如永乐二十二年(1424)十月，仁宗命六科与三法司等官会审重囚[⑥]。《明史》总结：“凡大事廷议，大臣廷推，大狱廷鞫，六掌科皆预焉。”[⑦]该情况在前文已详，此不赘述。正因为六科能参与各种会审，所以给事中身临其境，能发现其中存在的问题，向朝廷进言。如嘉靖年间，刑科给事中王渲等人就上书指出朝审持续的时间太短，“原案未读，囚词未终”，会审官员还在紧张地翻阅案卷，尚不能透彻了解案情，而囚徒已被叫过来画押，然后匆匆带

---

① 《明宣宗实录》卷二八，宣德二年五月丙子条，第749页。

② (明)申时行等修：《明会典》卷二一一《都察院三·回道考察》，第1054页。

③ 《明武宗实录》卷一五五，正德十二年十一月乙未条，第2991页。

④ (明)申时行等修：《明会典》卷二一三《六科·六科》，第1061页。

⑤ 详参尤韶华：《明代司法初考》，第128—160页；那思陆：《明代中央司法审判制度》，第204—218页。

⑥ 《明仁宗实录》卷三下，永乐二十二年十月丁巳条，第115页。

⑦ 《明史》卷七四《职官三》，第1805—1806页。

离。往往一天之内，几十人甚至上百人就这样“造次而毕”，致使会审流于形式，起不到慎刑的效果。为此该官员请求朝廷注意防止此种弊端[①]。六科参与会审，亦能起到平反冤屈的效果。如永乐六年(1408)十一月，刑部、都察院、大理寺言“大辟囚三百余人已覆讯，皆实，请处决”。成祖又召六科官会同其他官员“详审之”，“既而得释者二十余人”[②]。

二、刑科的司法监察职能

依日常职能看来，六科之中与司法监察关系最为紧密的无疑是刑科。其司法监察职能体现于如下几端：

其一，刑科审核刑部的章奏。因为六部的章奏都须经过六科审核，所以刑部的章奏就由刑科对口审核。如刑科发现有违误，则可以将其驳回，令其修正；无误，则发刑部执行，“六部之官无敢抗科参而自行者”[③]。而且，六科有稽察之权。刑部接受皇帝的命令，必须在刑科登记，以便刑科随时稽察。以刑部办案为例，洪武二十六年(1393)定制：凡登闻鼓下接受的案件，或者通政司等衙门接受的案件，把原告连同状子送到刑部，由刑部办理立案手续并派遣皂隶前去拘唤原告与被告通行对问，事毕，刑部“将原给批文，赴内府刑科销缴”[④]。这些都是例行公事。明中后期，世宗、神宗多年深居宫中，“而国家运转如常，往往赖科参之力”[⑤]，刑科亦在其中起到重要作用。

其二，刑科通过复奏死刑及上报罪囚数目实行司法监察。刑

---

① 《明世宗实录》卷五四七，嘉靖四十四年六月己卯条，第8881页。
② 《明太宗实录》卷八五，永乐六年十一月丁巳条，第1130—1131页。
③ (清)顾炎武著，(清)黄汝成集释：《日知录集释》卷九“封驳”，第503页。
④ (明)申时行等修：《明会典》卷一七七《刑部十九·详拟罪名》，第903页。
⑤ 刘社建：《古代监察史》，东方出版中心，2018年，第239页。

科给事中监督囚犯的情况，“每岁二月下旬，上前一年南北罪囚之数；岁终类上一岁蔽狱之数，阅十日一上实在罪囚之数，皆凭法司移报而奏御焉”[1]。“原报并续收实在囚人数目揭帖，每月三次，本科早朝奏进”，“凡每年正月初，刑部、都察院开具上年南北囚数揭帖进科，于二月二十一日转送兵科，次早面进”，“凡岁终，法司问拟过轻重罪囚，开数送本科类奏”[2]。若是处决囚犯，必须经过刑科给事中三次复奏，然后方能奉旨行刑。“凡法司具奏斩、绞罪囚决不待时并秋后处决者，本科仍三复奏，得旨然后施行。其枭首重犯在狱病故，刑部奏请押赴市曹处决者，本科并三复奏，请旨”。《明会典》亦载：“凡决囚，每岁朝审毕，法司以死罪请旨，刑科三复奏，得旨行刑。”[3]

其三，刑科监察锦衣卫的逮捕行为和处决死囚的行为。明制，锦衣卫抓人，需要由刑科签出驾帖。理论上而言，如刑科不签，即使皇帝也无可奈何。纵使正统王振、成化汪直用事时，“缇骑遍天下，然不敢违此制也”[4]。正统之前处决死囚，刑科三复奏之后，锦衣卫校尉便将死囚押赴刑场。正统元年，监察御史卢睿指出犯人亲属可能会诈称校尉，将死囚劫夺而去，“乞自今特赐驾帖，付锦衣卫监刑官，率校尉诣法司取死囚赴市，庶无疏虞”。英宗觉得有理，从之[5]。嘉靖元年(1522)，刑科都给事中刘济疏中提到“往岁三复奏，复佥批驾帖”[6]。根据这两条史料推测，锦衣卫提取死囚执行死刑，应是先拿到刑科签发的驾帖。于是，刑科在死刑三复奏之后又增加了“慎重人命”的发言权，提高了刑科在

---

① 《明史》卷七四《职官三》，第 1805 页。

②③ (明)申时行等修：《明会典》卷二一三《六科·六科》，第 1061 页。

④ (明)沈德符：《万历野获编》卷二一《禁卫·驾帖之伪》，杨万里校点，上海古籍出版社，2005 年，第 2459 页。

⑤ 《明英宗实录》卷二二，正统元年九月癸巳条，第 427 页。

⑥ 《明神宗实录》卷三七九，万历三十年十二月辛卯条，第 7138 页。

司法监察中的地位。

第三节　大理寺及其司法监察职能

大理寺与都察院、刑部在唐宋合称“三法司”。但是元代不设大理寺，盖因元朝统治者认为其职掌与刑部重复，并无特别设立之必要。明初，朱元璋复立大理寺。但是洪武二十九年(1396)，大理寺又遭遇被废除的命运，朱元璋自己执掌司法复核权，盖由于其意欲强化皇权的目的使然[①]。建文帝即位，再一次恢复了大理寺。其后两百多年，大理寺一直负责对刑部、都察院等机构移送的案件进行复审或复核，正如《明会典》记载，大理寺“审录天下刑名。凡罪有出入者，依律照驳。事有冤枉者，推情辩明。务俾刑归有罪，不陷无辜”[②]。依《诸司职掌》规定，大理寺长官是正三品的大理寺卿，其副手是正四品左、右少卿各一员，正五品左、右寺丞各一员。清代学者概括明代大理寺职能为“掌审谳平反刑狱之政令”，“左、右寺分理京畿、十三布政司刑名之事”[③]。由此可见，明代大理寺执掌案件最终复审、复核权(本书对复审、复核不予严加区分，二词一般可相互替代)，其复审、复核主要是典制规定的审判体系内部依审转程序进行的，故大理寺列为司法机构比较合适。但是，大理寺的司法监察职能也不容忽视，其主要以参与中央的会官审录、派遣官员参与京外恤囚会审以及监督执行裁判结果三种方式行使司法监察权力。

---

① 陈宇赫:《明代大理寺研究》,第 79 页。

② (明)申时行等修:《明会典》卷二一四《大理寺》,第 1068 页。

③ 《明史》卷七三《职官二》,第 1781 页。

一、参与中央会审

《明会典》记载大理寺:“凡发审罪囚,有事情重大、执词称冤、不肯服辩者,具由奏请,会同刑部、都察院或锦衣卫堂上官,于京畿道问理。”①可见大理寺有权提起会审。明代中央会审,有的是例行会审,有的是疑难案件会审,还有的是皇帝特命的会审。

例行会审。《明会典》记载:“凡两法司囚犯。永乐七年以后,令大理寺官每月引赴承天门外。行人司持节传旨,会同五府、六部、通政司、六科等官审录。”天顺二年(1458)朝廷诏令:“霜降后,该决重囚。刑部、都察院及本寺会官审录。”②这是朝审之始。其他的圆审、五年大审等会审亦可看到大理寺官员的身影。成化十四年(1478),明代还规定了会审的程序,即“每年会官审录之时,各该原问衙门将见审重囚姓名开报本寺,原审并接管官会审。如囚人称冤,即按原卷从众参详”③。

疑难案件会审。弘治十三年(1500)《问刑条例》规定:“法司遇有重囚称冤,原问官员辄难辩理者,许该衙门移文会同三法司、锦衣卫堂上官,就于京畿道会同辩理。果有冤枉,及情可矜疑者,奏请定夺。”④

皇帝特命会审。如永乐二十二年(1434)十月,大理寺奏决重囚,仁宗命五府、六部等官同三法司于承天门会审,特召大学士杨士奇、杨荣、金幼孜三人同审⑤。洪熙元年(1425)十月,行在刑部、大理寺奏请决真犯重囚,宣宗命大学士会公、侯、伯、五府、六部堂上官及给事中审覆⑥。

---

①②③ (明)申时行等修:《明会典》卷二一四《大理寺·审录参详》,第1072页。

④ 《问刑条例》(弘治十三年),《中国珍稀法律典籍集成》乙编第2册,第266页。

⑤ 《明仁宗实录》卷三下,永乐二十二年十月丁巳条,第115页。

⑥ 《宣宗实录》卷一〇,洪熙元年十月戊子条,第287页。

各种形式的会审，有时候是刑部、都察院或其他机构的作用重于大理寺，有时候则由大理寺主导。《诸司职掌》中记载："若二次番异者……大理寺会同六部、都察院、通政司等衙门堂上官圆审回奏施行。"①可见，对于"二次番异"案件，强调的是"大理寺会同"其他衙门进行会审，可以推测出大理寺在圆审的程序中起主导作用。当然，这是程序上的主导作用，裁判结果还必须奏请皇帝定夺。

二、遣官参加京外审录

大理寺官员被派往京外参加恤刑审录，始于正统六年(1441)。当时，英宗"令监察御史及刑部、大理寺官，分往各处，会同先差审囚官详审疑狱"②。这也是明代遣官外出会审之始。正统十二年(1447)，英宗"差刑部、大理寺官往南北直隶及十三布政司，会同巡按御史、三司官审录。死罪可矜可疑，及事无证佐可结正者，具奏处置；徒流以下，减等发落。若御史别有公务，督同所在有司审录"③。成化八年(1472)，宪宗令今后五年一次，差官往两直隶、各布政司录囚④。从此，五年一次遣官外出会审制度化，大理寺的职能也扩展到京外地区，其司法监察职能得到加强。

三、监督执行裁判结果

《明会典》记载："凡在京问刑衙门大小词讼……非由本寺评允，不许发落。若徇私拘审，及改易发落者，听本寺参究。"⑤可见，在京各机构所办理的案件，不论大小轻重，一律由大理寺评允后才能发落，否则大理寺有权追究责任。

---

① (明)申时行等修:《明会典》卷二一四《大理寺·审录参详》，第1072页。
②③④ (明)申时行等修:《明会典》卷一七七《刑部十九·恤刑》，第904页。
⑤ (明)申时行等修:《明会典》卷二一四《大理寺·详拟罪名》，第1073页。

嘉靖十一年(1532)奏准,各机构凡是被大理寺驳回的案件,“并要限内结绝”,不能无故拖延;倘擅自发落,或已经大理寺审允却私下拟改,“俱听本寺及科道官参究”[①]。为了制衡大理寺的这一权力,朝廷强调如大理寺“徇情参驳”,对其他机构的参驳失当,则“听科道官纠举”[②]。

第四节　刑部及其司法监察职能

明代刑部负责“天下刑名,及徒隶、勾复、关禁之政令”[③]。清人总结明代三法司的职掌:“刑部受天下刑名,都察院纠察,大理寺驳正。”[④]刑部有正二品尚书一人,正三品侍郎二人,领导十三清吏司,分别“治各布政司刑名”,中央机构“亦分隶之”[⑤]。概括言之,刑部的职责主要是复审、复核地方上报案件、受理京师地方案件,以及参与内外会官审录。其复核上报案件视为审级监督,不在本书讨论范围,其参与京师的会官审录和派遣官员参与京外恤刑会审,以及监督执行裁判结果是其履行司法监察功能的主要方式。

一、参与中央会审

有明一代,通常情况下,三法司会审以刑部为主[⑥]。在中央的其他各种会审中,刑部多数时候只是普通参与者之一,唯在热审中起到主导作用。《明会典》记载:“每年小满后十余日,司礼监

---

①② (明)申时行等修:《明会典》卷二一四《大理寺·详拟罪名》,第1073页。
③ 《诸司职掌·刑部》,第275页。
④ 《明史》卷九四《刑法二》,第2305页。
⑤ 《明史》卷九四《刑法二》,第2306页。
⑥ 那思陆:《明代中央司法审判制度》,第244页。

传旨下刑部，即会同都察院、锦衣卫，复将节年钦恤事宜题请，通行南京法司，一体照例审拟具奏。”①由此可见，司礼监将旨意传达刑部之后，由刑部牵头进行热审。《明会典》又载：“近例，每年热审，惟刑部专主其事。临期，止行手本，于本寺知会。”②又，嘉靖十年(1531)七月，刑部经商议后，认为以往热审、朝审中，真犯死罪情有矜疑者，流徒以下容得减等，但是杂犯却不能减，司法不公。故而，尚书许瓒领衔上奏：“凡遇每年热审、朝审，一应杂犯死罪准徒五年者，可以减去一年。”该意见得到世宗认可，遂为定例③。由此似也可推知，刑部是热审的主导机关。

此外，在京师五年大审中，尽管司礼监太监作为皇帝指派的钦差成为主导角色。然而，据记载，“至期，刑部题请敕司礼监官，会同三法司审录”④。可见，京师五年大审系由刑部负责向皇帝题请。

二、遣官参加京外审录

对于京外恤刑会审，《明会典》规定：“国朝慎恤刑狱……其在外，则遣部寺官，分投审录。”该会典还详细胪列了刑部派往各地官吏的人数，如“北直隶一员”，“南直隶江南北各一员”，等等⑤。可见，刑部差往京外恤刑会审的官吏人数已成定制。据那思陆考证，“五年审录的业务为刑部主办”⑥。

除了五年审录，朝廷还会不时派遣刑部官员外出录囚。如弘治十四年(1501)，王阳明任刑部云南清吏司主事，奉命审录江北，“录囚多所平反”⑦。嘉靖二十四年(1545)，鉴于天下积囚众多，

①② (明)申时行等修:《明会典》卷二一四《大理寺·审录参详》，第1072页。

③ 《明世宗实录》卷一二八，嘉靖十年七月辛巳条，第3062—3063页。

④⑤ (明)申时行等修:《明会典》卷一七七《刑部十九·恤刑》，第904页。

⑥ 那思陆:《明代中央司法审判制度》，第140页。

⑦ (明)王守仁:《王阳明全集》卷三三《年谱一》，吴光等编校，上海古籍出版社，1992年，第1225页。

"差刑部官及监察御史清审天下狱讼"①。

三、监督执行裁判结果

首先,刑部可以监督处决京师狱囚。洪武二十六年(1393)以前,"刑部行令主事厅会监察御史、五军断事司、大理寺、五城兵马指挥司官打断罪囚"②。这是刑部对于笞杖罪执行的监督。刑部对于京师重囚的处决,亦有监督权。按照《诸司职掌》的规定,秋后决囚时,大理寺派人于刑部司狱司将犯人押赴法场,"仍令(刑部)主事厅具手本,会请监察御史等官公同处决,批回附卷"③。

其次,刑部还有监督执行京外恤刑审录裁判结果的职能。嘉靖二十六年(1547),世宗诏令:"凡经审录官奏审过重囚,奉有钦依饶死者,抚按官即遵照发遣,不许仍执决单,故行奏扰。二司官如有故违钦恤,敢为番异,竟致人于死者,巡按御史指实具劾。本部察访参奏。"④这就意味着朝廷把监督二司官执行裁判的权力赋予巡按御史,而刑部又可以对包括巡按、巡抚在内的官吏进行监察。嘉靖二十七年(1548),朝廷进一步完善对审录发落罪囚的监察方法,即巡按御史责令有关衙门汇报对于审录结果的执行情况,"备达刑部查考"。特别强调刑部的监察职权,即如果原问官吏"偏执阻挠,擅为更改,又因审录官驳回,凌虐致死者,刑部指实参奏治罪"⑤。

值得一提的是,出于制衡的需要,对于大理寺、刑部派往京外审录的官吏,嘉靖二十七年(1548),朝廷赋予了巡按御史对其进

① (明)申时行等修:《明会典》卷二一一《都察院三·审录罪囚》,第1055页。
② (明)申时行等修:《明会典》卷一七八《刑部二十·打断》,第905页。
③ 《诸司职掌·刑部·处决重囚》,第281页。
④ (明)申时行等修:《明会典》卷一七七《刑部十九·恤刑》,第904页。
⑤ (明)申时行等修:《明会典》卷二一一《都察院三·审录罪囚》,第1056页。

行监督的权力。当时世宗诏令："巡按御史遇有囚犯应辩正者，务要虚心审处，勿以审录官有行，自分彼此。干碍原问官员，一体举究。仍将辩正过人犯起数奏行本院查考。"[①]该诏令明确指示巡按御史对于审录官的核查结果有异议的，可以作出与其不同的裁断，向都察院报告，由都察院查考。当然，诏令中"巡按御史"应指没有与大理寺、刑部官员一道进行审录的巡按御史。如若巡按御史参与了会官审录，又让其保持独立行事的权力，无疑会使得监察程序紊乱、效率低下。

本章小结

中国古代强调"明主治吏不治民"，故而吏治文化特别发达。统治者为了保证吏治清明、维护国家长治久安，非常重视对官吏的监察与惩治，精心构建了严密的监察制度。监察活动的核心即为司法监察。根据明代制度，负责司法监察的中央机构主要为都察院、六科。都察院是最重要的司法监察机构，其职权包括纠劾官邪、照刷文卷、巡按地方、参与京师会审等，一度还轮值登闻鼓。都察院长官都御史、副都御使、佥都御史或坐镇中央，或巡抚地方，监察百僚、震慑奸邪；监察御史巡按各地，代天子巡狩，大事奏裁，小事立决，平反冤屈，考察贤否、激浊扬清。六科除了对六部实施对口监察、轮值登闻鼓、参与各种会审，还与都察院一样具有广泛的弹劾、稽察权和预议大政（包括司法事务）权。刑科可以审核、驳回刑部的章奏，可以通过复奏死刑及上报罪囚数目实行司法监察，而且还监察锦衣卫的逮捕行为和处决死囚的行为。监察御史和六科给事中虽然官品卑微，但却能以小制大，以下克上。

---

① （明）申时行等修：《明会典》卷二一一《都察院三 · 审录罪囚》，第1056页。

除了都察院、六科两个中央专职司法监察机构之外，大理寺、刑部可视为兼职司法监察机构。大理寺是最高复审机构。刑部是中央司法机构，负责京师案件和全国大案要案的审判。很明显，把大理寺和刑部划入司法机构之列比较合适。然而，大理寺与刑部一样，有权以参与中央的会官审录、派遣官员参与京外恤囚会审以及监督执行裁判结果三种方式履行司法监察职能。

总之，明代司法监察权由众多机构分享，在相互制衡的基础上，各机构对各级官吏的司法活动实行专业监督，同时各机构也加强内部监督，为司法监察实践提供了组织保障，也促进了司法监察的专业化、技术化。

需要说明的是，明代尚有其他机构在不同程度上具有参与司法监察，影响司法裁判活动的权力。其一，内阁是明代创制的中央机构，仁宣之后，内阁跃出秘书、顾问班子的职责范畴，权力不断扩张。通过票拟批答、参与会审以及与闻大政等形式，内阁对司法监察会产生重要影响。而且，阁臣作为文官集团中实际位高权重者——尽管明代的内阁并非法制上的丞相机关，完全有机会利用自身的威望和权势"通过实实在在的行政手段肃清科道，包括黜除冗滥，提拔优秀，调整整个科道队伍的结构，重振科道的合理调节官僚系统的功能等内容"①来影响监察官的心理和行为，从而影响司法监察实践。其二，明代首创的另一机构是通政使司，其通政使位列"九卿"，"掌受内外章疏敷奏封驳之事"，"凡议大政、大狱及会推文武大臣，必参预"②。可见，通政使司可以通过复审皇帝诏令、参与大狱等方式参与司法监察。其三，司礼监、锦衣卫在明代政治中发挥了重要作用，其在司法监察领域的活动

① 谭天星：《明代内阁政治》，第120页。

② 《明史》卷七三《职官二》，第1780页。

亦不可忽视。锦衣卫甚至还与给事中同值登闻鼓。二者直接承受皇命，侦缉、监察臣民，广泛参与各种会审并扮演重要角色，虽有制约御史、给事中及其他官吏，促使其认真履行职责的一面，更多时候则是依凭其“近水楼台”的优势，飞扬跋扈、颐指气使，凌驾于其他监察机构之上，紊乱了司法监察秩序。上述机构进行司法监察活动，便于皇帝控制百官，对于保证司法公平公正，维护政治统治和社会稳定具有一定的积极意义。然而，这些机构既非职司监察之专门机构，亦非古人通常所言之“法司”，倘若把它们也列为司法监察机构，则“司法监察”的范围未免太广，故此不将上述机构列入“司法监察机构”的范围。

第三章　明代地方双轨司法监察体制及其演变

明初，朱元璋在地方设置提刑按察使司的同时，开始派遣监察御史巡按州县，逐渐形成定制，由此在地方建构了常设机构与中央派遣的御史相结合的地方双轨司法监察体制。朱元璋本意是让按察司官与巡按御史平等共事、颉颃制衡，但是其后历史的发展使得该体制的运行效果与设计初衷渐行渐远。

第一节　明代地方双轨司法监察体制的历史渊源

古代地方监察制度肇端于先秦时期。夏商周时期，随着国家的产生和官吏的任免，监察活动成为国家机器的必备职能之一，并伴随着历史的发展和政治文明的进步不断演化。秦始皇一扫六合，全面推行郡县制，同时也开始建立比较完善的监察机构：中央有御史大夫府，地方有监御史。监御史又称监郡御史，简称郡监，每郡一人，初为巡察，无固定住所，后逐渐变为有固定官署的监察官。汉初取消监郡御史，到了汉武帝时期，由十三部刺史监察郡国官员，由督邮来监察县级官员。东汉继续设置刺史，但刺史逐渐成为地方常设官员，可代行地方行政权，于是州牧（刺史）逐渐由监察官演变为掌握了一州的军政及监察大权的地方长官。

三国两晋南北朝时期，兵荒马乱，最高统治者继续加强对地方的监控。两晋时期，郡一级置督邮，负责监察县官。

隋唐时期，地方监察制度更加完备。但是隋代主要由中央派员巡视地方，在地方并无常设的监察机构。唐代的地方监察体制，在安史之乱之前，由御史和使臣两大系统组成；安史之乱过后，差遣性质的监察使臣如唐代宗始设置的巡院逐渐演变为地方监察体系[①]。唐代中央派出机构（官员）的异化和五代的动乱，使得宋朝建立者心有余悸。故而宋代建立之初，将监察权收归中央。但是中央机构无法承担繁重的地方监察任务，朝廷遂将全国重新划分成若干路，先后设置掌一路军事的安抚使、掌钱粮的转运使、掌司法的提点刑狱使和掌市场的提举常平使，即所谓的帅、漕、宪、仓四使。四使行使监察、考核官吏的职能，故又统称为"监司"。监司之外，尚有监州通判，二者均常驻地方，垂直接受中央指令。金朝曾仿效宋朝设提刑司，主要是负责考核官吏，后来改为按察司，掌地方司法与监察。元世祖仿效金朝，设四道提刑按察司，"以提调刑狱为主，兼掌按察不法官吏"[②]。其后，元朝将全国划分为二十二道监察区，每道设置一名（后改为两名）提刑按察使（后称为肃政廉访使）常驻地方，且扩大了按察使的职权，不但让其负责司法、监察，也担负诸如劝课农桑等行政职能[③]。元朝监察法规《宪台格例》也达到了很高的立法水平，其系统性和细密性超迈前代，为地方监察机构履行职责提供了法律依据。明初，朱元璋总结地方监察机构发展历史，曰："自唐、宋以来，皆设纠察之职，分道以镇核之，若比古则不如，然得人以任，犹为美治。"[④]

---

① 贾玉英：《中国古代监察制度发展史》，人民出版社，2004年，第20页。

② 李治安：《元代政治制度研究》，人民出版社，2003年，第286页。

③ 《元史》，第122页。

④ （明）朱元璋：《明太祖集》卷四《诰命·提刑按察使诰（副使与佥事同）》，第76页。

与常驻地方监察机构相比，古代中央临时派出的监察机构(官员)更为令人瞩目。因为由地方固定的机构代表中央朝廷监察和考核地方官吏虽是制度设计的初衷，然而由于其常驻地方，难免与地方人事沾上各种关系，在监察实践中不得不照顾地方的利益，体现出与朝廷利益不协调、不一致之处，从而导致监察效果不尽如人意，甚至还可能导致监察活动流于形式。于是，由皇帝或者中央监察机构定期或者不定期地派员巡视地方便成为地方常驻机构履行监察职能的必要补充。传说尧舜时已经有了"天子巡狩"的故事。到了春秋战国时代，国君之外，高级官员也经常代帝王、诸侯巡视四方。秦始皇不但自己多次出巡地方，且开创御史巡视郡县制度。汉初，由丞相遣史分别巡视地方，但没有形成制度。汉武帝则设立了刺史制度，"遣刺史周行郡国，省察治状，黜陟能否，断治冤狱"，"又令岁终得乘传奏事"，他还制定了目前可见最早的巡视法规《六条问事》[①]。南北朝时期，御史台随时可以派遣御史巡察地方。

隋朝创造性地开设了"三台"制度：御史台、司隶台、谒者台。将地方监察机构与中央监察机构分离，其中司隶台和谒者台监察地方。司隶台设置司隶刺史十四人，分部巡察地方，每年二月出巡，十月还朝报告履职情况。谒者台有各种明目的"谒者"上百人，循旨出巡。到了唐代，监察体系更加成熟。中央废除了司隶台和谒者台，御史台内分台院、殿院、察院三部门。其中察院设监察御史，最高正八品，但地位突出。其负责监察百官，可以不经御史台长官直接奏事，还经常直接由皇帝委派巡视地方，两年一换[②]。御史出巡四方，"事无巨细得失，皆令访察，回日奏闻"，被

---

① (清)顾炎武著，(清)黄汝成集释：《日知录》卷九"部刺史"条，第528页。

② 张晋藩：《中国古代监察法制史》，第180页。

时人视为皇帝“腹心耳目之臣”，是皇帝“明四目、达四聪也”的工具[①]。史载御史韦思谦见到王公，“未尝屈礼”，被人责备，答曰：“耳目官固当特立。”他认为御史出巡应该雷厉风行，“动摇山岳”，震慑地方，否则即为失职[②]。唐中期，将全国划分为十道（后来增到十五道），每道先置巡察使二人，稍后，改为按察使，每道只设一人。由此，监察御史与按察使共同构成唐代地方监察的双轨体系，即“部察”与“道察”。后来，唐代还出现了采访处置使和观察处置使等名目，均由皇帝选择官员巡视郡县以惩恶劝善、激浊扬清。再后来，观察使和节度使一样，逐渐总揽地方权力，成为割据一方的藩镇势力。蒙古人入主中原之后，怎么减缓和消弭激烈的民族矛盾、阶级矛盾一直是摆在统治者面前的难题。元朝遂提高监察力度，除了在中央提高御史台地位，还在地方设行御史台，与各道提刑按察司（后改称肃政廉访司）一起构成庞大而周密的监察网。时人将御史台称“内台”，将行御史台称为“外台”。行御史台虽为中央派出机构，但其职官、品级都与中央御史台无异，能很好地对地方实施监察。

这里需要指出，唐代的按察使具有临时性的特点，与元、明的按察使迥异，应划入中央派出的巡视监察体系范畴。宋代的路级四使虽是唐代按察使的发展，但已发生重大变异，以至于二者性质相去甚远。而金代的按察司，综合了唐代按察使的监察权和宋代提刑官的司法权，对元、明两代职官的设立影响深远。

通过上述梳理，我们可以看出，秦朝已开始探索常设机构与中央派出机构（官员）相结合的地方双轨监察体制，汉朝正式确立了这一体制，元朝则强化了该体制。到了明朝，该体制则被推至

---

① （唐）颜真卿：《论百官论事疏》，丁守和等主编：《中国历代奏议大典》第二册《隋唐五代卷》，哈尔滨出版社，1994年，第751页。

② 《新唐书》卷一一六《韦思谦传》，第4228页。

高峰。只是由于古代没有类似现代的行政、司法分立制度，所以古代的监察都是综合性的监察。但是，司法领域一直是监察的最重要领域之一，地方监察亦不例外，无论是地方固定的常设机构，还是中央派出机构（官员）均是如此。有论者认为："在历代监察官所掌有的主要监察内容中，刑狱、财赋等民政之中最重要的项目，两宋较之前代有明显的扩张，元、明两代复有进展。"[①]如秦汉时期，郡守执掌一郡事务，其下设郡尉、郡丞分别主管军政、民政，郡监主管司法监察活动[②]。隋炀帝建立司隶台，并仿照汉《刺史六条》颁行《司隶六条》，监察官吏的司法渎职即是其中一条。谒者台出使四方，"受冤枉而申奏之"为其一项重要职责。唐代御史出巡四方，常代表朝廷监督重大刑狱的处理。到了元代，司法监督也是"地方监察机关的重要职能，其制度设计亦在宋、金旧制基础上颇多创新"[③]。

第二节　明代地方双轨司法监察体制的建构

一、提刑按察司及其司法监察职能

元至正十六年（1356）七月，朱元璋尚在戎马倥偬之时，即在有限的统治区内仿元制设行中书省、行御史台，同时"置提刑按察使司，以王习古、王德芳为佥事"[④]。朱元璋对按察司寄予厚望，

---

① 余蔚：《中国古代地方监察体系运作机制研究》，上海古籍出版社，2014 年，第 168 页。

② 张晋藩：《中国古代监察法制史》，第 64 页。

③ 郑鹏：《元代地方监察机关司法监督职能考论》，刘迎胜主编：《元史及民族与边疆研究集刊》第三十五辑，上海古籍出版社，2018 年，第 100 页。

④ 《明太祖实录》卷四，元至正丙申年七月己卯条，第 46 页。

其《提刑按察使诰》曰:“今按察司之设,岂轻授非人,以静方隅而振纲纪也。斯必得人,使权豪敛迹,奸宄潜踪,是其人也。”①随着朱明政权的建立和稳定,行省制度被废除,又经历洪武、建文、永乐三朝的调整,明代稳定地保持了十三个布政司的政区划分。每个行政区置承宣布政使司(俗称省)、都指挥使司、提刑按察使司(又称提刑按察司),分掌民政、军政及司法和监察事务,彼此制衡。

提刑按察司,俗称臬台、臬府。建文时,提刑按察司改名为“肃政廉访司”,朱棣又恢复提刑按察司之名。按察司堂官包括按察使一人,正三品;副使、佥事均无定员,分别为正四品、正五品。堂官之下有属员经办具体事务,包括经历司经历、知事各一人,分别为正七品、正八品;照磨所照磨、检校各一人,分别为正九品、从九品;司狱司司狱一人,从九品。

依按察司的设置过程看来,吴元年(1367)朱元璋同时“置御史台及各道按察司”②,二者对称“内台”“外台”,可见二者性质、职权范围大体应该一致。洪武元年(1368)朱元璋在诏令中说:“御史台监察御史、提刑按察司,耳目之寄,肃清百司。”③“在京都察院及十三道,在外按察司,俱称风宪衙门,以肃政饬法为职。”④洪武十年(1377)十二月,各道按察司官吏来朝,他曾面谕之,表示对其寄以“耳目”之望,鼓励其“察其善恶,激浊扬清,绳愆纠缪”,警告其务必“谨守法度,思称其职”⑤。永乐时,按察使周新曾对成祖说:“陛下诏按察司行事,与都察院同。”⑥这些材料都反映了

① (明)朱元璋:《明太祖集》卷四《诰命·提刑按察使诰(副使与佥事同)》,第76页。
② 《明太祖实录》卷二六,吴元年十月甲寅条,第387页。
③ (明)申时行等修:《明会典》卷二〇九《都察院一·急缺选用》,第1045页。
④ (明)申时行等修:《明会典》卷二〇九《都察院一·风宪总例》,第1039页。
⑤ 《明太祖实录》卷一一六,洪武十年十二月癸酉条,第1902—1903页。
⑥ 《明史》卷一六一《周新传》,第4374页。

明朝初年，按察司官员在地方上的职责范围实际上应该是同都察院在中央的职责范围大体一样的。原则上来说，官员一旦有不公不法等事，“在内从监察御史，在外从按察司纠举”，“纲纪之寄，所以肃百僚而贞百度也”①。同时御史在地方上如果有不法行为，按察司官员也能根据规定纠举弹劾。朝廷往往也将按察司官与御史等同要求，如正统四年(1439)，朝廷定例：“凡都察院官及监察御史、按察司官吏人等，不许于各衙门嘱托公事，违者比常人加三等，有赃者从重论。”“国家政令得失、军民利病，一切兴利除害等事，并听监察御史、按察司官各陈所见、直言无隐。”②

作为地方三司之一，提刑按察司是地方常设司法和监察机构。清人总结：“按察使，掌一省刑名按劾之事。纠官邪，戢奸暴，平狱讼，雪冤抑，以振扬风纪，而澄清其吏治。”③但其影响，绝对不仅仅限于地方。元至正二十六年(1366)，朱元璋“命按察司佥事周湞等定议按察事宜，条其‘宪纲’所当务者以进”④。吴元年(1367)，朱元璋任命的二十多名“议律官”中，风宪官占据大半，其中既有“御史中丞刘基”和“监察御史盛原辅、吴去疾、赵麟、崔永泰、张纯诚、谢如心”，也有“按察使李详、潘黼、滕毅，佥事程孔昭、傅敏学、王藻、逯永贞、张引、吴彤”⑤。洪武元年(1368)，朱元璋拣选官员参与《大明令》的制定，浙江、湖广、江西三省按察使“充议律官”⑥。这些史料也从侧面反映了按察司在明初司法、监察体系中扮演着重要角色，其作用不下于御史台。

---

① 《宪纲事类·宪纲·纠劾百司》，第34页。

② (明)申时行等修：《明会典》卷二〇九《都察院一·风宪总例》，第1039页。

③ 《明史》卷七五《职官四》，第1840页。

④ 《明太祖实录》卷一九，元至正丙午正月辛卯条，第260页。

⑤ 《明太祖实录》卷二六，吴元年十月甲寅条，第389页。

⑥ (明)郑晓：《吾学编》卷六六《皇明百官述卷下》，《北京图书馆古籍珍本丛刊》本，书目文献出版社，1998年，第667页。

明朝的刑事案件，设置了严格的审级。地方审级分为三层，县州是第一审级，府是第二审级，按察司是第三审级，重要案件还需布、按二司或布、按、都三司会审，这三个审级从低到高，需要层层告理，不能随便越级，这就意味着按察司担负审级监督的职能。此外，按察司还负有监察百官甚至监察巡按履职之责，其中自然也包括对百官司法活动的监察。正统四年(1439)朝廷定制："内外大小衙门官员，但有不公不法等事，在内从监察御史、在外从按察司纠举。"①"凡监察御史、按察司官巡历去处。所问公事有拟断不当者，都察院、按察总司随即改正。""凡监察御史、按察司官巡历去处，所闻有司等官，守法奉公、廉能昭著，随即举闻；若奸贪废事、蠹政害民者，即便拿问。"②按察司还与巡按御史一道，具有督促司法官员学习律令之权力。《宪纲》规定："国家律令并续降条例事理，有司官吏须要熟读详玩，明晓其义。监察御史、按察司官所至之处，令其讲读。或有不能通晓者，依律究治。"③除了上述广泛的职能，按察司的司法监察职能主要体现于如下三点：

第一，按察司还负责巡视地方、审录罪囚、核查地方案卷等。早在元至正十八年(1358)，朱元璋即开始"命提刑按察司佥事分巡郡县录囚"④。《实录》记载吴元年(1367)十月"台谏已立，各道按察司将巡历郡县，欲颁成法，俾内外遵守"⑤。其后，在很长一段时间，巡视郡县的权力独归按察司官，直至巡按御史的诞生，按察司分巡官才与监察御史一道"巡历所属各府州县、颉颃行事"⑥。而且，朝廷给予风宪官巡历地方的时间是很充足的。根

① (明)申时行等修：《明会典》卷二〇九《都察院一·纠劾官邪》，第1045页。

② (明)申时行等修：《明会典》卷二〇九《都察院一·风宪总例》，第1039页。

③ (明)申时行等修：《明会典》卷二一〇《都察院二·出巡事宜》，第1050页。

④ 《明太祖实录》卷六，元至正戊戌年三月己酉条，第64页。

⑤ 《明太祖实录》卷二六，吴元年十月甲寅条，第389页。

⑥ (明)申时行等修：《明会典》卷二一〇《都察院二·出巡事宜》，第1049页。

据洪武年间定下的规矩，“凡分巡按治州郡，必须遍历，不拘限期”。不论是巡按御史，还是按察司官，只要到了按临处所，“先将罪囚审录、卷宗吊刷外”，其职权与巡按御史相同，“风宪官当存心忠厚，其于刑狱尤须详慎”[①]。为了提高刷卷效率，朝廷还允许按察司官分巡时带吏典二名、承差一名。为了加强相互牵制，防止某人上下其手、徇私枉法，朝廷特令“皆须官吏监生承差同行、不许相离”[②]。

第二，按察司受理官吏司法渎职或官吏违法案件。正统四年(1439)，朝廷诏令：凡有军民相干词讼等事须地方会官处理而地方官员无故不处理，或者处理不公不妥的，“从监察御史、按察司官按问。应请旨者具奏”[③]。而且，朝廷特别警诫监察御史、按察司官，“如有陈告官吏取受不公等事，须要亲行追问，不许转委，违者杖一百”[④]。

第三，按察司参与京外恤刑会审。正统年间开始，朝廷从中央派遣法司官前往地方会同巡按御史、三司官审录罪囚，该制度沿至明亡。前已详述，此不赘述。

综上，作为地方三司之一，提刑按察司与其他二司平行，尽管其长官的官阶略低于其他二司长官，然其权势超越前代：作为地方常设机构，其直接受命于朝廷，负有维护一省司法、监察之责；作为朝廷耳目机关，又承担监控官民之任，章奏可以直达天听。

二、明代地方双轨司法监察体制的形成

在保持常设地方监察机构的同时，朱元璋尝试从中央派员巡视地方。洪武十年(1377)七月，朱元璋开始派遣监察御史巡按州

①③④　(明)申时行等修：《明会典》卷二一〇《都察院二·出巡事宜》，第1050页。
②　(明)申时行等修：《明会典》卷二一〇《都察院二·出巡事宜》，第1049页。

县。他表明了派员巡视的原因，即“朕深居九重之中，所赖以宣布条章，申达民情者，皆在汝等”。他还明确表明对诸御史的殷殷期待：“询民疾苦，廉察风俗，申明教化。”[①]

洪武十三年(1380)，朱元璋废除丞相制度。沿袭上千年的宰相制度一旦寿终正寝，原先的监察机构势必也要随之进行调整。于是，两年后，朱元璋将御史台改称都察院，以左右都御史为其长官，与六部尚书品级相同，副都御史、佥都御史为都御史的佐官。洪武二十六年(1393)朝廷钦定都察院十二道监察御史职责，即“其有差委监察御史出巡、追问、审理、刷卷等事，各具事目，请旨点差”[②]。弘治年间的大学士丘濬对此大加赞赏，认为前代御史台专掌纠察，不得与掌管行政的中书省并列，而明朝罢中书省，政权分属六部，都察院品级与六部同，“其权视前代尤重”[③]。洪武十四年(1381)开始，都察院的监察御史定为七品，铸监察御史印，文曰“绳愆纠缪”[④]。永乐元年(1403)，朱棣正式确立了御史分巡制度[⑤]。洪熙时，仁宗又定巡按八月出巡。至此，巡按御史每年八月出巡，一年一更的制度得以确立。明代地方双轨监察体制正式形成。

历史表明，巡按御史在明代政治架构中应该说是相当重要的一环。历代御史向来被看作是皇帝的耳目，是其监控百官的有力工具，明代专制统治空前强化，都察院地位的上升亦是其皇权专制加强的结果。然而明代制度的设计者朱元璋并非偏重巡按御史，而是保持一种让常设机构与临时机构(官员)相互制衡的状

① 《明太祖实录》卷一一三，洪武十年七月乙巳条，第1871页。
② (明)申时行等修：《明会典》卷二〇九《都察院一·风宪总例》，第1039页。
③ (明)丘濬：《大学衍义补》卷七《正百官　简侍从之臣》，林冠群、周济夫校点，京华出版社，1999年，第67页。
④ (明)申时行等修：《明会典》卷二〇九《都察院一·都察院》，第1039页。
⑤ 《明史》卷六《本纪第六》，第79页。

态。洪武元年(1368),朱元璋曾在诏令中将监察御史、按察司等同视之,提出二者均是“纲纪所系,其任非轻”①。其后,朱元璋在派遣巡按御史、建构地方双轨监察体制时明确贯彻了相互制衡的理念。洪武三年(1370)正月,各道按察司官来朝,朱元璋命“内外风宪官与其属官依品级行礼”,“其监察御史、按察司佥事如出巡,当依品级拜知府、知州”。他还解释了该做法的理由是“官员品从,所以别上下、明尊卑。如是,则风宪官知有品级,不敢凌辱有司;有司官既受风宪官礼,自知羞耻畏惧,不敢干犯法度”②。

这种双轨监察体制让巡按御史与按察司官吏互相配合而又互相监督、颉颃互纠,可以有效地弥补监察系统内部漏洞。就司法活动而言,首先,二者均有权受理官民事宜。朝廷规定官民告发官吏贪赃营私等不法事宜,在直隶地区的可以向巡按御史反映;在直隶之外,既可以向巡按御史告发,也可以向按察司或者其分司告发。其次,二者处理过的事情分别由本系统审核。朝廷规定凡监察御史处理过的文卷,由都察院审核;按察分司处理过的文卷,由按察司审核。再次,二者都有权独立奏事,意见能直达天听。朝廷规定凡是国家政令得失等一切事宜,监察御史和按察司官员可以各自直言不讳地陈述意见。最后,支持二者进行活动的物品供应也是彼此独立、互不相干。朝廷定制:凡是都察院使用的笔墨、印泥,由京师地区官府配备;按察司的用物则由所在地官府承担。监察御史、按察分司巡视地方,所需办公用品则由当地官府提供。

由上述分析可见,监察御史与按察司分别形成两条垂直的司法监察路线,二者相互独立、彼此制衡。一方有不法之举,另一方

① (明)申时行等修:《明会典》卷二〇九《都察院一・风宪总例》,第1039页。
② 《明太祖实录》卷四八,洪武三年正月甲午条,第949—950页。

便可予以弹劾。当然，二者也有协调配合的时候，例如共同参与地方会审，《宪纲》就规定对于存留待对的狱囚，“在外从都司、布政司、按察司及巡按监察御史，公同审录处决”[①]；二者上疏言事均可各陈所见，但“若建言创行事理，必须公同评议，互相可否，务在得宜，方许实封陈奏”[②]。《宪体》规定：“出巡同事之人，须相协和。……大抵同僚同事，当如兄弟相亲相爱，积诚相与，未有不相契者。”[③]巡按御史与按察司官协调合作的一面，在明代通俗小说当中也有反映，如《二刻拍案惊奇》卷四，张氏兄弟向石巡按状告杨乡宦杀人，巡按接状之后，感到棘手，遂找机会单独与按察使叙话，明白其态度之后，便嘱其查清真相。后来，按察使果然不负重托。

在巡按御史和按察司分别独立工作、相互牵制的过程中，皇帝充当着最高也是最后的裁决者。无论是巡按御史，还是按察司官员，若遇重大事宜，应向朝廷“具实奏闻”，等候旨意。如宣德三年(1428)，山东按察司劾奏：“前巡按监察御史李素至历城与县民孙让女奸，因娶为妾，御史赵纯亦娶门子郑能妹为妾，皆在按临之地，有玷风纪。今素已升福建按察副使，纯升河南按察佥事，事虽经赦，终不可居风宪。”宣宗即“命行在都察院逮治”[④]。只不过，巡按御史毕竟是“代天子巡守”，能复审按察司官员审理过的案件，如果官民觉得按察司官员办案不公，可以向巡按御史申诉。若巡按御史制造了冤案的，则当事人可以去通政司递交申诉状，送都察院处理。若都察院不理，则当事人可以通过击打登闻鼓向皇帝申诉[⑤]。

此外，巡按御史“一岁而更”的制度在执行过程中是比较刚性

---

①② 《宪纲事类·宪纲·直言所见》，第42页。

③ 《宪纲事类·宪体》，第48页。

④ 《明宣宗实录》卷四六，宣德三年八月乙巳条，第1135页。

⑤ (明)申时行等修：《明会典》卷二〇九《都察院一·风宪总例》，第1039页。

的。但是，倘若巡按御史任期届满，而地方有重要事务需要其处理，朝廷会给予其他官职留用之，既使其人尽其才，又不至于造成“情亲而弊生”[①]的局面。如成化四年(1468)，巡按江西监察御史赵敔将代，当时正值江西旱荒，“户部请敕敔赈济，候事竣代之”。同时江西兵民多上奏请留。于是，朝廷就将赵敔任命为江西按察使，“仍赐敕，俾赈济毕日还京”[②]。

需要特别指出的是，明代的巡抚、总督最初也是中央派出的巡视官员，往往也带有都察院职衔。尤其是巡抚，由于职能相仿，与巡按常有抵牾。但是到了明代中期之后，巡抚、总督逐渐转化为地方官，成为三司之上的常设机构，相对于民政、军政事务而言，监察已经不是其主要职能。所以巡抚、总督对于原来的权力制衡关系和明代历史发展的影响都不容小觑，且比较复杂。这里专注于论述巡按御史与按察司建构的双轨司法监察体制，为避免节外生枝，故而对巡抚、总督的演变、影响不作探究。

第三节　明代地方双轨司法监察体制的演变

理想的制度在非理想的政治生态中往往会走形、变样，这是历史的常态。明代双轨地方司法监察体系亦是如此。这种变化表现在巡按御史权势日益膨胀，凌驾于三司之上，使双轨监察严重偏离制度设计的初衷。

按照明朝规定，京官的考察周期为六年，外官的考察周期则为三年。起初，巡按御史和按察司对于官吏均有考察、举荐权。

① (清)顾炎武著，(清)黄汝成集释：《日知录集释》卷九“部刺史”条，第529页。
② 《明宪宗实录》卷五六，成化四年七月癸亥条，第1139页。

朱元璋久历人世艰辛，深知元代政治腐败、官吏作奸犯科的恶果，曾表示对元末台宪的痛恨至极，认为其“每假公法、挟私愤，以相倾排……譬犹蛇蝎，自相毒螫，卒致败亡而后已。如此，则何以为台谏也”[①]，故对风宪官寄予厚望。

无论是巡按御史，还是按察司，其最核心的工作之一便是监察地方、整肃吏治。所谓“监察”，字面上理解即监督、考察。所以，巡按御史和按察司官员履行监察职责的重要方式是参与地方官员的考察以及根据考察结果进行举荐。《大明令》规定：“凡各处府、州、县官员，任内以户口增、田野辟为尚。所行事迹，从监察御史、按察司考核明白，开坐实迹申闻，以凭黜陟。”[②]明确将考察官吏的权力由巡按御史和按察司共享。洪武四年(1371)，朝廷令监察御史、按察司官，“巡历去处，但有守法奉公、廉能昭著者，随即举闻”[③]。洪武六年(1373)，朱元璋又令监察御史及各道按察司察举有司过犯，奏报黜陟，以后逐渐形成制度。根据《明会典》的记载，明朝初期，监察御史与按察司官员是共同出巡，彼此相互制约，“颉颃行事”[④]。洪武十五年(1382)十一月，朱元璋曾诏令各处提刑按察司“官吏廉能者，举之；贪鄙者，黜之”[⑤]。洪武二十一年(1388)，朱元璋曾遣人往谕巡按江西监察御史花纶等曰：“自今惟官吏贪墨鬻法及事重者，如律逮问。轻者但录其过，毋毛举细事，以兴大狱。”[⑥]由上述史料可见，按察司作为一省司法、监察的负责机构，应该是尽除奸弊、肃清一方的重要责任者，理论上也应为地方考察主要责任者。只有按察司官员因故意或者疏忽有

① 《明太祖实录》卷四八，洪武三年正月甲午条，第949页。
② 《大明令・吏令》，第238页。
③ (明)申时行等修：《明会典》卷一三《吏部十二・举劾》，第80页。
④ (明)申时行等修：《明会典》卷二一〇《都察院二・出巡事宜》，第1049页。
⑤ 《明太祖实录》卷一五〇，洪武十五年十一月戊辰条，第2363页。
⑥ 《明太祖实录》卷一九〇，洪武二十一年四月丙寅条，第2869页。

所失职之时，巡按御史方才需要承担起督责按察司的重任。所以，按照朱元璋的初衷，巡按御史只负责官吏贪赃枉法等大事，其余事件不必过问。

永乐元年(1403)，朝廷诏令考察“到任半年以上”的府州县官员，其考察主体还是巡按御史、按察司①。可见，至少在当时，巡按御史在地方官员的考察中还不能像后来那样居于绝对优势的地位。一直到宣德十年(1435)，英宗在一份诏令中说道：“今直隶府州县官从吏部遣官及巡按御史考察，在外府州县官从布政司、按察司及巡按御史考察……其布政司、按察司堂上官，从吏部、都察院考察，属官从巡按御史、按察司考察。”②可见在对外官的考察一事上，朝廷仍对按察司官寄予厚望。而且，依朱元璋本意，对于按察司官的监督、考察，更不会由巡按御史专享。史载洪武十五年(1382)十一月，朱元璋曾遣使敕谕各都指挥使司注意考察按察司官员，曰：“近征天下秀才至京，已令试按察佥事，俾出巡郡县，以察守令政治之得失与民之利病。既受命而往，政无所闻，未知果能设施与否，及污洁何如？故特命尔等询其所行，具实以闻。毋以善为恶，以不肖为贤，其直言之无隐。”③洪武二十三年(1390)，朝廷还强调御史和按察司官员在监察活动中“倘有通同贪官污吏，以致民冤事枉者，一体究治”④。这似乎在透露朝廷对二者一视同仁的意味。

然而，这种情况慢慢发生改变，巡按御史的考察权、举荐权逐渐有一家独大之势。宣德七年(1432)，朝廷在重申巡按御史会同方面官考察州县官的同时，令“各处巡抚侍郎同巡按御史考察方

① (明)申时行等修：《明会典》卷一三《吏部十二・朝觐考察》，第79页。
② (明)朱瞻基：《考察官员敕》，(明)傅凤翔：《皇明诏令》卷一〇，第286页。
③ 《明太祖实录》卷一五〇，洪武十五年十一月丁卯条，第2362页。
④ (明)申时行等修：《明会典》卷一二《吏部十一・责任条例》，第77页。

面官”[①]。天顺元年(1457),朝廷重申巡按御史考察对象包括“司府州县见任官员”[②]。但是,巡按御史在考察中却日益排斥三司官。弘治四年(1491)三月,都察院右都御史白昂在疏中指出:“今天下文武官员黜陟,皆以巡按御史所报贤否为据,使闻见不公,举措失当,为误非小。”可见当时巡按御史在考察中已经把持了权力,三司官叨陪末座而已。为改变这一弊端,白昂提出的对策也仅是加强御史的责任,丝毫没有让巡按御史与三司官分享考察权之意,即“其令各处御史督令都、布、按三司并府、州正官,将本处大小文武官务秉至公尽心访察,以求其实,文职不计崇卑,武职有异才可为边将者,则虽末官亦录。若所举之公与不公,则责之御史”。此议得到孝宗支持[③]。然而,或许实施效果并不理想,两年之后,孝宗又强调布、按二司的考察、保举权。当时朝廷定制:布、按二司与巡抚、巡按,“遇府州县官,才行俱优者,无分岁贡吏员出身,一体保举”[④]。但是,十二年后,情况又发生了变化,这一权力变为仅属于巡抚、巡按。《明会典》载:“弘治十八年奏准:凡天下诸司官员,才行超卓者,抚按官从公访举。”[⑤]其间,弘治九年朝廷确定了巡抚、巡按对于布、按二司及府州县等官、教官的举荐权[⑥]。弘治八年(1495),朝廷定制:巡抚、巡按将所属不称职官员的事迹写成揭帖,密报吏部[⑦]。嘉靖二十二年(1543)朝廷重申了这一规定。在之前的嘉靖十七年(1538),朝廷曾诏令按察司官员与巡按御史在外有作奸犯科者,按察司官员听巡按御史劾奏,而御史需

---

① (明)申时行等修:《明会典》卷一三《吏部十二・朝觐考察》,第79页。

② (明)申时行等修:《明会典》卷二一〇《都察院二・出巡事宜》,第1051页。

③ 《明孝宗实录》卷四九,弘治四年三月丁酉条,第994—995页。

④⑥ (明)申时行等修:《明会典》卷一三《吏部・举劾》,第80页。

⑤ (明)申时行等修:《明会典》卷一三《吏部・举劾》,第81页。

⑦ (明)申时行等修:《明会典》卷一三《吏部・朝觐考察》,第78页。

要由都察院考察[①]。但是,巡抚、巡按的考察意见并不一定能客观反映真实情况,所以嘉靖二十五年(1546),朝廷令吏部与都察院严加查访,“如有贪酷实迹者,不拘曾经抚按旌举,俱要开奏罢黜”[②]。此处朝廷丝毫没有表露出向按察司核实“抚按旌举”情况的意思。

根据上述资料,我们可以认为自宣德年间(1426—1435)开始,巡按御史获得了对方面官的考察权和举荐权。借助这一权力,巡按御史在官员的考核升迁中发挥着十分重要的作用,能够为都察院和吏部判断官员优劣贤否提供主要的参考依据。这两项权力的获得,不仅使巡按御史掌握了布、按二司的官路仕途,也使得按察司长官对于巡按御史落于被动地位。成化年间(1465—1487),有官员指出:“御史巡按,祖宗成宪也。一方得一人,则一方倚赖之,一年得一人,则一年倚赖之,不得其人则否,其所任不既重乎!”[③]巡按对于地方治理的重要性以及其在地方官僚集团中的核心地位,可见一斑。弘治年间(1488—1505),监察御史李兴巡按陕西,“过为崖岸,视方面如无人,虽都御史亦凌之,事必欲出其上”[④]。正德年间(1506—1521),浙江按察使梁材以清直耿介著称。当时巡按御史是梁材的同乡。梁材自以为较御史年长,故“自居”前辈,使得御史大为不满,以为梁材傲慢,竟因此“诬奏之”[⑤]。由此可见,最晚在正德年间,按察使已不可能取得跟巡按御史平等的地位。《明会典》记载:“迨后按察司官听御史举劾,而

---

① (明)申时行等修:《明会典》卷二一一《都察院三·回道考察》,第1054页。

② (明)申时行等修:《明会典》卷一三《吏部·朝覲考察》,第78页。

③ (明)李乐:《水东日记》卷三三“巡按御史”,第328页。

④ 《明孝宗实录》卷六八,弘治五年十月己未条,第1302页。

⑤ (清)查继佐:《罪惟录·传三十六卷》卷一五下《梁材传》,浙江古籍出版社,1986年,第2203页。

御史始专行出巡之事。”[①]此最晚当是说正德年间的事情。至此，巡按御史开始单独负责巡视工作，从而严重破坏了地方双轨监察体制。

巡按御史地位的提升，从其坐骑的变化也可以窥见端倪。洪武年间（1368—1397），御史出巡只能骑驴，宣德年间（1426—1435）朝廷准许骑马；洪武时，御史出巡都要拜见知府、知州，遑论对于更高级的三司长官，到了宣德年间，御史出巡都“序于三司官之上”。其理由是御史“任纪纲之职，受耳目之寄。纠劾百僚，肃清庶政”，不能“失观瞻”[②]。总之，巡按御史地位的提升，使得按察司叨陪末座，于是按察司官员不再能够与其“颉颃行事”，而变为了承行之官，“唯唯承命，不得稍致商榷”，仅是“列位随行”而已[③]。嘉靖六年（1527），张璁汇报地方官吏对巡按御史“积谀成风，卑恭过甚”，建议朝廷诏令“今后接见之间，务依《宪纲》旧礼，敢有倨肆违背，本院考察不职。三司官不知自立，仍前献谄者，吏兵二部即坐罢软”[④]。嘉靖九年（1530），都察院右都御史汪鋐在疏中指出：“近来御史驻泊会城，则兵备、守巡逐日候谒；巡历郡邑，则三司长吏络绎问安，该道守巡随从唯谨。其诸新任朝觐考满回任官员，不远千里竞走所在参谒。”其提出“宜行巡按御史严革”[⑤]。尽管世宗采纳了汪鋐的建议，但效果并不佳。到了万历十五年（1587），都察院左都御史詹仰庇陈御史出巡事宜，第一条便是“倚重监司”，疏曰：“御史不得属视监司，凡守令之不肖者，令

---

① （明）申时行等修：《明会典》卷二一〇《都察院二・出巡事宜》，第1049页。

② 《明宣宗实录》卷七六，宣德六年二月壬寅条，第1764页。

③ （明）胡世宁：《守令定例疏》，（明）陈子龙等选辑：《明经世文编》卷一三六，中华书局，1962年，第1036页。

④ （明）张璁：《张璁集・奏疏》卷三《申明〈宪纲〉》，张宪文校注，上海社会科学院出版社，2003年，第88页。

⑤ 《明世宗实录》卷一〇九，嘉靖九年正月乙卯条，第2575页。

得便宜纠劾,以共成宪体。”[①]由这些史料,我们可以体会当时巡按御史在三司面前的倨傲以及后者面见前者时态度之卑下,自然也就不可能指望按察司官与巡按御史平等共事、颉颃抗衡了。

需要注意的是,尽管按察司日渐式微,然而按察司在扫除奸弊、肃清政治方面的作用仍不可忽视。按察司官员仍能对巡按御史予以一定的牵制,使之不能肆意妄为。嘉靖二十七年(1548),朝廷诏令:“凡巡按御史弹劾三司不职,按察司官亦得纠巡按失职。不许科道官挟私报复。”[②]

第四节 明代地方双轨司法监察体制演变的原因

揆诸史册,造成宣德之后巡按御史权力的不断扩张,按察司地位逐渐下降、职权日益萎缩的原因,除了督抚逐渐凌驾三司之上的现实致使三司从地方一级机构下降为地方二级机构,以及前文已详述的御史是天子钦差,掌握着对三司官员的考察、举劾大权,迫使地方官员畏而从之,主要还有以下两个原因:

一、朝廷重内轻外之势愈演愈烈

在中国古代,出于对权力控制失效的担忧以及由内控外的预设,最高统治者对近臣往往予以特别重视,对于朝廷之外的官员则容易忽略。所以“重内轻外”成了古代朝廷用人的一个普遍现象。顾炎武指出:“北齐宰县,多用厮滥。至于士流,耻居百里。五代选令,必皆鄙猥之人。自古以来,以社稷民人寄之庸琐者,有

① 《明神宗实录》卷一八九,万历十五年八月戊寅条,第3550页。
② (明)申时行等修:《明会典》卷二〇九《都察院一·纠劾官邪》,第1045页。

此二败。以今准古,得无同之。”[①]清代王庆云总结道:“前代设官,重内轻外。牧守处迁谪而州县多杂流。”[②]尽管历代企图力挽狂澜者数见不鲜,然重内轻外之势始终未能从根本上改变。清人在《明史》中指出:明初“重监司守牧之任”,六部尚书有的直接出京担任布政使,六部侍郎到地方担任参政的,也不乏其人,布、按二司长官直接进京担任尚书、侍郎或者通政使、大理寺卿的,更是数见不鲜。当时“守牧称职,增秩或至二品”的现象时有出现。然而,天顺而后,“巡抚之寄专,而监司守牧不得自展布,重内轻外之势成矣”[③]。以上所言,是指“巡抚之寄专”,而巡按之势膨胀,亦在天顺之后,其关键节点是孝宗弘治时期。英宗北狩,酿成“土木之变”,明代由盛转衰,社会风气日益浇漓,官吏的操守也急转直下。其间,巡按御史堕落颓废的现象也多有发生,故朝廷多次强调巡按御史要克己奉公、认真履职。

所以,成化以降,朝廷对于巡按御史的选授,更加谨慎。不但强调对新任御史要进行刑名技能的训练,甚至对于巡按御史的年龄也作出了要求。成化十年(1474),朝廷定制,强调御史需进士出身,或者从现任官员中选授:“御史缺,选进士年三十以上者,问刑半年,考试除授。博士、行人、推官、知县兼选,仍试职。”过了十年,朝廷又下令:“试监察御史一年已满,刑名未熟,再试半年。仍前考试实授。”[④]弘治元年(1488),朝廷定制:“行人、知县等官,送都察院理刑半年。”待期满方由都察院考核评价,然后送吏部选用[⑤]。后来,孝宗又出台新规。弘治六年(1493),为了使御史员缺得到及时补充,朝廷下令御史“不必限定几年一次行取”。但经

① (清)顾炎武著,(清)黄汝成集释:《日知录》卷九“知县”条,第538页。

② (清)王庆云:《石渠余纪》卷二《纪守令》,北京古籍出版社,2000年,第66页。

③ 《明史》卷一六一《赞曰》,第4419页。

④⑤ (明)申时行等修:《明会典》卷二〇九《都察院一·急快选用》,第1045页。

考选之员，起初不能授予御史身份，而是"照原职分送理刑"。彼时，行取的御史理刑时间也有所延长，虽然也有像之前一样"理刑半年"的，但也有"试职一年"的，"本院仍考其堪任者除授"[①]。种种迹象表明，孝宗一改过去巡按御史多用慷慨敢言的年轻之士，而偏重于具备从政经验的老成持重之人。据《治世余闻》记载，孝宗曾召见左都御史戴珊与吏部尚书刘大夏，曰："尔等各衙门，凡事都奏行巡按御史勘报，岂以此官公道可托耶？"刘大夏对曰："无他，以巡按御史一年一换，无久交，不掣肘，故事多责成之。"孝宗没有否定刘大夏的看法，但指出："权之所在，惟有识量者能不移其心。"他担忧巡按御史恃权而骄，"好承奉，任喜怒，将或以是为非，以贤为不肖"，不能正确行使权力、履行职责，反而伤害百姓。于是，他特别嘱咐都御史戴珊今后派遣巡按御史"务拣老成有识量者，毋用轻躁新进之人。仍以此意，行与各巡按御史知道"。于是，"凡掌道管事，旧俱用年深御史"形成惯例[②]。隆庆二年（1568），穆宗诏令："不拘中差、大差，回道御史，于内选委掌管。以一年为满，俱准作差。不得以巡按缺人，又行差出。"[③]万历三年（1575），朝廷重申御史必须试职一年[④]。

朝廷对选任标准的提高，自然会带来巡按御史素质的提高。相应地，巡按御史日益受朝廷倚重，从正统四年（1439）开始，巡按御史回京之日，不须经由本院，径赴御前复奏，直接对皇帝负责[⑤]。本书第一章已述及科道官升迁迅速的事实，御史的流转升迁路线直接反映了其权力、地位的变化。个案且不言，制度更能说明问题。隆庆四年（1570），朝廷议准南京科道官政迹卓异者

①④ （明）申时行等修：《明会典》卷二〇九《都察院一·急快选用》，第1045页。
② （明）陈洪谟：《治世余闻》上篇卷三，中华书局，1985年，第22页。
③⑤ （明）申时行等修：《明会典》卷二一〇《都察院二·奏请点差》，第1046页。

“升转京堂”[①]。这意味着御史、给事中可由七品、从七品，直升为三品、四品的京堂。若御史放外任，其待遇更不差于京堂。根据弘治十一年(1498)孝宗诏令，两京科道官有机会直升为三品、四品的外官[②]。尽管如此，御史、给事中们却认为是被贬斥，怨声载道。如万历年间，御史赵文炳升任按察司副使。照理，从七品升为四品，应该高兴才是，但是赵文炳却抑郁至死。沈德符评曰：“重内轻外，其势积成耳。”[③]总之，御史地位的提高使得按察司官员与其“颉颃行事”的故事逐渐成为明日黄花。

二、道臣的地位日益凸显

布政司、按察司地位日益低下的同时，道臣地位却日益提高，这也是布政司、按察司与巡按御史权势日益失衡的重要原因。所谓“道臣”，即布政司、按察司、都指挥使司的副职担任的“分巡道”“分守道”等“道”的长官。对于“道”的设置，明人吕坤指出：“两司堂上官，势难出巡，力难兼理，故每省四面，计近远，分守巡，令之督察料理。所分者总司之事，所专者一路之责。”[④]

明代按察司管理地域广大，责任重大，其长官难以兼顾。因此，洪武十四年(1381)，朱元璋在复置按察司的同时，“并置各道按察分司”[⑤]。洪武十五年(1382)，朱元璋就一次性派遣五百余人，尝试在全国广泛设置按察分司，由这五百余人各按治两县。朱元璋对他们寄予厚望，授予他们的权力也很大，“凡官吏贤否、

---

① (明)申时行等修：《明会典》卷五《吏部四·推升》，第27页。

② (明)申时行等修：《明会典》卷五《吏部四·保举》，第28页。

③ (明)沈德符：《万历野获编》卷二二《司道·布按二司官》，第2497页。

④ (明)吕坤：《吕坤全集·实政录》卷一《明职·守巡道之职》，第932页。

⑤ 《明史》卷七五《职官四》，第1831页。

军民利病，皆得廉问纠举”，并约定一年就进行考核、升迁①。洪武二十九年(1396)，全国按察分司为四十一分道。然而，朱元璋设置按察分司的效果不理想，寻设寻废。从成化年间开始，按察司之下又划分了很多道，由按察司的副长官按察司副使、佥事领衔分领若干府州县，叫作“分巡道”，后来还出现了“兵备”等专职。《明史》总结道：“副使、佥事，分道巡察，其兵备、提学、抚民、巡海、清军、驿传、水利、屯田、招练、监军，各专事置。”②虽然各种“道”官职有所专，但据学者考证，这些按察司官员“并不能完全杜绝司法事务”③，实际上也具有司法监察的职能。

本来，这些道臣只是按察使的副职，地位、权力都不如按察使，且须接受按察使的节制。但是明代中后期以降，政治日益腐败，社会矛盾加剧，很多地方民怨沸腾。不少地方布政使、按察使却严重渎职，无法弭盗安民，深令朝廷失望。于是，朝廷选择了一些道臣，企图通过提高其品秩、扩大其事权的方式让他们充分发挥作用以巩固统治。为此，很多道臣获得了“按察使”的头衔。如成化四年(1468)，因江西地方旱灾，朝廷将江西巡按御史赵敔任命为江西按察使④。然而，当时江西已经有按察使。成化六年(1470)，宪宗给兵部尚书白圭的谕旨中提及“江西亦有抚民按察使赵敔”⑤，可见赵敔担任的是“抚民按察使”。“抚民按察使”是因事而设的特殊官职。

万历之后，道臣升按察使衔的情况开始较多地出现。一些道臣或因所领地域、事务重要，或因政绩卓异，逐渐升为按察使，其

① 《明太祖实录》卷一四八，洪武十五年九月癸亥条，第2332页。
② 《明史》卷七五《职官四》，第1840页。
③ 吴艳红、姜永琳：《明朝法律》，第117页。
④ 《明宪宗实录》卷五六，成化四年七月癸亥条，第1139页。
⑤ 《明宪宗实录》卷七六，成化六年二月辛未条，第1466页。

所领诸道也因而独立或基本独立于原先的三司。比如徐州兵备道张纯的官衔升为"徐州兵备按察使"[①]。辽东宁前兵备道李松官衔为"辽东宁前兵备按察使"[②]。很明显，这些"按察使"不可能是负责一省司法、监察的臬司长官，而是由参政、参议、副使、佥事等级别较低、事权较轻的职官升衔而来，性质仍然是道臣。然而，每个省里，作为三司之一的臬司长官按察使依然存在。于是，数位"按察使"并存于某些省份的情况屡见不鲜。而且，由于道按察使与臬司长官品秩相同，是因时因事因人而特设，其所领之事务一般不会隶属于三司。上述情形使得"按察使"的头衔越发不被人重视，其权力进一步萎缩，作用进一步式微。

本章小结

明代的君主专制发展到了历史高峰，官僚政治也随之呈现出一种成熟的面相。有学者认为："明代官僚政治在决策、行政系统设计上体现了分权制衡的精神，这种精神进一步强化，形成了明代繁密的官僚监察体系，这是明代官僚政治成熟的又一体现。"[③]让政府机构分权制衡符合皇帝大权独揽的政治逻辑。于是，明代统治者在总结历史经验教训的基础上，于地方设置承宣布政使司、都指挥使司、提刑按察使司，分掌民政、军政及司法监察事务，彼此制衡。提刑按察使司作为制度上的地方一级常设司法和监察机构，与都察院对称"外台"和"内台"，二者被认为是与元代行御史台、御史台一样互为表里的监察机关，故均被称为"风宪衙门"，在明朝初年备受重视。按察使司除担负审级监督的职能外，

① 《明神宗实录》卷一二四，万历十年五月辛酉条，第2307页。

② 《明神宗实录》卷一三〇，万历十年十一月丙辰条，第2415页。

③ 吴宗国主编：《中国古代官僚政治制度研究》，北京大学出版社，2004年，第425页。

还负有监察百官甚至监察巡按御史履职之责。具体说来，其职掌在于与巡按御史一道督促司法官员学习律令、勤勉履职，出巡地方、审录罪囚、核查地方案卷以及参与京外恤刑会审，于司法监察方面发挥了重要作用。

在保持常设地方监察机构的同时，明代统治者又从中央派员巡视地方，建立了御史巡按制度。起初，按察司与监察御史分别作为两条垂直的司法监察路线，相互独立、彼此制衡，形成了地方双轨司法监察体制。该体制对于有效地弥补监察系统内部漏洞、巩固中央集权、维护封建统治发挥了重要作用，对于遏制腐败、铲邪剔蠹、确保吏治清明具有积极意义。遗憾的是，宣德年间开始，按察司日益式微，双轨体制中一轨（巡按御史）逐渐独大，压制了另一轨（按察司），终于导致双轨司法监察体制的面相与运行效果距离设计的初衷渐行渐远。究其原因，既有督抚逐渐凌驾三司之上致使三司从地方一级机构下降为地方二级机构的因素；也有巡按御史是天子钦差，升迁迅速，且掌握着对地方官员的考察、举劾大权，使得地方三司官不得不对其予以特别尊重的因素。此外，朝廷重内轻外之势愈演愈烈、道臣的地位日益凸显等原因，也导致按察司的地位日渐尴尬，终于沦为巡按御史的陪衬，失去与其抗衡的实力。

第四章　明代司法监察纠错机制的运行

司法监察的直接目的在于督促司法官吏依法行使职权，作出公平公正的裁断。司法活动以审判为中心，所以纠正错误的裁判是司法监察活动最为令人瞩目的环节。为区别于司法机构内部的纠错机制，此处将监察机构纠正错案的机制称为“司法监察纠错机制”。

《大明律》和《宪纲》都开设了“辩明冤枉”条，为监察官纠正错案提供了制度保证。明代君臣对证据存在瑕疵、司法官吏倚法为奸等诸多原因导致的错案进行纠正，不仅在一定程度上确保了个案的公平正义，实现了彰善瘅恶、激浊扬清的监察目标，还承担着下情上达的政治功能和化解纠纷、缓和矛盾的社会功能，对明代的国家治理和社会治理具有重要的积极意义。

第一节　司法监察纠错程序的启动

有明一代，当事人或其亲属申诉，监察官在审录罪囚、吊刷案卷时发现问题，皇帝关注特定案件并遣官复审，都可以启动监察纠错程序。当然，无论何种主体、何种启动路径，裁判的最终决定权都掌握在皇帝手中。

一、当事人或其亲属申诉

中国古代政治生态环境恶劣，寻常百姓通过官府寻求救济不啻将自己陷于危险境地，其结果具有很大的不确定性，所以民间"厌讼""惧讼"情绪一直表现得十分明显[①]。因此，除了特定情形下的别有用心者，非有大冤大屈则很少有人愿意诉诸官府，更不愿持续不断地向上申诉。所以，当事人或其家属的申诉具有强烈的主体自利性，这种自利性赋予了当事人强大的监督动力。故当代有学者认为："考察和反思国内外的司法实践即可发现，由当事人本人充任监督者，去监督司法机关，可谓最好的选择。"[②]实践中，当事人或其亲属请求纠正错案确实是启动纠错程序的普遍性推动力。至少从唐代开始，当事人及其亲属就可以依律例规定，通过向有关衙门申诉的方式启动司法纠错程序，明代沿袭了前代的做法。根据明代法律规定，控告、伸冤都应当遵循流程，先州县而府、省，最后到中央，倘违反这一程序进行上诉，便是越诉。《大明令》规定："凡诉讼皆须自下而上，明注年月，指陈实事，不得称疑。诬告抵罪及坐越诉者，以不应论，拘该官司。如应受理而不为受理者，许赴上司陈告。"[③]《大明律》也规定："凡军民词讼，皆须自下而上陈告。若越本管官司，辄赴上司称诉者，笞五十。须本管官司不受理，或受理而亏枉者，方赴上司陈告。"[④]原则上，当事人或其家属须遵循上述流程而不得直接向御史申诉，否则要受到处罚；御史亦不得干预审转。但是，从朱元璋开始，历代皇帝鉴

---

① 详参连朝毅：《也谈"厌讼"法律传统产生的本质根源》，《经济与社会发展》2003年第4期。

② 司法公正权威与司法监督的关系课题组：《司法监督制度研究》，法律出版社，2015年，第64—65页。

③ 《大明令·刑令》，怀效锋点校：《大明律》，第261页。

④ 怀效锋点校：《大明律》卷二二《刑律·诉讼·越诉》，第174页。

于对官吏的失望与不信任，鼓励告讦，允许乡民赴京告御状；也允许百姓在地方直接向出巡的监察官告诉。于是，在对待越诉的问题上，明代历朝政策摇摆不定[①]。倘若所陈案情属实，越诉不仅是被允许的，而且也可以免予追究越诉之人的法律责任。故现实中监察官直接受理的情况数见不鲜。如宣德八年(1433)三月，御史张鹏"奏福建按察司不以伸冤理枉为职，每听民讼，辄援越诉之例发遣戍边，致民含冤无告"，宣宗对该按察司的做法予以否定，命法司："自今讼得实者，毋究越诉之罪；不实者，论罪如初。"[②]

监察官接到当事人或者其亲属的申诉，发现原审裁判可能存在问题之后，可以径自重审。明初就规定御史出巡"凡受军民诉讼，审系户婚、田宅、斗殴等事，必须置立文簿，抄写告词，编成字号，用印关防，立限发与所在有司追问明白，就便发落，具由回报。若告本县官吏，则发该府。若告本府官吏，则发布政司。若告布政司官吏，则发按察司。若告按察司官吏，及伸诉各司官吏枉问刑名等项，不许转委，必须亲问"[③]。据此，凡百姓控告本县官吏，则发该府受理；若告本府官吏，则发布政司；若告布政司官吏，则发按察司；若告按察司官吏，以及各衙门官吏司法无当者，巡按必须亲自受理。按察司作为地方常设监察机构，也有权受理百姓申诉的冤案。如弘治年间，浙江军余孙敬串通衙门快手，诬执妄拿马宣等人为盗，军官白福寿审理此案，偏听偏信，非法用刑，致马宣伤重而死。马宣之妻王氏向按察司申诉。按察司查出异常，遂启动纠错程序[④]。

---

① 详参朱声敏：《明代州县官司法渎职研究》，天津古籍出版社，2017年，第134页。

② 《明宣宗实录》卷一〇〇，宣德八年三月壬申条，第2247—2248页。

③ 《诸司职掌·都察院》，第327—328页。

④ (明)戴金编：《皇明条法事类纂》卷四八《刑部类·决罚不如法·通行内外问刑衙门军职有犯非法用刑打死人命者照文职酷刑事例问革为民》，第911—912页。

除了向御史、按察司官员申诉，当事人或其亲属还可以直接向皇帝申诉冤屈，即“直诉”。直诉又称“叩阍”“告御状”等，也是古已有之。如前代统治者一样，明代君主沿袭直诉制度，一方面可以让底层民情直达天听，加强对臣民的监控；另一方面可使民间的冤屈有机会得到最高权力的救济，树立君主为民父母的仁慈形象。明代的直诉主要有三种表现形式，即诣阙上书、击登闻鼓和邀车驾。如永乐九年（1411）三月，直登闻鼓给事中奏“有县官以赃罪谪戍边，击鼓陈情者”，成祖即“令三法司审之”①。直诉是深处内宫的皇帝与外界沟通了解民情的重要渠道，承担着下情上达的重要职能，故皇帝对该制度予以特殊保障，对干扰者予以严厉惩罚。如洪武年间，都御史杨靖平日“资性明敏，有识善敷奏，理刑平恕”，曾历任户部、刑部尚书，深受上下赞誉。当时，有人“坐事系狱，家人击登闻鼓状诉”，杨靖仅因为其“增饰浮词”，就被朱元璋赐死②。宣德年间，“重囚二十七人，以奸盗当决，击鼓诉冤”。直登闻鼓给事林富认为其“烦渎不可宥”，宣宗切责之曰：“登闻鼓之设，正以达下情，何谓烦恼？自后凡击鼓诉冤，阻遏者罪。”③弘治年间，“有自宫者数百人击登闻鼓求进用”，给事中魏玒违例接鼓状，孝宗将其“鞫问如律”④。

皇帝接到当事人或其亲属的直诉，若因此产生怀疑即可能派遣监察官启动纠错程序，进而雪冤释屈。例如，宣德年间，军士阎群儿家人击登闻鼓诉冤。原来，阎群儿妻毛氏诬群儿等九人强劫校尉陈贵家，“监察御史悉论强劫罪当斩”。被诬者家人击登闻鼓诉冤，称陈贵被劫之日，被诬者“各有事他适，实不为盗”。宣宗得

---

① 《明太宗实录》卷一一四，永乐九年三月丙子条，第1455页。
② 《明太祖实录》卷二五四，洪武三十年七月丁巳条，第3662页。
③ 《明史》卷九四《刑法二》，第2314页。
④ 《明孝宗实录》卷七一，弘治六年正月丙戌条，第1336—1337页。

到给事中的奏报后，出于“以事他适，当有证验”的基本判断，命行在都察院重勘此案。监察官查清原是毛氏有淫行，群儿欲杀之，故毛氏遂诬群儿等人，从而平反了这起冤案①。

必须指出的是，古代行政、司法不分，也没有现代意义的监察，无论司法还是监察，均是统治阶级“牧民”的工具，由当事人或其亲属申诉、直诉对于纠错程序的启动虽具有一定程度上的可能性，但并不具有必然性。哪怕当事人或其亲属有机会将案情直达天听，皇帝若不认为案件存在屈枉的可能，也不会启动纠错程序。监察官有纠正错案的义务，也有驳回当事人或其亲属申诉的权力。如其认为原裁判准确无误，可以拒绝复审。所以，监察官不受理申诉的情况也很常见。成化十一年(1475)，贵池县儒学训导陈离就上书指出江西地方小民多被势要土豪欺凌，县、府糊涂结案，小民屈抑不伸，“及赴御史处伸冤，御史又行查审，曾经司府州县里老剖判过者，俱不行准状”②。

二、监察官依职权主动辩明冤枉

从古代司法程序上看，除轻微的笞、杖案件，其余案件须由基层政权逐级向上审转。任何上级衙门或者官员都可以对下级衙门或官员的裁判进行重新审理，一旦发现错误，即可进行纠正。故任何上级官吏都有可能随时成为案件纠错程序的启动者。在明代，都察院及其御史职司监察，原则上对于各级衙门的裁判，按察司官员对于所辖府州县的裁判，均有权予以纠正。《大明律》规定：“凡监察御史、按察司辩明冤枉，须要开具所枉事迹，具封奏闻，委官追问得实，被诬之人，依律改正，罪坐原告、原问官吏。”③

---

① 《明宣宗实录》卷一六，宣德元年夏四月癸酉条，第429页。

② (明)戴金编：《皇明条法事类纂》卷四八《刑部类·断罪不当·缺题》，第931页。

③ 怀效锋点校：《大明律》卷二八《刑律·断狱·辩明冤枉》，第218—219页。

本书第二、第三章已详述明代巡按御史制度在洪武年间即已成为定制，在明代政治运作和司法监察过程中起着重要作用。巡按御史是中央派往各处的巡视之官，《诸司职掌》规定御史每到一地“先将罪囚审录、卷宗吊刷”[1]，再查看学校、钱粮等事。《宪纲》有“理断词讼”条[2]，规定巡按御史和按察司官有责任受理“理断不公或冤抑不理”的告诉。至于巡按御史行使职权的方式，可以是吊刷卷宗、接受百姓诉讼等明察方式，也可以是采取悄悄深入民间微服私访的方式。

《明史》总结道：“巡按则代天子巡狩，所按藩服大臣、府州县官诸考察，举劾尤专，大事奏裁，小事立断。按临所至，必先审录罪囚，吊刷案卷，有故出入者理辩之。”[3]显然，审录罪囚、吊刷案卷是巡按御史的首要职责。吕坤论按察司之职，曰：“遣戍充徒一失其平，皆得理枉伸冤。”[4]所以，巡按御史和按察司官是启动司法监察纠错程序常见的主体。至迟在正统四年(1439)，监察御史和按察司官“从实取勘本衙门并所属有印信衙门各刷卷宗”成为制度[5]，据此，监察御史和按察司官有权全面了解地方司法事务，使得“一切误判都有被纠正的可能性”[6]。所以，监察官可以无须他人告诉，

---

① 《诸司职掌·都察院·出巡》，第327页。

② 《宪纲》规定：“凡有告争户婚、田土、钱粮、斗讼等事，须于本管衙门自下而上陈告、归问。如理断不公，或冤抑不理者，直隶赴巡按监察御史，在外赴按察司或分司及巡按监察御史处陈告，即与受理推问。如果得实，将原问官吏依律究治。其应请旨者，具实奏闻。若见问未经结绝，又赴本管上司告理，不许辄便受状。追卷变易是非，须要实时附簿，发下原问官司，立限归结。如理断不当及应合归结而不归结者，即便究问。违者，监察御史、按察司体察究治。如不系分巡时月及巡历已过所按地面，却有陈告官吏不公不法者，随即受理追问。”(《宪纲事类·宪纲·理断词讼》，第39页)

③ 《明史》卷七三《职官二》，第1786页。

④ (明)吕坤：《吕坤全集·实政录》卷一《明职·按察司之职》，第936页。

⑤ 《宪纲事类·刷卷条例》，第57页。

⑥ 余蔚：《中国古代地方监察体系运作机制研究》，第163页。

主动发现问题，纠正错案，惩处罪犯。尤其是始于汉代的录囚制度，“确实起到了一定的改善狱政，纠正错案，监督司法活动，统一法律适用的效果”[①]，堪称中国古代司法纠错制度的关键。

明朝廷为维护社会稳定，准确适用法律，减少冤假错案的发生，创设了多种形式的会审。会审包括例行会审，如圆审、大审等。永乐元年(1403)，成祖就指令都御史曰：“分遣御史，宜具书慎刑之意授之，使论决之际，详探其情，非其情者，即与辨释。必揆之以理；理不可生，然后刑之，则彼虽死，无所恨矣。”[②]由此，若监察官可能在例行会审中发现问题，就可以启动纠错程序。如前述明世宗派遣应槚外出审录一千六百十七人，结果将“情有可矜疑斩绞犯人壹拾肆名口”“情有可疑斩绞犯人八名口”“情罪各有亏枉，俱已辩问斩绞犯人贰拾柒名”上呈朝廷[③]。在常规的会审之外，明代统治者还会不时组织官员，清理天下狱囚，其中也不乏监察官纠正错案的例子。如成化年间，山西按察司副使毛松龄奉敕往陕西审录罪囚时，发现两起死罪重案，一起比附律条失当，另一起引律又不分首从，其经奏明朝廷后，“俱逐起审录改正发落”，避免了原问死罪三人死于无辜[④]。监察官主动发现问题然后启动纠错程序，体现了国家权力对司法活动的主导和掌控。

巡按、按察司官等监察官发现案件存在问题后，可以亲自复审，也可以批送治下官员审理，或者让下属代为勘察，然后上报。如成化十年(1474)，副都御使余子俊就指出很多奸顽之徒赴京申

① 张晋藩：《中国古代法律制度》，中国广播电视出版社，1992 年，第 315 页。

② (清)孙承泽：《春明梦余录》卷四四《刑部一》，第 906 页。

③ (明)应槚：《谳狱稿》卷二《苏松等处会审疏》，杨一凡编：《古代判牍案例新编》第 6 册，社会科学文献出版社，2012 年，第 8—134 页。

④ (明)戴金编：《皇明条法事类纂》卷三七《刑部类・告状不受理・申明镇守备管屯管粮等官不许滥受词讼例》，第 535—536 页。

诉，风宪官就“转行下僚小官前来取勘”[①]。有时，监察官出于谨慎心态，自己亲自审理的案件也批送下属再次审理。如前述马宣被诬为盗一案，按察司复审此案之后，“尤恐不的”，又转委仁和县知县陈荣、钱塘县知县余本钊，“会同押带福寿等前到已死马宣尸所，跟同检验填图具结，连福寿等呈解巡按御史复审相同”[②]。

值得一提的是，古代重实质轻程序，没有审级的限制，监察官具有“有错必纠”的执着，无论之前案件经过多少次裁断，只要当事人或其家属审诉，司法监察官都可以启动纠错程序，发现讹误，便可即时平反，压根没有什么程序上的限制。陈光中研究古代诉讼制度，就指出：“中国封建社会的刑事诉讼中，就有复审和平反制度，判决宣告以后，仍可因当事人申诉而重新审理，纠正错案。”[③]

三、皇帝直接启动纠错程序

秦汉而下，中国一直采取中央集权政体，皇帝乾纲独断，司法终审权尤其是对死刑的最终决定权，即对臣民的生杀予夺之权始终牢牢控制在皇帝一人手中，这是皇权至高无上的体现。按照明代司法程序，州县仅对笞杖案件具有断决权，笞杖以上案件须逐级审转详报。然而无论任何类型的案件，不论其裁判生效还是未生效，上级衙门对下级衙门的裁判均可予以推翻，皇帝对各级衙门的裁判都有权提审、指令再审或者径行改判。皇帝是最终的裁判者，监察结果必须反馈给皇帝，由皇帝定夺。如嘉靖九年(1530)，刑部署郎中应槚奉敕往江南审录苏松府卫等衙门的重罪

① (明)戴金编：《皇明条法事类纂》卷二七《刑部类·告状不受理·在外词讼有奏诉诬枉者法司即与勘办例》，第531页。

② (明)戴金编：《皇明条法事类纂》卷四八《刑部类·决罚不如法·通行内外问刑衙门军职有犯非法用刑打死人命者照文职酷刑事例问革为民》，第914页。

③ 陈光中主编：《中国刑事诉讼程序研究》，法律出版社，1993年，第326页。

囚犯一千六百四十七人，结果“会审得情可矜疑、称冤有词并辩理问过斩绞等罪，俱合奏请定夺犯人共伍拾陆名口”①。哪怕是多官会审，会审官员也只有审理权，而没有判决权。例如，朝审时，“若有词不服，并情罪可矜疑，另行奏请定夺。其情真罪当者，即会提请旨处决”②。甚至，皇帝还可以创制新例，对律令和旧例进行更改或调适，从而对原裁判进行修正，令天下臣民遵守。正如弘治五年(1492)刑部尚书等官员所言：“刑书所载有限，天下之情无穷，故有情轻罪重，亦有情重罪轻，往往取自上裁，斟酌损益，著为事例。”③

若皇帝对官员的具体裁判结果产生怀疑或者不满，还会直接下令官员进行复审，从而启动纠错程序。如永乐六年(1408)，三法司奏报死囚三百余人已复讯皆实，请处决。成祖生疑，命五府、六部及六科官“详审之”，“既而得释者二十余人”④。宣德四年(1429)，刑部奏决重囚，宣宗命公、侯、伯、都督、尚书、都御史同审复。众官“复审还奏，诉枉五十六人”，宣宗“命法司重与勘实”⑤。皇帝甚至还可能直接纠正判决。如弘治十七年(1504)，刑部拟处决重囚，刑科给事中于瑁指出其中“情真凌萧、凌毕二人，情皆可矜”。孝宗遂令法司复议，而刑科在三复奏的时候却没有列上二人之名。孝宗大怒，直接对判决作了修改，“命萧、毕减死充军”，并稍微惩罚了刑部尚书闵圭、给事中于瑁⑥。

必须指出，皇帝对已经审结案件的怀疑或者不满，往往受其个人情感或其近侍的影响，不见得就是“错案”。因此，监察官被钦命

① (明)应槚：《谳狱稿》卷二《苏松等处会审疏》，第8页。

② (明)申时行等修：《明会典》卷一七七《刑部十九・朝审》，第903页。

③ 《明孝宗实录》卷六五，弘治五年七月壬午条，第1245页。

④ 《明太宗实录》卷八五，永乐六年十一月丁巳条，第1130—1131页。

⑤ (清)孙承泽：《春明梦余录》卷四四《刑部一》，第909页。

⑥ 《明孝宗实录》卷二一七，弘治十七年十月庚辰条，第4088—4089页。

复审之后，出于对事实的尊重，不见得一定会推翻原裁判。具体案例，如宣德十年(1435)十一月，长史善士仪奏四川按察使刘洵“以修葺公宇索取砖瓦兽头，又挟私锤死弓兵五人”，刘洵遂被下都察院狱，论斩罪，洵称冤，宣宗遂令三法司会审。结果会审官员认为刘洵罪刑相当，维持原判①。但不可否认，监察官良莠不齐，其中屈服于皇帝的淫威、逢迎上意者比比皆是，夹藏私货、挟私报复者亦数见不鲜。某些所谓的“纠错程序”就成了别有用心者假纠错之名，行颠倒是非之实的手段。例如嘉靖初期的李福达一狱，案件经代州知州初审，申详布政司、按察司复审后，巡按御史张英、马录陆续穷治，拟案犯凌迟处死，得到世宗首肯。稍后，监察官词连世宗宠臣武定侯郭勋，引起世宗厌恶。世宗曾一度欲亲自审理该案，被内阁首辅杨一清劝阻。其后，世宗两度令三法司官员会同锦衣卫等官会审此案，但结果与之前相同。世宗遂再令宠臣张璁、桂萼、方献夫署三法司长官，重新会审此案，终于得到了他想要的结果②。

第二节　监察官纠正的错案类型

监察官纠正的错案，可归结为原裁判认定事实有错误、适用律例不当、情罪不允协等几种类型。监察官认真履行职责，仔细推敲，全面核实，或指出原裁判官吏逻辑上的错误，或找出原裁判证据的瑕疵，或找出新证据推翻之前认定的事实，或查出原裁判官吏倚法弄奸，或指出司法官吏不谙刑名导致适用律例不当、因

---

① 《明英宗实录》卷一一，宣德十年十一月乙未条，第212页。

② 李福达一狱的详细经过，见(明)佚名辑：《钦明大狱录》，《四库未收书辑刊》史部第一辑第15册，北京出版社，2000年。亦可详参高春平：《从李福达案看明中期的法制状况》，《史学月刊》1995年第1期；胡吉勋：《明嘉靖李福达狱及相关历史评价考论》，《明史研究论丛(第七辑)》，紫禁城出版社，2007年。

对情礼法关系的理解不当而导致裁判情罪不允等等，从而启动司法监察纠错程序，雪冤释诬。

一、原裁判认定事实有错误

司法裁判必须以事实为基本根据。司法活动的第一要义是对事实进行认定，并在认定事实的基础上，根据法律规定作出相应的裁判。如果事实认定不清楚，甚至认定错误，司法官员认定的事实不能客观反映事实真相，在此基础上作出的裁判则由于基本的事实错误而经不起考验。所以，任何裁判的作出，都应当建立在事件真实发生的前提下，没有事实根据的裁判，好比无源之水、无本之木。

（一）原裁判证据存在瑕疵

引起认定事实错误的原因是多方面的，最常见的原因是案件证据存在瑕疵。司法裁判依据的事实必须以合法有效、充分确凿的证据作为支撑，否则就不能认定事实，当然也就不能作出相应的裁断。嘉靖九年(1530)，刑部署郎中应槚奉世宗之命前往江南会同巡按御史等官进行审录，就发现不少证据不足以支撑事实认定的案件。如算命先生蒋太前往金坛执业，偶过张仲木家门口，被张仲木、吴付等人邀请到家算命。张仲木等人将抢劫得到的布裙一条给予蒋太作为算命钱。蒋太“不合不审来历，贪多收受回家”。后张仲木等人抢劫事发，蒋太被官府拘传，重刑之下被逼诬服，与张仲木等一道被问拟强盗得财斩罪。巡按胡御史、刑部陈主事会审，发现众强盗的招供仅称蒋太分受裙子一条，但并不曾说其参与抢劫，显然情可矜疑，由此启动纠错程序[1]。

---

[1] (明)应槚:《谳狱稿》卷三《常镇等处会审疏》，杨一凡主编:《古代判牍案例新编》第六册，第200—204页。

又如常熟县民胡霖伪造诸衙门印信一案。嘉靖二年(1523)，胡霖充苏州府书写，利用职务之便，用蜡雕成苏州府印一颗，本欲伪造文书冒支钱粮。比遇年荒，仓库缺乏，未曾行使就已自己烧毁。再后来，胡霖被人告发，问拟伪造诸衙门印信斩罪。转详刑部，该大理寺奏奉钦依处决。会审官员却看出端倪，即“胡霖伪造印章，自罹法网，固不足惜，但招既称先未行使，后亦烧毁，既无私刻伪印可验，又无虚出文移可据。吴容之领票未见情真，当官之雕刻恐出刑逼。终系疑狱，难从重典”①。即监察官认为此案问拟伪造诸衙门印信斩罪的证据不足。

再如江都县民朱盛、阚奉强盗得财一案。朱盛、阚奉招称在嘉靖二年(1523)多次打劫船盐、干鱼、银两、糯米等物，俱花费无存，被司法官员问拟强盗得财斩罪。巡按刘御史、魏御史、侯主事决囚，查其既无被害失主可证，又无原劫赃物可据，实有可疑，遂启动纠错程序，结果“奏奉钦依，照旧监候”②。

在古代侦查手段不发达的情况下，人们信奉口供是“证据之王”。但是事实告诉人们，倘若司法官员一概信任口供，则往往会酿成冤假错案。所以，监察官在复查案件时，必须对两造口供和证人证言予以格外注意。口供上的瑕疵，也是监察官启动纠错程序的重要缘由。如嘉定县民沈克贤殴死王安宁一案，原系王安宁牧牛经过沈克贤田边食麦。沈克贤遇见，揪住乱拳踢打，稍后又用竹段将王安宁殴打，致其两日后伤重身死。司法官员问议沈克贤斗殴杀人绞罪。会审官员发现证人只有死者的佣工谈永年、谈永华兄弟，二人均言“沈克贤乱拳踢打，乱用竹棒殴打”，若真如此言，则其尸伤必多，然而检验伤痕，却只有右肷胁、右肋二处，更何

① (明)应槚:《谳狱稿》卷三《常镇等处会审疏》,第42—44页。
② (明)应槚:《谳狱稿》卷三《各处会审强盗疏》,第358—361页。

况证人均系死者佣工,其证言本身证明力就较弱。故而会审官员决定启动纠错程序。最终以“法虽难于辩问,情终涉于疑似”上奏朝廷[①]。

(二) 有新证据推翻之前认定的事实

命盗案件,攸关当事人身家性命,所以负责任的监察官总是细心钻研,多方询问证人,于将死之中求其生路。倘发现新证据足以引发疑虑,甚至可以推翻原先认定事实的,理所当然要启动纠错机制。嘉靖年间会审官员纠正马寿错案即是如此。案情是这样的:长洲县民马寿两次发现金鉴偷盗,遂将金鉴打了一顿。金鉴怀恨在心,后来因打劫、窃盗被抓,便妄攀马寿为同伙,并分得鸭鹅等物件。州县官审理,马寿“畏刑妄招得分前物,致将寿与金鉴等俱问拟强盗得财斩罪”。应槚等会审,拘传邻人为证。有邻人证明马寿与金鉴结仇,又有人证明马寿“平昔委止种田生理,并不与金鉴等同盗”。会审官员遂会议推敲,最后确认金鉴挟仇攀害[②]。

(三) 原裁判司法官员倚法弄奸

事实认定不清,可能是证据混乱不清导致,也可能是司法官吏敬业态度不足、能力水平低下导致,甚至可能是因为司法官员出于一己私利,有意制造错案。例如,成化十一年(1475),有官员就上书指出江西地方土豪势要欺凌小民,且勾结官府翻手为云、覆手为雨的情况,疏曰:小民“状投里老,畏惧富豪,受私偏判,反告到县。平日富豪人情稔熟,反将小民监禁,少则半年,多则一二年之上。贿属官吏,止凭里老地邻,保结妄行偏断。小民屈抑,又逃司府伸诉,又行吊查原案。本县妄称问结,一概朦胧申复,屈抑不伸”[③]。又如

① (明)应槚:《谳狱稿》卷三《常镇等处会审疏》,第45—47页。

② (明)应槚:《谳狱稿》卷二《苏松等处会审疏》,第101—105页。

③ (明)戴金编:《皇明条法事类纂》卷四八《刑部类·断罪不当·缺题》,第931页。

前述浙江军余孙敬诬告马宣一案，军官白福寿审理此案，偏听偏信，非法用刑，致马宣伤重而死。白福寿又令人将马宣尸体藏匿，接着篡改卷宗"以图遮释"。马宣之妻王氏具告浙江按察司。按察司命人寻到尸体，重新验尸，查出异常，遂启动纠错程序，终于查清真相，上奏朝廷，处罚白福寿、孙敬等人①。

二、原裁判适用律例不当

明代律例紊乱，很多司法官员因不谙律例、理刑乏术而导致错误裁断。弘治元年(1488)大理寺右评事鲁永清参与审录，向朝廷汇报了其中罪名不当、处罚不合律意的诸多问题，"每审录之际，查得原来卷内议拟欠当者不少，发落不一者常多。其间寡条贯似是而非者有之，扭捏字样、拗曲依直者有之。又有不拘罪犯大小虽有正条，拟以不应者十常八九"。其举例言："(错案当中)应收赎而决配，应决配而收赎，如诬轻为重，律该收赎，今每拟不应，妇女有犯公罪，例以准赎，今犯淫乱，间亦令赎。此卖弄条贯，似是而非者也。"②又如成化二十二年(1486)，山西按察司副使毛松龄在章奏中讲述了他先年奉敕差往陕西审录罪囚时，纠正了两起适用律例不当的错案，"一起犯人贾三，本官议作合依奸婿奸妻母，系败坏人伦，照见行比附律条事例斩。又一起犯人徐亮、王见，本官议作俱合依凡事论事理，听经官陈告，若以威力制缚人及于私家拷打监禁，因而致死者律，各绞，俱枷镣监候。审决前项比附律条斩罪，从来所无。后项引律又不分首从议拟"③。再如嘉

① (明)戴金编：《皇明条法事类纂》卷四八《刑部类·决罚不如法·通行内外问刑衙门军职有犯非法用刑打死人命者照文职酷刑事例问革为民》，第911—917页。

② (明)戴金编：《皇明条法事类纂》卷四六《刑部类·官司出入人罪·问刑不许拘泥成案信凭参语及将重情俱拟不应并以诬告捏作轻告》，第861页。

③ (明)戴金编：《皇明条法事类纂》卷三七《刑部类·告状不受理·申明镇守备管屯管粮等官不许滥受词讼例》，第535—536页。

靖八年(1529),苏州府长洲县民李绅向罗氏求奸,被罗氏丈夫朱达回家撞见。李绅逃脱,朱达辱骂罗氏,罗氏即诉知李绅调戏求奸之情。朱达激愤,要捉李绅送官府究治。不料罗氏因觉得自己受辱出丑,又遭到丈夫辱骂,气忿自缢身亡。案发后,该县依照“因奸威逼人致死律”判处李绅斩刑[①]。审录官员认为此案原判与律不合,考虑“李绅于罗氏虽有求奸之事,原无威逼之情”的情况,改作“不应得为而为之事理重者律”判处李绅杖刑八十[②]。

案件适用律例不当,还有一种更离谱的情况,即有的司法官员不能与时俱进,不了解朝廷最新的规定而按照已经“过时”的律例进行判决,也会造成错案。例如《大明律》规定:窃盗“三犯者绞”。天顺八年(1464)正月,英宗诏令赦宥罪犯,“所有条例并宜革去”。如此,则犯窃盗者,务要革后三犯方坐以绞罪。但是,天顺、成化年间,广西地方捕获犯人白用轩、骆用贤,二人均犯窃盗,其中白用轩革前一次,革后二次;骆用贤革前二次,革后一次。巡按广西监察御使方佑赞同司法官员的看法,“俱作三犯问拟绞罪呈详”。都察院众官指出天顺八年(1464)已将所有条例并宜革去,“仍照旧例问拟重罪,有乖恩典”,他们认为“缘革前罪名已蒙赦宥,前项事例今已革去,所据白用轩等仍拟绞罪,有碍律例”,由此阻止了对白用轩、骆用贤处以绞刑,纠正了该错案[③]。又如,直隶刘凤鸣奸子妇未成,司法官和巡按御史苏祐奏报“刘凤鸣合依奸子妇者律斩,秋后处决”,幸得都察院众官查得经刑部尚书胡世

① 明律规定:“凡因事威逼人致死者,杖一百。若官吏公使人等,非因公务,而威逼平民致死者,罪同,并追埋葬银一十两。若威逼期亲尊长致死者,绞。大功以下,递减一等。若因奸盗而威逼人致死者,斩。”(怀效锋点校:《大明律》卷一九《刑律·人命·威逼人致死》,第157页)

② (明)应槚:《谳狱稿》卷二《苏松等处会审疏》,第77—78页。

③ (明)戴金编:《皇明条法事类纂》卷三四《刑部类·窃盗·窃盗革后三犯坐绞罪例》,第366—367页。

宁等官于嘉靖七年闰十月十八日已奏请，世宗已下旨："今后亲属犯奸未成的，都依律问罪，发边卫充军，著为定例。"据此，朝廷最后将李凤鸣的死罪改为杖一百、发边卫充军[①]。

若律例抵牾，司法官员惯常的做法是以例破律。但是有时候，情重例轻，依例而断就会导致情罪不平。此时，监察官员就要想方设法予以协调，以求得罚当其罪。如《大明律》规定："凡杀一家非死罪三人及支解人者，凌迟处死，财产断付死者之家，妻子流二千里，为从者斩。"成化年间，四川刺马贤等杀一家非死罪三人。按照律文，刺马贤应该凌迟处死罪。但是该犯人在监病故，四川地方官员拟依照成化年间的先例，"要将妻子财产免其流断"，上奏朝廷。弘治四年(1491)十月，都察院、刑部等一众官员对此提出异议，曰："窃惟法不严明，则凶恶无戒，例不适当，则政体有亏。……此等之徒，绝人宗枝，灭人继嗣，罪恶滔天，人神共愤，就使明正典刑，尚有余辜，何况问拟明白，监病身死，既不流彼妻子，又不断给财产，则恩不至于良善而独及于其余，被杀之人含冤于地下，何由而伸？受害亲属于生前何由而雪？"他们要求皇帝责令官员弃先例而依律文断案，"使凶顽知惧，而被杀亲属亦可小雪其恨矣"，得到孝宗支持[②]。

三、原裁判情罪不允协

中国古代是一个情、礼(理)、法合治的社会，以法律为基本治国手段，同时以情、礼(理)相调和，试图达到天理、国法、人情相平衡的理想状态。"在犯罪已经确定的情况下，刑罚的合理性不仅

---

① (明)佚名辑：《都察院条例二卷》，杨一凡编：《中国监察制度文献辑要》第3册，第127—128页。

② (明)戴金编：《皇明条法事类纂》卷三六《刑部类·杀一家三人·公务事》，第419—420页。

要来自于法律的规定，而且还必须得到道德的支持，否则就会受到道德明确的修正”[①]。正如古人所谓“律设大法，礼顺人情。齐民以刑，不若以礼”。洪武年间，朱元璋曾传谕天下有司：“务崇礼教，赦疑狱；嘉与万方，共享和平之福。”[②]故而司法论证既追求“穷其理于律例之中”的形式合理性，又注重“通其意于律例之外”的实质合理性，以达至“情罪允协”的理想裁判结果[③]。监察官纠正情罪不允协的案件，有如下三种情况：

首先，若犯罪事实清楚、证据确凿，机械依律断案可能倚轻或倚重，则监察官就进行变通，以求得情、法兼顾。如正德年间苏州府发生的一起妻殴妾至死绞罪案亦是如此。同知浦应祥妻苏氏独掌家业，浦妾陈氏嫉妒之，诬其与外人通奸，至二人如同仇寇。陈氏在给丈夫调药过程中，失手泼地，遭苏氏叱骂，陈氏回言相抵。苏氏新仇旧恨涌上心头，遂与使女将陈氏捉住乱打至陈氏伤重，五日后身死。苏州府问拟苏氏妻殴妾至死绞罪。转祥刑部，该大理寺奏奉钦依处决。但是，嘉靖年间，会审官员认为此案中陈氏具有重大过错，其“不安为庶之分，妄兴夺嫡之心，诬奸情于他人，设谋已险，施逆言于病主，为罪益深”；苏氏“痛心玷污，乘时扑杀。虽本宿昔之怨，尤仗仓卒之命，论法既有主使，原情实可哀怜”。会审官员遂以“情有可矜疑”为由启动纠错程序[④]。此案的被告是一名殴妾致死的正妻，在法律实施的过程中，情法不能两全，监察官就以礼变法，以情屈法，曲为解释，突破刚性律条的约束，将道德的温情与刑罚的残酷统一起来。

---

① 任喜荣：《刑官的世界：中国法律人职业化的历史透视》，法律出版社，2007 年，第 31 页。

② （清）孙承泽：《春明梦余录》卷四四《刑部一》，第 906 页。

③ 详参罗洪启：《清代刑事裁判司法论证研究——以刑部命案为中心的考察》，中国政法大学出版社，2017 年，第 36 页。

④ （明）应槚：《谳狱稿》卷二《苏松等处会审疏》，第 4 页。

其次，如立法不周全导致情法不协，则监察官会指出法律缺陷，奏请设立新例以达到情法皆平的效果。例如，前述孙敬诬马宣等人为盗，军官白福寿非法用刑，致马宣伤重而死。按察司启动司法纠错程序，由巡按御史拟出处理意见："白福寿所犯，除不应等罪外，合依监临官因公事于人虚怯去处非法殴打致死者律，杖一百徒三年。孙敬除违制等罪外，合仍依原拟听使下手之人减白福寿一等律，杖九十徒二年半。……白福寿系官，照例纳米赎罪，仍尽本法追埋葬银十两给付死者之家，以为茔葬之资。孙敬照依快手害人事理定卫充军。"其后，都察院认为除杖、徒之外，对于白福寿纳米赎罪，对于孙敬独身充军的处罚太过轻纵，遂建议朝廷"合无行令本官，将照例免其赎罪粮米，止追给埋葬银十两，比依酷刑有司官员事例革职为民，待本人身死之后，方许本家相应之人承袭原职。孙敬照例拘连当房家小，发附近卫分充军"。这一意见得到孝宗首肯，并着为例[①]。

最后，监察官会重视刑罚中的伦常因素。伦常观念是古代司法中不可忽视的因素，该观念常与"礼"或"理"具有相通的含义，故官员对伦常的把握与运用是实现天理、国法、人情相平衡的重要内容。案件中只要存在伦常因素，其推理逻辑和裁判结果就可能与一般案件有所区别。如正德八年(1513)，苏州府昆山县民张塾私自投道士陆惟英为师。嘉靖九年(1530)，张塾还俗，同年十月，张塾向陆惟英勒要银钱作娶妻之用。陆惟英被逼不过，投入鱼池溺死。案发后，太仓州将张塾依照"威逼期亲尊长致死"条判处绞刑[②]，申报刑部核准。刑部指出了太仓州的错误："张塾诉称

① (明)戴金编：《皇明条法事类纂》卷四八《刑部类·决罚不如法·通行内外问刑衙门军职有犯非法用刑打死人命者照文职酷刑事例问革为民》，第911—917页。

② 明代《真犯杂犯死罪例》将"威逼期亲尊长致死"列为"真犯死罪秋后处决"之斩罪。(《真犯杂犯死罪例》，怀效锋点校：《大明律》，第287页)

陆惟英因醉跌河溺死，被有仇地方诬陷重罪，此言因不足信。但本犯与惟英各自私度，于法俱该还俗之人与承师教、伯叔父母同者不论。况既还俗之后，则其分义已绝，即当以凡人论。”据此，刑部将此案依因事而威逼人致死律改判张塾杖刑一百，并责令其埋葬死者陆惟英①。

情罪不允协是司法监察纠错案件的重要原因，监察官对于长期以来形成的情、(礼)理通常都会给予相当程度上的重视，这是统治阶级长期道德宣教和引导的结果。只有处理好情、礼(理)和法律之间的关系，才能使得裁判符合社会通行的正义观念，让两造心服口服，从而实现社会关系的重构和社会秩序的稳定。

第三节　朝廷对错案责任官吏的处理

当错案得到纠正，冤屈得到洗刷之后，朝廷紧接下来的工作便是对错案官吏进行追责。错案追责制度历史悠久，秦代已有“出入人罪”的处罚措施。其后，历代的司法制度日益完善，司法官吏必须严格依据法律和皇帝的旨意审理和裁判案件，否则即是渎职，要承担相应的责任，接受相应的处罚。明代司法官吏的责任主要包括告状不受理、决罚不如法、断罪不引律令、出入人罪等，区分具体情况，以所裁判案件的性质和司法官吏过错的程度，结合其主观因素为标准②。错案责任官吏受到的处罚大体上可以分为两类，即刑罚处罚、非刑罚处罚。

错案责任官吏要接受的刑罚处罚，从最轻的笞刑到死刑都有可能。如明初刑部尚书开济“尝受一囚赂，以狱中死囚代而脱之，

① (明)应槚：《谳狱稿》卷二，第71—72页。

② 详参朱声敏：《明代州县官司法渎职研究》，第100—166页。

为狱官所发”，开济遂与侍郎王希哲、主事王叔“微执狱官于狱，扼其吭而杀之”，后被监察御史陶垕仲等劾奏。朱元璋查明真相，下令将开济、王希哲一并处死①。又如前述宣德三年（1428），千户刘广等人犯罪被问拟死刑，左副都御史陈勉等将其改为杖罪。宣宗生疑，派众卿会审，特别叮嘱：“广等从重入轻，若今所拟是，则前之所拟非，亦不得无罪。尔等再推究其实以闻。”经审，刘广等人应处死刑，于是陈勉等人的裁判被纠正，陈勉等人也因“失出死罪”被投入锦衣卫狱②。再如天顺年间，军官徐钦兵败受审，通过钦天监官员单诚贿赂监察御史田斌得“减罪”。英宗得报，命三法司、锦衣卫会审此案，判田斌跟徐钦一道充军。案中，英宗表现出对御史的失望，“命锦衣卫遣官往追其赃，并械斌、诚钦等以来往者，搜斌无所得，拷之极惨酷”。案件审结之后，英宗仍不满意，下令继续追查，将“田斌、单诚还加拷讯”，“令具报御史、行人、进士差出似此受赃者有几人，若问不出，原问官亦罪不宥”③。

值得注意的是，明代存在发达的赎刑制度，即赦免原刑，依本刑易科数额不同的罚金或一定的劳役。根据明代律例，通常只要非“十恶”、强盗等不可原宥罪行，其余都许赎④。官吏犯罪，自不例外。如御史孙珂巡按山西，有人诬同县民邢政杀父。孙珂会布、按二司鞫之，坐邢政极刑，邢政瘐死狱中。天顺五年（1461）邢政家人诣京诉冤，都察院纠正该错案，坐孙珂等人“失入人罪，赎徒还职”⑤。

---

① 《明太祖实录》卷一五八，洪武十六年十一月甲午条，第 2448—2449 页。

② 《明宣宗实录》卷四六，宣德三年八月癸未条，第 1118 页。

③ 《明英宗实录》卷三五九，天顺七年十一月庚午条，第 7146—7147 页。

④ 详参张光辉：《明代赎刑的运作》，《四川大学学报（哲学社会科学版）》2005 年第 3 期，第 111—120 页。

⑤ 《明英宗实录》卷三二五，天顺五年二月庚辰条，第 6714 页。

非刑罚处罚主要包括降职、罢黜、住俸等方式。对于降职、罢黜,《明会典》记载有制度性的规定。万历五年(1577),朝廷令各审录官:"候一省事完之日,通查前后所奏已经复议、依准改驳件数多寡,通行考核。若刑名未谙,改驳数多者,照旧例参究降黜。"[①]降职的例子,如正统元年(1436),朝廷"降刑部员外郎叶行忠为陕西布政司理问,主事王彦为云南都司断事,以故入人死罪也"[②]。罢黜的例子,如正德十年(1515),御史施儒怒军士轻慢自己,诬其骗取钱财,军士被迫诬服。此事被守备太监黄伟等人揭发,武宗命官审录。审录官纠正错案,并拟施儒故入人罪赎杖还职,武宗诏"特黜为民"[③]。住俸的例子,如泰兴县民韩保伍诬告县丞谢希哲受财,"希哲坐绞,遇赦为民"。后来谢希哲负屈伸诉,得辩其诬。于是,给事中、监察御史劾刑部侍郎施礼故入人罪。英宗"宥礼,住俸三月"[④]。

这里需要特别指出,错案的造成,有复杂的原因。一些官员和吏胥因为经济上的原因或者其他原因,或滥用刑罚、非法取供,或借案生财、贪赃枉法,或逢迎上司、因循成案,或感情用事、迫于私情,以至于不能恪尽职守、明断是非。然而,也有许多官员,在克己奉公、清廉正直的情况下,也会酿成错案。明代君臣对于上述原因都心知肚明。英宗曾指出错案的形成,"或是法司虑累及己,惟凭有司所上成案,执以为据,不为申理者。或移文照勘,原行官吏亦虑累己,仍前回申者。人之冤苦,天实览之"[⑤]。所以,出于维护统治秩序,维护皇权,同时也维护官僚阶级集体利益的

① (明)申时行等修:《明会典》卷一七七《刑部十九·恤刑》,第904页。
② 《明英宗实录》卷一六,正统元年四月癸丑条,第313页。
③ 《明武宗实录》卷一三〇,正德十年十月己卯条,第2595页。
④ 《明英宗实录》卷七,宣德十年七月辛未条,第128页。
⑤ (明)朱祁镇:《命官审理南畿狱囚敕》,(明)傅凤翔:《皇明诏令》卷11,第314—315页。

考虑，明代君臣对于司法官吏所犯的错误，所酿成的恶果，不可能计较太多。毕竟，“水至清则无鱼”，倘追查彻底，势必引发司法官吏的集体抗拒，从而给监察官员发现错案带来更大的难度，给他们纠正错案带来巨大压力。正统六年(1441)，英宗的一份诏书就指出很多监察官担心牵扯到原问官吏，致使案件复杂化，故而不敢主持公道，其词曰：“在京见监重囚，先因罪犯不明，及诉冤不与行移体勘，经年未报者，有司恐累原问官吏逼勒里老人等，知而虚写其姓名，只凭成案回报者。”[①]鉴于这种情况，同年英宗派遣官员审录罪囚，指示得很清楚：“原问堂上官及该道该司官吏，纵有故入失入等罪，悉已宥之不问，尔等不必纠举。但于审实之际，不许干预。其该吊查案卷，各堂上官用印封识，遣首领官赍来，亦不许其干预。”[②]该诏书明确了对于原审官吏的处理原则，即宥之不问，但也不许其干预重审事务。正统十二年(1447)，英宗差官外出审录时，重申：“死罪可矜可疑，及事无证佐可结正者，具奏处置。徒流以下，减等发落。若御史别有公务，督同所在有司审录。原问官故入等罪，俱不追究。”[③]弘治四年(1491)四月，孝宗敕司礼监同三法司等官审录罪囚，也指示得很清楚：“其原勘问官有故失入等罪，俱不追究。”[④]其结果，司法官吏的渎职行为就得不到有效的追究。在这种宽容风气之下，于渎职官吏看来，或许成了一种鼓励。这对于司法渎职事件的发生，必然起到推波助澜的作用。当非法用刑、屈打成招，或草率听审、出入人罪的现象愈演愈烈的时候，纵使再多、再正直、再有能力的监察官员，也只能睁只眼闭只眼了。更何况，案件拖延太久，案情愈加模糊，

---

① (明)朱祁镇:《遣官审理北畿狱囚敕》,(明)傅凤翔:《皇明诏令》卷一一,第313页。
② 《明英宗实录》卷七九,正统六年五月甲寅条,第1570页。
③ (明)申时行等修:《明会典》卷一七七《刑部十九·恤刑》,第904页。
④ 《明孝宗实录》卷五〇,弘治四年四月乙丑条,第1004页。

而先后经办官吏不断更迭，后来者不愿承担责任，或者案件经过官吏层层审理之后，一旦被定为错案，则可能牵连甚广，导致纠错压力巨大。

有过错的官吏逍遥法外，使得某些正直的士大夫颇感不平。如都察院右副都御史翟瑄就在弘治六年(1493)上奏，要求惩罚错案的责任官吏。其疏曰："今天下问刑官不能体皇上重爱民命之意，以苛暴为尽职，以刻薄为能事，出入任情，轻重失当。及审录官得其实，而原问之罪皆释不治，似无所惩。自今诸司审录，其错误者以失出入人罪论，其受贿及任己见者，则以故出入人罪论。如此，庶几人知所谨，而天下无冤狱矣。"史载孝宗"从之"[①]。然而，前述应檟的奏疏，往往在疑难案件之后，附以类似"若欲辩问，惟恐轻纵，若欲依拟，又恐冤滥。情有可矜"[②]或"法固难于辩问，情终涉于暧昧"[③]之语，表示两难境地，委婉地指出原问官吏的错误，但是对于渎职的原问官吏，应檟等会审官员既没有提及追究其责任，也没有向皇帝提出处理意见。据此可推测，朝廷在追究司法官吏责任的时候，其坚决性和持续性都值得怀疑。

总之，对错案责任官吏进行责罚，一定程度上震慑了司法官吏，有利于确保司法活动的公平公正，有利于防止和减少司法渎职情况的发生，能够缓和社会矛盾，其积极意义值得肯定。然而，司法监察实践中，为了减小纠错程序运行的阻力，明朝廷对于错案责任官吏常常睁只眼闭只眼，免究其错案责任，无疑也会起到鼓励司法渎职的效果。

---

① 《明孝宗实录》卷七五，弘治六年五月甲申条，第1431—1432页。

② (明)应檟：《谳狱稿》卷二《苏松等处会审疏》，第35页。

③ (明)应檟：《谳狱稿》卷二《苏松等处会审疏》，第52页。

第四节　君臣纠正错案的思想逻辑

明代君臣积极主动地纠正错案，其背后的思想逻辑何在？除了维护君主专制的政治、社会秩序，皇帝和监察官显然还受到儒家慎刑价值理念和消弭灾变、应对天谴思想的驱使。需要指出，本书的研究对象主要是司法监察机构及其官吏，因为监察官纠正错案必须得到皇帝的赞成，且皇帝纠正错案也具有与监察官类似的主观动因，故此处将君、臣的思想逻辑一并论述，以期对司法监察的纠错程序作出完整的勾勒。

一、恪守儒家慎刑的司法伦理

慎刑是中国古代司法实践重要的价值追求，或许也可视为监察官纠正错案最重要的动机。

（一）儒家慎刑的价值理念

所谓慎刑，就是小心、谨慎地适用刑法，审慎地决定刑罚种类的选择及其打击范围、宽严程度。慎刑思想可以追溯到传说中的尧舜禹时代。《尚书·尧典》记载“舜统治时期用刑十分谨慎，只办理了四件罪案天下就顺服了”[①]。到了西周，统治阶级明确提出“明德慎罚”。春秋战国时期，儒家进一步发展了慎刑思想。《易》曰：“君子明慎用刑，而不留狱。”《礼》曰：“刑者，侀也；侀者，成也，一成而不可变，故君子尽心焉！”孔子说得更直接：“刑罚不中，则民无所措手足。”（《论语·子路》）荀子指出：“明德慎罚，国家既治四海平。”（《荀子·成相篇》）当代学者指出：“以强调人的生存为标

① 何永军：《中国古代司法的精神》，中国政法大学出版社，2016年，第89页。

准的'仁爱'内涵，构成了儒家法律文化的核心内容和价值追求。"[①]

到了汉武帝时期，罢黜百家、独尊儒术，《尚书》等儒家典籍变为官方正统"教科书"，"明德慎罚"也随着儒家的宣扬成为基本的司法指导思想。唐朝律文明确"德礼为政教之本，刑罚为政教之用"，礼法（或者说经义）与刑罚紧密结合，并被后世历代统治阶级认可与不断演绎，成为一条治国基本方策。总之，"中国古代法的慎刑观受经济地理、宗法血缘以及儒、道、佛三教合一的宗教文化等因素的影响，长期存在并持续三千多年之久"[②]。于是，慎刑恤狱，反对乱罚乱刑，惩罚滥杀无辜成为历代统治者标榜"仁政"的重要凭据。与此相应，"哀矜折狱"，即以哀怜的态度来处理案件，哀其不幸，矜其无辜，也成为儒家知识分子出身的司法、监察官员恪守的主流信条。

（二）明代君臣对慎刑的积极态度和作为

朱元璋总结历代经验，深刻认识到慎刑对于安邦定国的重要性。他曾表示对大理寺官员"处心公正，议法平恕，狱以无冤"[③]的期望，也曾谕来朝守令曰："慈祥恺悌，身之德也，刻薄残酷，德之贼也。君子成其德而去其贼，小人养其贼而悖其德，故殃流于众。"[④]其继任者也不乏训谕臣下慎刑的言论。如天顺三年（1459），英宗谕三法司官曰："刑狱，国之重事，今后但陈冤枉者，须加研审，当辩者辩之，不许畏避嫌疑，致人冤枉。"[⑤]万历十九年（1591），神宗特别叮嘱审录官员："须不厌烦劳，吊取始末卷案，前

① 蔡琳：《儒家法律文化的现代价值研究》，西安交通大学出版社，2018 年，第 56 页。

② 冯卓惠：《中国古代慎刑思想研究》，《法律科学》2006 年第 2 期。

③ （明）余继登：《典故纪闻》卷五，中华书局，1981 年，第 85 页。

④ （明）余继登：《典故纪闻》卷三，第 46 页。

⑤ 《明英宗实录》卷三二五，天顺五年二月辛卯条，第 6718 页。

后招对，细简严查，临审时详问证佐，务得真情，以洗沉冤。”[①]前述应槚等人审录罪囚，也是朝廷出于“慎刑”的考虑。世宗就说得很明白：“朕惟刑狱重事，民命所关兹者。诏示内外问刑衙门，责令慎加审录。”[②]

在朝廷的宣扬与倡导下，慎刑恤狱成了司法官吏们的主流价值观。他们认为司法活动必须体念“大地以好生为心”，用刑则思民亦父母所生者，“必不得已而后刑之”[③]。如宣德年间虞谦任大理寺卿，“帝方矜慎刑狱，谦等亦悉心奏当。凡法司及四方所上狱，谦等再四参复，必求其平”。其尝语人曰：“彼无憾，斯我无憾矣。”[④]御史贾大亨审案时，“细检卷宗，详审干证，一一令尽言无隐，又咨诹郡邑长贰，务各得其情。每一案出，人人称服”[⑤]。弘治年间，大理寺右评事鲁永清指出各地法司适用律例不当致使冤案众多，其奏疏中亦表明自己上奏的动机，曰：“窃惟律令者，治天下之法也。国家参斟事情轻重，定立罪名，颁行天下，永为令典，问刑衙门正当遵守谨行，必使一钱一杖之狱务合律文之意，庶受者心服而观者戒矣。”[⑥]海瑞巡抚应天时，诫喻所属官员：“今后各官凡听讼必须直穷到底，审之审之，始不惮烦；慎之慎之，终无姑息。”[⑦]万历年间，吕坤为按察使，以按察司署楹帖表明了其哀矜执法、慎重刑狱的态度，曰：“光天化日之下，四方阴邪休行；大冬

---

① 《明神宗实录》卷二三五，万历十九年四月辛丑条，第4360页。

② （明）应槚：《谳狱稿》卷二《苏松等处会审疏》，第3—4页。

③ （明）不题撰人：《初仕要览·仁恕》，第29页。

④ 《明史》卷一五〇《虞谦传》，第4168页。

⑤ （明）张瀚：《松窗梦语》卷一，中华书局，1985年，第7页。

⑥ （明）戴金编：《皇明条法事类纂》卷四六《刑部类·官司出入人罪·问刑不许拘泥成案信凭参语及将重情俱拟不应并以诬告捏作轻告》，第861页。

⑦ （明）海瑞：《海瑞集》上册《督抚条约》，第251页。

严雪之中,一点阳春自在。”①

谨慎执法、裁断悉当的官员也会得到皇帝的青睐,受到舆论的赞扬。明初御史凌汉鞫狱平恕,深为罪囚叹服。朱元璋知道后,擢其为副都御史②。刑部主事刘东星遇“署中有所比谳,不当其辜,他郎毋敢难也,公独力白其冤”,哪怕是对已有证据,他也敢以“情实未明”屡持异议,遂“名大起矣”③。

前述应槚“恭承厥命审录于东吴”,上疏自陈“不敢过于纵刻,别有避忌以误陛下”④。关于他编撰《会审疏》的缘起,苏州知府聂豹可谓深得其义,后者作《序》道:“是故事以情异,情以法御,法以刑正。原情以要事,缘法以求情。明刑以正法,固无所谓纵,而民之命亦无横且冤矣。夫是之谓刑之精华。然匪仁弗恕,匪义弗断,匪礼弗和,匪智弗辨,能行此四德而又恭宽以始之,忠信以成之,兹民亦罔敢厥正,而刑斯措夫,是之谓刑之本根。”⑤此言对应槚慎刑恤狱、审慎监察的态度作了进一步阐释。应槚“会审得情可矜疑、称冤有词并辩理问过斩绞等罪,俱合奏请定夺犯人共伍拾陆名口”⑥就是应槚等会审官员在慎刑思想主导下的具体行为。

二、消弭灾变、应对天谴

纵观几千年历史,不唯皇帝主动修刑弭灾,臣僚也会主动纠

---

① (明)吕坤:《吕坤全集・呻吟语》卷五《外篇・治道》,中华书局,2008年,第867页。

② (明)余继登:《典故纪闻》卷五,第80页。

③ (明)于慎行:《工部尚书兼都察院右副都御史晋川刘公东星行状》,(明)焦竑辑:《国朝献征录》卷五九《都察院六・河道》,周骏富辑:《明代传记丛刊》第112册,明文书局影印本,1991年,第833页。

④ (明)应槚:《谳狱稿》卷二《苏松等处会审疏》,第6—7页。

⑤ (明)聂豹:《谳狱稿》序,(明)应槚:《谳狱稿》,第1—2页。

⑥ (明)应槚:《谳狱稿》卷二《苏松等处会审疏》,第8页。

正错案，或劝谏皇帝加强对司法活动的监控，慎重刑狱、平反冤屈以应天理、顺人心。消弭灾变、应对天谴即成了明代皇帝和监察官纠正错案的另一个重要思想动机。

（一）古代“修省弭灾”传统

“灾异”指的是“自然灾害和某些特异的自然现象”[①]，诸如旱灾、涝灾、蝗灾、地震、日食、彗星等等。灾异本是客观的存在，是一种纯粹的自然现象，然而在中国历史文化中，却被视为人格化的“天”与人间沟通的一种方式，扮演着非同寻常的角色，打上了浓重的历史文化色彩。在中国上古神话中，天帝有好恶，能操纵天时变化，能掌控人间祸福。神化了的自然力“天”已经将人们深深折服，人们只能对其跪拜祈求。汉朝董仲舒则明确提出了“天人感应”之说。在此理论中，君主受命于“天”。“天”不但能接受人们的祈祷、崇拜，还可以向人们展示预言和指示，给人们指出未来的行动方向和目标[②]。在此基础上，董仲舒还糅合前代道家、法家、阴阳家的相关论述，系统地提出了“灾异论”：“灾者，天之谴也；异者，天之威也。谴之而不知，乃畏之以威。”[③]此话意即灾异是上天对人间的谴责和惩罚，若人君不能正视之并改善不良的政治状况，灾异的程度将会更甚。而“刑名钱谷”是政治最主要、最重要的内容，刑名上的腐败，审断不公、出入人罪无疑是滋生灾变、天谴的重要原因。古人就意识到：“天降灾谴，多感于刑罚之不中。”[④]瞿同祖考察中国法律与古代社会，就指出：“古人认为灾

① 中国社会科学院语言研究所词典编辑室编：《现代汉语词典（第7版）》，商务印书馆，2016年，第1628页。

② 康中乾：《董仲舒“天人感应”论的哲学意义》，《吉林大学社会科学学报》2014年第5期，第110页。

③ （汉）董仲舒：《春秋繁露》卷八《必仁且智》，周桂钿译，中华书局，2011年，第24页。

④ 《明史》卷九四《刑法志二》，第2322页。

异不是自生的自然现象，而是神灵对于人类行为不悦的反应。政事不修是致灾的原因，而政事中刑狱杀人最为不祥，其中不免有冤枉不平之狱，其怨毒之气可以上连云霄，激起神的忿怒。”①所以，在这种文化的渲染下，一旦出现灾异，君王和官员就必须“修省弭灾”，加强司法监察，尽力平反冤假错案，以消弭灾变、应对天谴，促进承平之治、巩固国家社稷。

（二）明代君臣对消弭灾异的积极态度和作为

经过漫长的历史演进，“天人感应”与“灾异论”思想在明朝得到了空前的发展。朱元璋曾“命翰林儒臣编集历代帝王祭祀祥异感应可为鉴戒者为书，名曰《存心录》，朝夕观览。后复命赞善刘三吾编类汉唐以来灾异之应于臣下者，别为一书，名曰《省躬录》”，并于洪武十九年（1386）将后者颁行天下②。朱元璋也对臣僚曰：“刑者，人君用之以防民。君之于民，如天之于物。天之道，春生秋敛，而论天之德，则曰生；君之道，仁育义制，而论君之德，则曰仁。”③意即君主采用刑罚治民，依据在于天道，上天有好生之德，则君主应有仁恕之德。遇到某些司法官吏执法不公，朱元璋指责其“非惟负朕慎刑之心，实违上天好生之意”④。成祖曾戒谕官员：“刑者，圣人所慎。匹夫匹妇不得其死，足伤天地之和，召水旱之灾，甚非朕宽恤之意。”⑤宣德三年（1428），宣宗敕谕三法司：“朕惟圣人制刑罚，用昭天讨以弼治化，刑罚当则天道协和、人心悦服，家国天下并受其福。否则感伤和气，灾沴百出。”⑥稍后，宣宗在《御制帝训》中又敕谕官员：“刑者，圣人不得已以辅治，非

---

① 瞿同祖：《中国法律与中国社会》，商务印书馆，2010年，第292页。
② 《明太祖实录》卷一七七，洪武十九年三月壬午条，第2684页。
③ （明）余继登：《典故纪闻》卷四，第71页。
④ 《明太祖实录》卷一四九，洪武十五年十月丙申条，第2351页。
⑤ 《明史》卷七《成祖本纪》，第98页。
⑥ 《明宣宗实录》卷三六，宣德三年一月戊辰条，第906—907页。

恃以为治也。一或失中，伤人至深，干天地之和，关系至重，故恤刑又继之。”[①]英宗称：“人之冤苦，天实览之……迩年以来，水旱、蝗虫等灾害无岁无之，深为可患……深惟所由，非刑之有失当欤？不然何其天戒之数也。”[②]弘治四年(1491)四月，孝宗敕司礼监太监韦大同三法司等官审录罪囚，敕曰：“朕惟刑狱重事，自古帝王必致谨于斯。盖以刑得其平则足以辅治弼教，而召天地之和刑；失其平则冤抑无伸，感灾致沴亦有所不免焉。……尔受兹委任，务殚心悉虑，以称朕好生之意。庶几天心昭格，和气致祥有可期焉。尔其钦哉！”[③]嘉靖十六年(1537)，世宗因雷击而下诏曰：“窃惟天之示灾，非可以虚文消弭，必求政刑之失而正之。”[④]在这种意识的推动下，明人相信“伤和致灾，无如冤狱”[⑤]，皇帝常因灾异遣官审录罪囚。如正统六年(1441)，英宗“以灾异遣使省天下疑狱”，遣刑部侍郎何文渊、大理卿王文录在京刑狱，巡抚周忱、刑科给事中郭瑾录南京刑狱[⑥]。

除了皇帝自觉，臣僚尤其是监察官员也积极劝谏皇帝加强司法监察以消弭灾异。如成化年间，御史李介上疏曰：“窃惟古之仁君，多难兴国、殷忧启圣者，盖由畏天戒、恤人穷，是以易危为安，转祸为福。如成汤自责，大雨降野，太戊修德，桑谷以麦者是也。”[⑦]他进而要求皇帝责令各处巡按御史，会同地方官员“各亲历所属大小衙门，将见监转重囚犯，从公逐一审录。其中有冤抑

① 《明宣宗实录》卷三八，宣德三年二月条，第931页。

② (明)朱祁镇：《遣官审理北畿狱囚敕》，(明)傅凤翔：《皇明诏令》卷一一，《珍稀法律典籍集成》乙编第3册，第313页。

③ 《明孝宗实录》卷五〇，弘治四年四月乙丑条，第1003—1004页。

④ 《明世宗实录》卷一二八，嘉靖十年六月丙寅条，第3012页。

⑤ 《明穆宗实录》卷六五，隆庆六年正月辛未条，第1564页。

⑥ 《明史》卷一〇《英宗前纪》，第131页。

⑦ (明)戴金编：《皇明条法事类纂》卷三七《刑部类·辩明冤枉·恤刑狱例》，第471页。

者，即与辩理”，以期“刑狱可清，而灾异亦息”[1]。同年，都给事中张海也借机向宪宗表达了相同的请求，“臣见往年灾伤，刑部等衙门差郎中等官，前去各处，会同巡按御史审录重囚，每有辩明冤枉，可矜可疑者具奏，俱蒙圣旨从轻释放。皇上哀矜，庶使狱成天地好生之心，水旱之灾殆不足平矣”[2]。前述儒学训导陈离上书指出土豪势要欺凌小民，要求巡按御史认真辩理，其初衷就是“民得安生，怨咨不作，欢声动天，风雨调和，而天下平”[3]。前述弘治年间鲁永清在审录中纠正错案，其内在动机即“窃闻刑者，民命所关。刑清则化行，化行则民用，和睦而百顺，否则天降灾谴而异兴。自古君天下者，未有不以刑狱为重也”[4]。弘治六年(1493)，巡按直隶监察御史周琰上疏请求审录罪囚，其原因即是：“窃见法司所问斩绞罪犯，多有淹滞，未尽平反，中有含冤之人，未免上干和气。乞敕三法司将见监死囚逐一审录。如情有可矜者，即与矜疑；若冤枉者，即与辩理。”[5]这些建议至少在形式上都会得到皇帝的首肯。

明代臣僚也常借消弭灾害劝谏皇帝纠正具体错案。如万历年间御史刘光复因言语触怒神宗下狱，百官冤之，遂积极营救。从万历四十四年(1616)到次年春夏，各地水旱灾害频仍。万历四十五年(1617)五月，礼部左侍郎何宗彦请求神宗“速发恩纶，释刘光复，还其原职”。他还针对灾异，立下军令状：“如是而天意不回，甘澍不降，臣等甘受妄言之罪。”[6]当然，监察官倘不认同其他

---

①② (明)戴金编：《皇明条法事类纂》卷三七《刑部类·辩明冤枉·恤刑狱例》，第472页。

③ (明)戴金编：《皇明条法事类纂》卷四八《刑部类·断罪不当·缺题》，第932页。

④ (明)戴金编：《皇明条法事类纂》卷四六《刑部类·官司出入人罪·问刑不许拘泥成案信凭参语及将重情俱拟不应并以诬告捏作轻告》，第861页。

⑤ 《明孝宗实录》卷七六，弘治六年五月丙午条，第1468页。

⑥ 《明神宗实录》卷五五七，万历四十五年五月己卯条，第10502页。

官员借口消弭灾异而变更裁判的主张，也会予以反对，设法让皇帝维持原判。如正德年间，廖鹏、王瓛、齐佐依附江彬、钱宁为非作歹。世宗即位不久，“因日精门灾，疏理冤抑，命再问缓死者三十八人，而廖鹏、王瓛、齐佐等与焉”。此意即审录官员在减刑人员名单中列上了廖鹏、王瓛、齐佐。但给事中李复礼认为其三人皆江彬、钱宁之党，按照法律，是必须诛杀的。世宗无奈，只得“令禁之如故”。后廖鹏三人“皆次第伏法”[①]。

本章小结

综上所述，司法活动是将法律适用于具体案件的过程，公平正义是其基本的价值追求。但遗憾的是，尽管中国古代司法机制日益完善，但根本不可能杜绝司法腐败现象，审判不公、出入人罪的情况无论何朝何代都是不绝于缕。明代司法制度和司法监察制度都空前完善，司法监察的纠错机制成为确保司法公平正义的重要手段。明代赋予了当事人请求纠正错案的救济权利，当事人或其亲属可以不断地申诉，请求各级衙门纠正错案，甚至可以通过告御状而上达天听。御史、按察司官员职司监察，审录罪囚、辩冤雪屈即是其首要职责。按照制度规定，都察院及其御史对于各级衙门的裁判，按察司官员对于所辖府州县的裁判，如发现错误者，均有权主动启动纠错程序。此外，若特定案件引起皇帝的关注，或皇帝对官员的裁判结果产生怀疑或者不满，还会直接下令官员再审或进行会审，从而启动纠错程序。司法监察纠正的案件，可归结为原裁判认定事实有错误、适用律例不当、情罪不允协等几种类型。监察官对待错案，以尊重基本事实为前提，可以出

① 《明史》卷九四《刑法志二》，第 2324 页。

于原裁判证据不足、有新证据可以推翻原裁判、司法官员倚法弄奸致使原裁判认定事实错误为当事人雪冤释诬，也可以原裁判官吏不谙刑名、理刑乏术或对立法深意理解有限，不能将情、礼（理）与法律很好地结合为由纠正错案。

除了维护君主专制的政治、社会秩序，明代皇帝和监察官积极主动地纠正错案，还受到儒家慎刑价值理念和消弭灾变、应对天谴思想的驱使。汉代董仲舒使儒家思想从民间走进庙堂，完成了儒家所代表的“道统”与专制国家所代表的“政统”之间的合流①。儒家倡导“仁恕”思想，投射到司法实践中即是“哀矜折狱”，即要求官员以哀怜的态度来处理案件，哀其不幸，矜其无辜。“慎刑”与“恤狱”遂成为儒家知识分子出身的司法监察官员恪守的主流信条。董仲舒及其后的儒家，惯于将“天”与人世间的政治联系起来思考，使得“天人感应”与“灾异论”思想持续发展。在明代，不唯皇帝主动修刑弭灾，监察官等臣僚也会主动纠正错案，或劝谏皇帝加强对司法活动的监控，慎重刑狱、平反冤屈以应天理、弭灾变。尽管对于“哀矜折狱”“天人感应”与“灾异论”的解读充满人为的不确定因素，慎刑恤狱的效果也因人、因时而异，尤其是“天人感应”与“灾异论”在今天看来更是不经之谈，但是古代君臣为弭灾而积极辩明冤枉，使得司法监察取得了一定的效果，其积极意义是值得肯定的。

---

①　张星久：《中国政治思想史（古代部分）》，复旦大学出版社，2017年，第164页。

第五章　明代司法监察的实践困境

古代人治社会，制度施行的效果，端在于施行者的素质高下。诚如吕坤所说："无治人则良法美意反以殃民，有治人则弊习陋规皆成善政。故有文武之政，须待文武之君臣。"①明代司法监察制度完善，但实践中面临诸多困境，既有体制缺陷的原因，也有封建官场陋习的原因，还有监察官个人能力水平低下和客观技术条件落后的原因。无论出于何种理由，其产生的后果都会背离监察权设置的初衷。

第一节　君主专制对司法监察的影响

在中国古代人治社会，皇帝乾纲独断，天下兴废，系于其人，故吕坤曰："人君者，天下之所依以忻戚者也。一念怠荒，则四海必有废弛之事；一念纵逸，则四海必有不得其所之民。"②皇帝的素质对政治运行起着关键性的作用。皇帝将监察官视为"耳目"，决定着监察权的运行效果。除了皇帝，明代监察权的行使还不可避免地受到皇帝近臣诸如宦官、锦衣卫、权臣等势力的干扰。君主专制使得监察机构在形式上独立，其实运作上并不独立，这是

① （明）吕坤：《吕坤全集·呻吟语》卷五《外篇·治道》，第821页。
② （明）吕坤：《吕坤全集·呻吟语》卷五《外篇·治道》，第823页。

历代司法监察的先天性体制缺陷。

一、 皇帝控制司法监察权的行使

历代皇帝都强调监察官作为皇帝“耳目之寄”，从而赋予监察官“严纪纲之任”的历史使命。洪武三年(1370)，朱元璋召御史台臣并谕之曰：“风宪之任，本以折奸邪，理冤抑，纠正庶事，肃清纪纲，以正朝廷。”[①]此后历代皇帝在敕谕中，反复阐述监察官肃正纲纪的职责。但是，纲纪肃正的前提是皇帝以身作则，正如董仲舒说：“为人君者，正心以正朝廷，正朝廷以正百官，正百官以正万民，正万民以正四方。四方正，远近莫敢不壹于正，而亡有邪气奸其间者。”[②]皇帝是整个政治系统运转的核心，也是权力金字塔的顶端，其最高权力不受任何世俗的监督，掌握着包括监察官在内的所有官员的仕途命运。皇帝英明，给予监察官有力支持，监察权往往就能顺利行使，“折奸邪，理冤抑”。反之，皇帝昏庸糊涂，政治腐败，监察权的运作受到诸多限制，自然难以收到实效。甚至监察官自己骄奢淫逸，堕落为腐败阵营的急先锋，更遑论肃清纪纲了。

正因为皇帝掌握着最高监察权，监察机构及其官吏说穿了也只是有建议权而已，司法监察最终的裁判权在于皇帝个人。尽管史书不乏敢于持正的监察官对皇帝实施有效的劝谏，使得皇帝收回成命，避免冤屈的例子，比如朱元璋“乘怒将戮人”，一旁的大臣无人敢劝阻，御史欧阳韶“趋跪殿廷下，仓卒不能措词，急捧手加额，呼曰：‘陛下不可！’帝察韶朴诚，从之”[③]。但更多时候，监察官忤逆龙颜则会遭到皇帝无情地排斥和打击，甚至被残酷地杀

---

① (明)徐学聚编辑:《国朝典汇》卷七七《吏部·按察司》，洪武三年三月条，台湾学生书局，1965年，第1122页下栏。

② (汉)班固:《汉书》卷五六《董仲舒传》，中华书局，1962年，第2502—2503页。

③ 《明史》卷一三九《欧阳韶传》，第3983页。

戮。如永乐年间，按察使周新因为认真履行职责得罪成祖宠臣而被成祖处死。有学者指出“明代大案多枉”，并认为其主要原因就在于皇帝对司法和监察权的过度控制①。例如前文提及的李福达一狱，从李福达被人告发到确定凌迟之刑，世宗对李福达狱并无特殊关注，司法及监察活动一仍正常程序展开。直至牵连到世宗的宠臣郭勋，世宗才开始过问此案，情势由此发生逆转。世宗为一己私利，袒护郭勋等议礼诸臣，以强权压制诸臣，使司法监察机制形同虚设。在皇权的催抑下，嘉靖中期，“法司率执法徇上意，稍执正，谴责随至”②，其结果就是监察官员变得小心翼翼，监察效能无法正常发挥。

对于履职过程中出现差错的监察官，皇帝的处置往往也是随意轻重，颇为任性。弘治五年(1492)十月，监察御史李兴巡按陕西时“致死人命数多”，孝宗知悉，非常不满，下令将其处斩。依律，李兴罪不至死，故当时五府、六部、英国公张懋等上疏曰:“李兴酷暴，罪固不可逭。然其致死者多有罪之人，若处兴以死，则凡故杀故勘者又将何以罪之?”吏部尚书王恕充分肯定了李兴“克尽宪职，贪官污吏闻风敛迹”的功绩，明确表示反对孝宗肆意破坏监察秩序，其疏曰:“若处之死，臣恐天下后世以陛下用刑任情而不任法，使御史不敢举职，贪污者皆无所惮矣。”最后孝宗只得将李兴“从轻杖之百，并家属发极边烟瘴地充军”③。此案幸得朝中诸公对孝宗力陈道理，让其更改成命，其他监察官有几个能有如此运气呢?

上述材料，都说明了一个基本事实，即人治政治体制下的监察权源于皇权，监察官都是在皇权的支配下从事监察活动，其履

---

① 详参刘长江:《“明代大案多枉”原因探析》，《川东学刊》1996 年第 3 期，第 60—63 页。

② (清)夏燮:《明通鉴》卷五九，嘉靖二十九年夏四月辛亥，第 1627 页。

③ 《明孝宗实录》卷六八，弘治五年十月己未条，第 1302 页。

职效果决定于皇帝本人的主观任意性。换句话说，司法监察制度的良好运行寄希望于皇帝的贤明，使得司法监察制度的运作缺乏稳定性，君主专制的政体成为司法监察的先天缺陷。

二、宦官、锦衣卫干扰司法监察

众所周知，宦官、锦衣卫在明代政治中发挥了重要作用，二者的肆虐是明代政治黑暗的主要象征之一。宦官衙门之首司礼监执掌的东厂、西厂、内行厂，与锦衣卫合称“厂卫”。厂卫特务机构的设立，本身就是明代皇权加强的表现，其直接受命于皇帝，可以越过三法司行事，在司法监察领域的活动与影响亦不可忽视。

（一）宦官干扰司法监察

宦官在明代政治生活中扮演着重要角色，尤其是皇帝怠政的情况下，司礼监可以窃取皇帝的权力，以皇帝的名义执行自己的意志。故而明代宦官专权的情况非常严重，史家指出“阉宦之祸……未有若有明之为烈也”①。

宦官参与司法监察的制度性方式是参加会审。皇帝派遣宦官代表其参与会审，本是为了起到监督会审以确保公平公正的目的，但一些宦官凭借这一背景，肆意干涉法司判决。会审官员虽有异议，但屈于宦官的权势，不得不顺从，其结果是“三法司视成案，有所出入轻重，俱视中官意，不敢忤也”②，使司法监察流于形式，不但不能起到辩明冤枉、雪冤释诬的作用，反而方便了宦官颠倒是非、混淆黑白。如成化时，有弟助兄斗，不慎殴杀人者，太监黄赐认为其情可矜，刑部尚书陆瑜认为杀人者死，罪不可减，黄赐曰：“同室斗者，尚被发缨冠救之，况其兄乎？”陆瑜等官员“不敢

① （清）黄宗羲：《黄宗羲全集》第1册《明夷待访录校释·奄宦上》，浙江古籍出版社，2012年，第38页。

② 《明史》卷九五《刑法三》，第2341页。

难,卒为屈法”①。又如弘治年间,刑部郎中丁哲笞犯人袁璘稍过,致使其不数日即死。璘妻遂诉于东厂太监杨鹏。在东厂主导下,诸臣会议丁哲徒罪。“时举朝不平其事,而莫敢言。”刑部典吏徐珪指出:“镇抚司官,互相蒙蔽,证成其狱,皇上令法司会勘,又畏惧东厂,莫敢辩明。”②

会审之外,宦官为一己私利肆意干扰司法监察更是家常便饭。如正德年间,太监刘瑾权势煊赫。御史刘寓生到贵州刷卷,发现布政司、按察司二司官有不法之事,并与按察司佥事陆健发生纠纷。此事被刘瑾派出的特务侦知,刘瑾因为厌恶刘寓生,遂趁机将其“逮系锦衣狱”,“寻枷于吏部门外数日得释,黜为民”③。还有天启年间的封疆案,魏忠贤在天启皇帝的庇护下,趁机对东林人士展开疯狂报复,将杨涟、左光斗等人害死狱中④。从以上诸例可以看出,宦官在司法活动中上下其手,左右审判结果,是其干扰司法的集中表现,也是司法监察无法实现既定目标的重要原因。

尽管有明一代监察官不断上疏弹劾宦官的事例不胜枚举,监察官要求皇帝杜绝宦官干政之奏疏更是不绝于缕。但宦臣作为皇帝家奴,常侍于皇帝左右,极易取得皇帝信任,故监察官在斗争中往往落败。如嘉靖初,廖鹏父子和王钦等人“皆以从逆论斩”,廖鹏等人则“夤缘中人冀脱死”。刑科都给事中刘济上言:“鹏、钦等罪甚当,幸陛下勿疑。”然而世宗却乾纲独断,结果廖鹏等人“竟缓决”,王钦后来甚至“以中旨免死”⑤。又如万历三十七年(1609),宦官李秉朝奉旨出差,非法致死人命,凌辱知府,“至有活钉棺中暹

① 《明史》卷九五《刑法三》,第2341页。

② (明)沈德符:《万历野获编》卷一八《刑部·吏役参东厂法司》,第2382—2383页。

③ 《明武宗实录》卷五九,正德五年正月丙戌条,第1318页。

④ 《明史》卷二四四《杨涟传》,第6328页;《明史》卷二四四《魏大中传》,第6335页。

⑤ 《明史》卷一九二《刘济传》,第5089页。

死、套死，折胫断脰之刑”。户科给事中刘文炳请求将其撤回治罪，刑科给事中杜士全亦言：“恶珰酷刑相袭……陛下犹不即诛戮，前无所惩，后何以戒！”神宗却以“并不报”作为答复[①]。万历四十二年(1614)，刑科给事中姜性弹劾宦官卢受，疏称：“卢受督厂……生事害人，都城远近无不倾家毙命。”神宗的态度还是“不报”[②]。

一再落败的结局使得很多官员心灰意冷，不得不俯首于宦官，而不敢与之抗争。如刘瑾当道时，按惯例，“章奏先具红揭投瑾，号红本，然后上通政司，号白本，皆称刘太监而不名”[③]。一次，众官审录重囚后，由都察院领衔上奏，都察院不小心在文本上写“刘瑾”等字样，“瑾大怒，骂之”。都御史屠滽赶忙“率十三道御史谢罪。御史跪阶下，瑾数其罪斥责，皆叩头不敢仰视，自是科道部属官皆行跪礼”[④]。仅仅因直写其名而遭其痛骂，众御史甘受如此侮辱，倘文本内容忤其意，则其结果可想而知。都御史屠滽向有贤名，尚且如此，遑论其他官员。许多监察官甚至罔顾道德和士夫节气，趋炎附势，甘心成为宦官鹰犬。如天启年间，魏忠贤弄权，监察官投其门下者不计其数。如御史梁梦环“父事忠贤，兴汪文言狱，杀杨涟等”[⑤]。其他如崔承秀、倪文焕之流，“皆甘心效逆阉鹰犬，毒瘤海内”[⑥]。蛇鼠一窝的情况下，怎能指望监察官绳愆纠缪！

（二）锦衣卫干扰司法监察

在明代，与宦官同样“臭名昭著”的还有锦衣卫。锦衣卫本是皇帝亲军，其首领指挥使往往也是皇帝心腹，势焰熏天。如永乐年间，锦衣卫千户在浙江公干时攫贿为奸，按察使周新欲按治之。

---

① 《明神宗实录》卷四五六，万历三十七年三月庚戌条，第8611—8612页。
② 《明神宗实录》卷五二〇，万历四十二年五月癸丑条，第9796页。
③ 《明史》卷三〇六《宦官一·刘瑾传》，第7790页。
④ （明）陈洪谟：《继世纪闻》卷一，中华书局，1997年，第75页。
⑤ 《明史》卷三〇六《阉党·梁梦环传》，第7854页。
⑥ （清）夏燮：《明通鉴》卷三三，第1507页。

千户遁去，诉于锦衣卫指挥使纪纲，纪纲诬奏周新，成祖偏听偏信，将周新斩首[①]。本来，锦衣卫侦办的案件审理完成后，需要移交都察院等机关复核。都察院等部门有权对锦衣卫审理的结果提出质疑甚至推翻，《明会典》规定"法司凡遇一应称冤调问及东厂、锦衣卫奏送人犯，如有冤枉及情罪有可矜疑者，即与辩理，具奏发落，毋拘成案。若明知冤枉不与辩理者，以故入人罪论"[②]。但在具体执行过程中，司法官员迫于锦衣卫的权势，即使知道是冤假错案，也不敢推翻。弘治初年，大理寺右寺丞杨澄指出：某些疑难案件，"虽屡经驳问，该司拘泥成案，兼系镇抚司问定奏过送来拟罪犯人，事涉嫌疑，不肯辩理，往往死于非命，良为可矜"[③]。

有明一代，无数臣僚向皇帝上疏抨击锦衣卫扰乱正常的司法和监察秩序。天顺三年(1459)，"锦衣卫按弋阳王败伦事虚"，英宗"因悟锦衣卫按狱之枉"。李贤趁机揭露锦衣卫对于司法监察的粗暴干预和扭曲："锦衣卫武人粗豪，又国爪牙，即法司明知其枉，内惮之，不敢辩。乞特旨谕法司，许有枉者辩理，毋畏势避嫌。"于是英宗"召法司，临诫如贤指，人人悦服"[④]。但锦衣卫的势焰熏天显然不因英宗的一句诏令得以收敛，反而愈演愈烈。到了嘉靖初期，给事中刘济率同官指出："国家置三法司，专理刑狱，或主质实，或主平反，权臣不得以恩怨为出入，天子不得以喜怒为重轻。自锦衣镇抚之官专理诏狱，而法司几成虚设。"[⑤]上述几个案例足以说明，锦衣卫势力的延伸已经严重侵夺了都察院等机构

① 《明史》卷一六一《周新传》，第4374页。

② (明)申时行等修：《明会典》卷一七一《刑部十三》，第878页。

③ (明)戴金编：《皇明条法事类纂》卷二七《刑部类·辩明冤枉·申明强盗人命疑狱开详奏请定夺》，第486页。

④ (清)孙承泽：《春明梦余录》卷四四《刑部一》，第908页。

⑤ (清)夏燮：《明通鉴》卷五〇，嘉靖二年十一月乙卯，王日根等点校，岳麓书社，1999年，第1356页。

的司法监察权力，甚至给监察官带来人身危险，且这种情况已呈积重难返之势，破坏了朝廷的既定权力架构，严重干扰了正常司法、监察秩序。以至于后世史家编修《明史》时也感慨："举朝野命，一听之武夫、宦竖之手，良可叹也。"①

总之，宦官与锦衣卫是明代两支重要的政治力量，不可否认其在皇权的允许下参与司法和进行司法监察活动具有一定的积极意义，但其流毒更为令人瞩目。宦官及其控制下的东厂与锦衣卫往往相互勾结，擅作威福，共同贼虐善良。皇帝利用宦官和锦衣卫，达到了让二者相互制约的目的，又纵容厂卫特务机构，造成"有厂卫辑事之人，而无辑事厂卫之人"②的恶劣状况，使得二者愈加放肆，"厂卫之害，横者树威，黠者牟利，人人可为叛逆，事事可做营求"③。于是乎，监察官畏惧厂卫而不敢持正，或碍于皇帝而不能持正，司法监察自然要流于形式。倘宦官与锦衣卫合作，其对于司法监察的破坏性将愈加明显。比如，正德年间，锦衣卫钱宁受宠。宦官廖常镇河南，其弟锦衣指挥廖鹏肆恶，被监察官邓庠劾奏，武宗本已下诏将廖鹏降级安置。廖鹏惧，遂通过兄长"使其嬖妾私事宁"，最终得以留任④。正是武宗皇帝的纵容，使监察官邓庠的努力废于一旦。嘉靖年间有给事中在疏中指出，大凡厂卫交付的案件，法司哪怕明知其冤枉，也往往都是照单全收，遵照厂卫的意见进行判决，而不敢提出异议⑤。

三、阁臣干扰司法监察

内阁是明代创制的中央机构。洪武十三年(1380)，朱元璋诛

---

① 《明史》卷九五《刑法三》，第 2329 页。

② (清)孙承泽：《春明梦余录》卷六三《锦衣卫》，第 1225 页。

③ (明)谈迁：《国榷》卷一〇二，崇祯十七年八月辛酉，第 6140 页。

④ 《明史》卷三〇七《佞幸・钱宁传》，第 7891 页。

⑤ 《明世宗实录》卷一〇三，嘉靖八年七月甲午朔条，第 2418 页。

胡惟庸，顺便罢中书省，终结了秦汉以来的丞相制度。为弥补由于废相而带来的统治中枢体制缺陷，内阁应运而生[①]。仁宣之后，内阁跃出秘书、顾问班子的范畴，权力不断扩张，阁臣之地位亦不断提高。《明会典》记载内阁职权繁杂，巨细多达三十余项[②]。《明史·职官志》尊重实际，将内阁列于七卿之前，将其职权概括为"献替可否，奉陈规诲，点检题奏，票拟批答，以平允庶政"[③]。嘉靖朝，杨廷和、张璁等人相继柄政，阁臣尤其是有"独票"之权的首辅俨然汉唐宰相。万历初年，张居正当国，其死后遭到清算，首辅的权力盛极而衰。总而言之，在明代中央权力网络中，阁臣作为一股重要的政治势力，对明代政治产生了举足轻重的影响。

政治是争权夺利的斗争。权之所在，争斗必汹。御史、给事中等监察官虽然地位不高，但几乎可以介入每一件朝廷大事，故任何政治势力都不敢等闲视之。不但皇帝及其家奴想控制监察机构及其官员，阁臣往往也想控制监察官员为其所用。于是，阁臣首先会尽力选择亲信担任台长，牵掣监察官。如阁臣贤良，则监察官大多能有效地绳愆纠缪；如阁臣不肖，则监察官往往会为虎作伥。如嘉靖后期，严嵩力推心腹欧阳必进从工部尚书转任都御史。万历初年，张居正掌权，因为看中陈炌，遂将其从吏部左侍郎升为左都御史。陈炌在权臣的眷顾之下，得到提升，自然甘为心腹，为其效劳，"希权臣指，论罢御史赵耀、赵应元"即是其中一例[④]。其次，权臣豢养科道以为私人。例如，严嵩"握权久，遍引私人居要地"[⑤]。杨继盛揭露严嵩招权纳贿、培植私人："嵩于进

① 详参朱声敏：《论明代内阁宰相化之必要性》，《天水行政学院学报》2008年第5期，第109—111页。

② （明）申时行等修：《明会典》卷二二一《翰林院》，第1096—1098页。

③ 《明史》卷七二《职官一》，第1732页。

④ 《明史》卷二二七《郭惟贤传》，第5968页。

⑤ 《明史》卷三〇八《奸臣·严嵩传》，第7918页。

士之初，非私属不得与中书行人之选。知县、推官，非通贿不得与行取之列。考选之时，又择熟软圆融出自门下者，方补科道。至五六年，无所建白，即升京堂方面。故科道诸臣，宁忍于负皇上，不敢忤权臣也。是皇上之耳目，皆贼嵩之奴仆。”①

一旦监察官忤逆阁臣，后者便会利用权力对前者进行排斥甚至清洗。如景泰年间，御史王豪在处理阁臣陈循争地案件中得罪陈循，陈循遂趁王豪受讦之机，疏请将其外谪。幸好御史朱英上疏言：“若如诏书，则凡遭御史抨击之人，皆将挟仇诬讦，而御史愈缄默不言矣。”②法司也支持朱英的意见，代宗不得已将王豪官复原职。孝宗刚即位，内阁首辅刘吉屡遭监察官弹劾，试图笼络监察官未遂，便“数兴大狱”，将数名活跃的给事中、御史贬谪，致“台署为空。中外侧目，言者亦少衰”③。嘉靖初期，张璁、桂萼借世宗之手，“命吏部勒科道互相纠拾，时考察内六科已去四人，十三道已去十人矣”④。科道互纠加强了世宗和权臣对科道官的控制，动辄对其打压，必然严重影响科道官积极性的发挥。

阁臣往往都是皇帝身边的红人，深受皇帝宠信，所以当阁臣胡作非为、败坏纲纪之时，虽不乏浩然正气的监察官奋起指斥，交章弹劾，然而其结果往往还是以监察官的落败而告终。例如，嘉靖中期，杨继盛弹劾严嵩被迫害致死，兵科给事中吴国伦同情杨继盛，“忤严嵩”，被严嵩假他事外放⑤。沈炼得罪了严嵩，也被害死。到了隆庆年间，士大夫继续追究严嵩党羽罪行，本来“路楷、杨顺以构杀沈炼论死”，但是阁臣高拱欲开释路楷，遭到给事中舒

---

① 《明世宗实录》卷三九三，嘉靖三十二年正月庚子条，第 6911 页。

② 《明史》卷一七八《朱英传》，第 4740 页。

③ 《明史》卷一六八《刘吉传》，第 4528 页。

④ （明）申时行等修：《明会典》卷一三《吏部 · 京官考察》，第 80 页。

⑤ 《明史》卷二八七《文苑三 · 吴国伦传》，第 7378 页。

化反对，高拱怒而将其“出为陕西参政”①。在阁臣的淫威之下，监察官纠察百司、激浊扬清、平反冤屈的功能必然无法正常发挥。

第二节　官场陋习对司法监察的影响

明代各项法律制度都空前完善，但天下承平日久，法行既久而蠹弊益滋，难免人情玩惰，废弛成风。吕坤说：“天下国家之存亡，身之生死，只系敬、怠两字。敬则慎，慎则百务修举；怠则苟，苟则万事隳颓。自天子以至于庶人，莫不如此。”②遗憾的是，封建官场就是无法让官吏“敬”，更是无法让官吏祛除“怠”。具体到司法监察领域，因循守旧、明哲保身、贪污贿赂等官场陋习愈演愈烈，使得司法监察流于形式而无法实现激浊扬清、辩明冤枉的目的。

一、监察官因循守旧、明哲保身

官场作为一个政治生态环境，关系网络在其中扮演重要角色。为官者处于复杂的关系网络之中，年久日深，不得不考虑和照顾到各种关系，形成因循守旧、明哲保身、遇事推诿、官官相护的诸多官场陋习，严重影响政务活动的进行。

因为监察机构职司监察，监察官的工作本质上就是对别人进行制约，容易引发监察对象的不满和打击报复。成化五年(1469)，徐州儒学学正聂荣就在奏疏中说过“赃奸官吏辄便写空装诬讦奏，声动朝廷，将御史一概拿问”的情况，还提及御史徐裴受诬导致众巡按心灰意懒之事，指出其后果是“天下百司官吏得以恣肆赃贪，而小民难以安享富庶矣”。朝廷遂立“被劾赃官不许

---

① 《明史》卷二二〇《舒化传》，第5794页。

② (明)吕坤：《吕坤全集·呻吟语》卷一《内篇·存心》，第623页。

讦奏巡按御史例”[①]。尽管如此，这种情况并没有得到有效杜绝。几年之后，湖广道监察御史戴缙在即将卸任之际也上书，诉说“巡按等御史往往被其摭拾诬奏下狱”的情况屡次发生，“使初事官者一遇此辈，未免曲为宽贷，图免装诬。风宪之官从兹委靡，是以人无忌惮，奸恶日滋”[②]。前车之鉴，让有的监察官担心惹祸上身，害怕招致报复，在监察工作中就明哲保身，凡事畏手畏脚、睁只眼闭只眼，不求有功，只求远离麻烦。景泰年间，张纯疏中揭露当时监察官缄默畏缩的风气，其曰：“近年以来，风宪所谓邦之司直，岂可以平流迁序？内外风宪，多不得人，或庸陋委靡，或奸狡谲诈，或缄默畏缩，或因循苟且，此辈比比皆是，尚何望其激浊扬清、绳愆纠缪哉？”[③]弘治元年(1488)，有御史指出两京十三省巡按御史等恤刑官员因担心苦主纠缠或诬告而“拘于成案”，不肯认真辩理。其曰：“每年问过凌迟斩绞罪重囚，陆续开详前来或至一二百名者有之，或至二三百名者有之。所犯罪名，虽系强盗人命居多，中间人命无尸、强盗无赃者不知几何。自颂诏书，今已经半年之上，其各该原问衙门开奏百仅一二，岂人命俱皆有尸，强盗各有赃？推原其故，恐是各该官员或威逼嫌疑，或拘泥成案。人命或惧苦主伸诉，而不敢与其理，强盗或因失主诬执，而不肯为之追究，以致下有冤民，上辜恩典。”[④]可见，面对难以预料的职业风

① (明)戴金编:《皇明条法事类纂》卷三九《刑部类·诬告·被劾赃官不许讦奏巡按御史例》,第564—565页。

② (明)戴金编:《皇明条法事类纂》卷三九《刑部类·诬告·官吏军民人等问罪允当捏词装诬风宪官者原问充军发极边卫分充军为民者发口外为民若风宪官假公营私不称职者考劾罢黜例》,第592页。

③ (明)张纯:《复仇疏》,(明)陈子龙等选辑:《明经世文编》卷二三《张刘二公疏》,第178页。

④ (明)戴金编:《皇明条法事类纂》卷三八《刑部类·告状不受理·禁约在外都指挥等官私家滥受词讼并司府州县酷刑及科罚例》,第496页。

险，许多圆滑世故的监察官会选择向同僚、权贵妥协，游刃有余地周旋于名利场所。其明哲保身的官僚作风在降低自身的仕途风险之同时，也严重降低了司法监察的效能。

官场因循苟且、明哲保身的陋习，还体现在会审之时，监察官附和原审结论、敷衍应付，无所作为。成化十六年(1480)，刑科都给事中王坦上书指出“每年秋后会审重囚，少不下百余，亦不过一二时刻审毕了当。……所司亦有不体朝廷重大辟之意，平刑罚之仁，往往狃于成案，不与伸理，致使下年会审犹有冤枉。”他提出解决办法，要求审录官员“不得仍前止据原拟，视为泛常，虚应故事”[①]。尽管宪宗首肯了其意见，诏令“重囚务加详审，不许狃于成案”，但官场积习岂是一纸诏书所能改变。嘉靖年间，有官员指出：“祖宗初设都御史以纠劾百僚，其后都御史与六卿皆同僚，人情稳熟，故弹多不行……”[②]一旦有事，监察官员与原问官员官官相护，一起腐败堕落，哪里还能谈什么主持公道、辩明冤枉？

在因循守旧、明哲保身风气之下，官场之中衮衮诸公，纷纷依阿软熟、缄默圆滑，至于执法是否持平、冤屈能否洗刷，不是他们考虑的重点，他们更不能因此影响其功名利禄。嘉靖年间的卢柟冤案可为例证。卢柟因得罪知县蒋宗鲁被诬杀人入狱，拟死罪，后被巡按樊公发现疑窦，改拟徒刑三年，但不久其他机构又改判死刑。因为案情可疑，又因蒋知县后来升任给事中，所以尽管卢柟到处诉冤，几位巡按也轮番复审，终无人敢作出定论。直至十年后陆光祖出任知县，方才将其开释出狱[③]。试想，倘若不是陆

---

① (明)戴金编：《皇明条法事类纂》卷三七《刑部类·辩明冤枉·重囚务加详审不许狃于成案及在外窃盗有犯不许一概打死》，第476页。

② 《明世宗实录》卷九〇，嘉靖七年七月庚寅条，第2073页。

③ 详参李洵：《说“卢柟之狱”》，《史学集刊》1994年第3期；连启元：《明代卢柟狱案下的刑案审判与文人网络》，《明史研究论丛(第十辑)》，2012年。

光祖以过人的胆识发奸摘隐，敢于承担责任，再来几个巡按必然也是因循前任，依样画瓢、敷衍而过。

二、监察官懒惰贪逸、昏聩阘茸

监察官员懒惰贪逸、昏聩阘茸也是明代司法监察实践中的常见现象。一个负责的司法监察官员必须精明强干，且勤于推敲、多方斟酌，方能“不令死者有不白之冤，生者有误入之辟”[①]。英宗遣监察御史张骥等往各处审录，就敕之曰：“尔等须亲临犯人乡里，阅其原发及翻异情词，详询里老、旗甲之人，既得其实，即令监候，类奏处决，不许展转，诖累平人。果系冤枉，即与辩理。如有情罪可疑，难于剖判，具实奏来。”[②]遗憾的是，很多监察官本身阘茸无能，又贪图闲逸，对待工作不细心，缺乏耐心，草草结案，致使颠倒黑白、出入人罪。

本来，作为皇帝钦差，“御史必遍历郡邑，然后官吏之否臧、生民之休戚可得而知”[③]。《宪纲》亦明确规定风宪官出巡审囚刷卷，必须遍历，尤其对于死刑重事，必须亲审。然而风宪官的现实表现着实令人失望。成化年间，副都御使余子俊弹劾某些风宪官员：“勘问词讼，不行亲到，擅委下僚小官取勘，多致好官陷于有罪，皆因按察司分巡等官畏避边方遥远，及见声息紧急，不肯亲诣地方推问，止凭属官勘报，朦胧问理，以致情多不实，小人得肆。”[④]还有的监察官昏聩阘茸，偏听偏信，理讼无方，“拘于成案，拘于原拟，或凭仇嫌之人执泥供指；或被浮狂之词感听倾陷，增节

---

① （明）毛一鹭：《云间谳略》，杨一凡、徐立志编：《历代判例判牍》第3册，中国社会科学出版社，2005年，第468页。

② 《明英宗实录》卷七八，正统六年夏四月甲午条，第1553页。

③ 《明世宗实录》卷一〇九，嘉靖九年正月乙卯条，第2573页。

④ （明）戴金编：《皇明条法事类纂》卷三七《刑部类・告状不受理・在外词讼有奏诉诬枉者法司即与勘办例》，第531—532页。

事状，移情就法，转致太深，遽难开释”[①]。可见，由于监察官懒惰无能，致使地方上错案累累，诬告盛行，不但加深了司法黑暗程度，且造成官场逆淘汰，进一步恶化了政治环境。

嘉靖六年(1527)张璁给世宗的疏中指出：“近来巡按差出者，半年未见莅任，交代者旬月不出省城……亦有不亲受理、转委下司者。”正是“官非其人，法多废弛”[②]。嘉靖九年(1530)，都察院右都御史汪鋐提出“巡按约束十二事”，其中之一即“亲听断。今后御史奉本院牒行亲提人卷勘问冤狱者，务须遵依提吊人卷，虚心秉公自行勘辩，不得转委他官及酷加拷掠”。尽管世宗下诏：“旧章成法具载《宪纲》，朕已屡谕举行，而人心怠玩如故，览疏深切时弊，俱准行。”[③]但正如世宗所说“人心怠玩如故”，所以一纸诏书也不可能收到多大的效果。

更有甚者，遇到小民喊冤，有监察官干脆以种种借口将其拒之门外。宣德八年(1433)，御史张鹏奏：“福建按察司不以伸冤理枉为职，每听民讼，辄援越诉之例发遣戍边，致民含冤无告。”[④]成化十一年(1475)，有官员上疏指出江西地方小民赴御史处伸冤，巡按御史却以“曾经司府州县里老剖判过”为由俱不行准状[⑤]。监察官完全将自己绳愆纠缪、辩明冤枉的职责抛诸脑后，以致小民含冤受苦、屈抑莫伸。

有的监察官虽受了状，但不能认真研磨，疏于明察，反致好人遭殃而让坏人得意。成化八年(1472)，御史杨守随向朝廷报告某

---

① (明)戴金编:《皇明条法事类纂》卷四七《刑部类·有司决囚等第·五年一次奏请差官两直隶及各布政司审录例》，第887页。

② (明)张璁:《张璁集·奏疏》卷三《申明〈宪纲〉》，张宪文校注，上海社会科学院出版社，2003年，第88页。

③ 《明世宗实录》卷一〇九，嘉靖九年正月乙卯条，第2575—2576页。

④ 《明宣宗实录》卷一〇〇，宣德八年三月壬申条，第2247—2248页。

⑤ (明)戴金编:《皇明条法事类纂》卷四八《刑部类·断罪不当·缺题》，第931页。

些官员本清正守法，认真执法，却因得罪刁顽之徒，被后者以“架捏暧昧、赃私事情讦告在官”，监察官员昏聩无能，徇情妄为，替其“雪冤”，反而使得原来持正的司法官吏被论罪。杨守随还指出某些巡按御史“行属州县，官吏失于逢迎，或事诖误，乘怒黜罢”，不但不能辩明冤枉，反而颠倒是非、罪及无辜、堕废公道[①]。

会官审录，本是司法监察的重要方式。但是很多时候也因会审官员懒惰贪逸而徒具形式。弘治十二年(1499)，南京吏部尚书倪岳上疏指出：“比岁差官审录，往往便道过家，故狱事不及致详。”[②]弘治十三年(1500)四月，监察御史刘芳等官员指出：“五年一遣法司官审录罪囚，该部推举之间，率徇私情。差去官员，或经事未多，不谙律意，或过家欲速，苟具文书。乞敕法司今后务选廉平练达者分道会审，必求情实，毋拘成案，若蹈前弊，罪有所归。”[③]弘治十七年(1504)，兵科给事中潘铎在疏中指出一个令人惊诧的事实，即“每岁会官审录重囚，率以一日竣事”。潘铎感慨：“然人命至重，今该审之囚众多，如拘以一日，则不得从容详审。衔冤地下者，能保其必无乎？”[④]到了嘉靖四十四年(1565)，刑科给事中王渲等人也上书指出朝审时间太短，“原案未读，囚词未终”，会审官员就囫囵吞枣地作出了评判，往往一天之内，几十人甚至上百人就这样“造次而毕”[⑤]。据此可推断，当时监察官员以时日为限匆匆作出裁断应是普遍现象。京师会审的官员如此，除京外审录的官员也是如此。万历十五年(1587)，都察院左都御史詹仰庇请求朝廷强调御史出巡要详慎审录：“案临会审，必从容细

---

① (明)戴金编:《皇明条法事类纂》卷三七《刑部类·辩明冤枉·官吏被诬贪淫许伸诉辩理选用例》,第462页。

② 《明孝宗实录》卷一五〇,弘治十二年五月乙酉条,第2655—2656页。

③ 《明孝宗实录》卷一六一,弘治十三年四月癸丑条,第2908页。

④ 《明孝宗实录》卷二〇八,弘治十七年二月甲午条,第3859页。

⑤ 《明世宗实录》卷五四七,嘉靖四十四年六月己卯条,第8881页。

阅，使罪人尽言执辩，不得拘审日完事以致疏略。”①

三、监察官拉帮结派、党同伐异

拉帮结派、官官相护也是官场痼疾，严重损害司法权威和监察效能。弘治年间，南京兵部郎中娄性因为贪污官银等不法行为被人揭发，孝宗命刑科给事中任伦、刑部郎中盛洪、锦衣卫千户赵良、御史刘玮等人审问。不料任伦等问官竟为娄性“阿附掩饰”，南京兵部主事姚玺甚至为其“潜易案卷”②。

巡行在外的监察官权重位尊，且缺乏监督，很容易与地方官吏、豪强沆瀣一气，勾搭成奸。弘治七年(1494)，户科右给事中王纶上疏报告：“近年在外官多有贪酷不仁，图小利而故勘平人，逞私忿而非法凌虐。”其请求孝宗整顿朝纲，加强司法监察③。朝廷的答复是：“酷刑官员其令巡抚等官严加访察，依法问拟，奏闻处治，不许轻纵。”④隆庆时，吏部奏言：“其在外巡按御史，往往以进士推官、知县有科道之望，引为私人，阴授以廉访之柄，二司贤否，悉出唇吻，少有不悦，遂成萋菲。二司畏惧，奉承之不暇，而何暇问其政事之得失乎？体统既乖，法度尽废，害政莫甚于此。”⑤御史拉帮结派、招权纳贿，与外官沆瀣一气，已由原先守法公谨、介直敢言的“风霜之吏”堕落为“柔媚庸懦而无为者”⑥。

明代司法监察的失灵，还在于监察官党同伐异，沦为党争的工具而受意气左右，无力承担澄清吏治、分清是非的重任。晚明

---

① 《明神宗实录》卷一八九，万历十五年八月戊寅条，第3550页。
② 《明孝宗实录》卷八八，弘治七年五月戊戌条，第1626—1627页。
③ 《明孝宗实录》卷八六，弘治七年三月丁酉条，第1599页。
④ 《明孝宗实录》卷八六，弘治七年三月丁酉条，第1600页。
⑤ (明)余继登：《典故纪闻》卷一八，第339页。
⑥ (明)张萱：《西园闻见录》卷九七《听讼·前言》，《续修四库全书》第1170册，第258页。

政治突出的特点便是朝局混乱，党派林立，党争的激烈程度超过了以往历史上任何一个王朝①。监察官在党争中扮演了举足轻重的角色。其实，监察官依附权臣，成为权力角逐的重要力量，这种苗头在嘉靖末年开始出现，“世宗之季，门户渐开。居言路者，各有所主，故其时不患其不言，患其言之冗漫无当，与其心之不能无私；言愈多，而国是愈益淆乱也”②。至隆庆年间，阁臣之间的明争暗斗日趋激烈。到了万历末年，除了东林人士，还有齐、楚、浙、昆党以及后来这些团体投到势力膨胀的魏忠贤门下而形成的阉党。齐、楚、浙、昆党的党魁皆为科道官，都是一度控制内阁、六部、都察院的政坛核心人物③。天启前后，党争达到炙热程度④，监察官成为各个集团争相抢夺的重点。他们因地缘、学缘或共同利益结成朋党，甚至有的监察官还因追逐名利而去巴结权贵、巨珰。他们高举忠君为国的旗帜，利用职权排斥异己，沦为党争的工具，成为各党的中坚力量。

清代学者赵翼指出明代言路习气先后不同，大略而言，“自洪武以至成化、弘治间，朝廷风气淳实，建言者多出好恶之公，辨是非之正，不尽以矫激相尚也”，“正德、嘉靖之间，渐多以意气用事”⑤。监察官与其他官员拉帮结派，甚至与权臣、权珰深相结纳，为一己私利而意气用事，唯问阵营，不论是非曲直，必然导致监察职能发挥失常，加速明朝的灭亡。

---

① 朱子彦：《论明代的内阁与党争》，《社会科学战线》1996 年第 1 期，第 149 页。

② 《明史》卷二一五《赞曰》，第 5690 页。

③ 朱子彦：《论明代监察制度》，《探索与争鸣》2005 年第 4 期，第 85 页。

④ 详参（日）小野和子著，李庆、张荣湄译：《明季党社考》，上海古籍出版社，2006 年。

⑤ （清）赵翼：《廿二史札记》卷三六《明史・明言路习气先后不同》，中国书店，1987 年，第 506 页。

四、贪腐堕落的官场风气

清廉正直乃士人为官之本。明代官箴曰:“惟士之廉,犹女之洁。一朝点污,终身玷缺。”[①]作为监官之官的监察官,清廉正直更是必需的品质。明初朱元璋就立下御史当“慎选贤良方正之人”的规矩[②],明成祖告诫都御史陈瑛曰:“御史当用清谨介直之士。清则无私,谨则无忽,介直则敢言。不能是者,悉黜之。”[③]以御史为代表的监察官为百僚表率,自身不正则难以正人,倚法为奸,更是无法履行国家权力。故而宣宗训诫都御史顾佐等曰:“风宪官须守法乃能以法治人。”[④]“御史以法治人,先当自治自身,违法何以责人!”[⑤]因此,明代对于御史的选任制度是非常周密的。有明一代,因品行端正入选御史者为数不少[⑥]。典型的如嘉靖年间的都御史李承勋,“官四十年,家无余资”[⑦]。然而,历来官场贪墨者多,而清廉者少。加之明代官俸之低前古未有,“俸给之薄而无以赡其家”[⑧]。缘此,贪贿之风贯通有明一代,且愈演愈烈。据叶盛所说,大明立国伊始,就存在“赃吏贪婪,如蝇蚋之趋朽腐,蝼蚁之慕腥膻”的现象[⑨]。

明代中期以降,商品生产及交换空前发达,商业资本空前活

---

① (明)徐榜:《宦游日记·训廉》,《官箴书集成》第2册,黄山书社,1997年,第381页。

② (明)申时行等修:《明会典》卷二〇九《都察院一·急快选用》,第1045页。

③ 《明太宗实录》卷五三,永乐四年四月甲申条,第798页。

④ 《明宣宗实录》卷七九,宣德六年五月己巳条,第1826—1827页。

⑤ 《明宣宗实录》卷八一,宣德六年秋七月癸酉条,第1878页。

⑥ 毛圣泰:《论明代监察御史选任的五维建构》,《南昌大学学报(人文社会科学版)》2015年第4期,第117页。

⑦ 《明史》卷一九九《李承勋传》,第5266页。

⑧ (清)顾炎武著,(清)黄汝成集释:《日知录集释》卷一二“俸禄”,第707页。

⑨ (明)叶盛:《水东日记》卷一一“记王轸父家书事”,第115页。

跃。商品经济的繁盛直接撞击社会生活，激发了人们贪图享乐的欲望。值得注意的是，明代中后期阳明心学的出现和发展也刺激了社会传统价值体系，客观上为论证奢靡有益提供了理论依据。王阳明开创心学，有着“明确的现实针对性”。其初衷本是挣脱程朱理学的桎梏，然其强调“良知”，“将心性本体讲得过于轻巧、简易，并过分宣扬了个性解放”[①]，在当时具有社会批判意义，是心学战胜理学的有力武器，却也埋下了心学空谈心性的弊根。其弟子王艮创立泰州学派，更加强烈地反对束缚人性[②]，“为追求财富和私利的社会新思潮提供了强有力的理论根据”[③]。阳明心学和泰州学派的异端学说，使传统的价值标准、伦理道德规范失去了普遍的约束力，人们的自我意识觉醒，个性得到解放，然而也导致个人私欲的急剧膨胀，“由灭欲走到了纵欲的极端”[④]。于是，社会上崇俭斥奢等传统观念逐渐被抛弃，人们崇尚金钱，甚至用金钱来衡量人际关系。这种思想折射到官场上，原有的“君子言义不言利”等价值观念受到了严重的挑战，有论者认为正德、嘉靖之际，士人“人际交往的目的和重点由谈文论道转向了利益索求”[⑤]。从皇帝、阁臣到州县小吏，也是物欲横流、追功逐利，肆意敛财、拼命贪腐的现象比比皆是。如嘉靖年间的右佥都御史阮鹗“敛括民财动千万计，帷帟盘盂率以锦绮金银为之”[⑥]。杨继盛揭露严嵩卖官鬻爵，“凡文武迁擢，不论可否，但衡金之多寡而畀

① 姚才刚：《刘宗周》，陕西师范大学出版社，2017 年，第 117 页。

② 详参袁名泽主编：《中国思想史纲要》，西南交通大学出版社，2017 年，第 187—191 页。

③ 毛佩琦主编：《中国社会通史·明代卷》，第 546 页。

④ 详参李冬英：《明清风气与李渔小说创作》，山西人民出版社，2008 年，第 31 页。

⑤ 牛建强：《明代社会研究》，上海人民出版社，2018 年，第 23 页。

⑥ 《明史》卷二〇五《阮鹗传》，第 5415 页。

之”,“贿赂者荐及盗跖,疏拙者黜逮夷、齐”[①]。

监察官群体自然也无法避免官场风气的影响,“蛀虫”遍布,因受贿而枉法的情况不胜枚举。如成化四年(1468),陕西按察司副使王凯“按部至高陵县,召富平县吏传言知县苏鉴市木修治公廨”,苏鉴遂“敛银四十两往馈”,王凯之子受之[②]。嘉靖三十二年(1553),科道官弹劾右副都御史楚书“侵盗官银并多不经之费”,结果楚书降秩一级,调外任[③]。嘉靖四十年(1561),吏科给事中胡应嘉劾奏御史于业贪墨,“廉耻扫地,冒居要秩,有玷清班”[④]。到了晚明,原本该是反腐倡廉排头兵的监察官群体,在各种因素共同作用之下,成了堪称贪污受贿的主力军。尤其是身为皇帝近臣、位卑权重的给事中,最容易成为被“围猎”的对象。崇祯年间,有官员就向皇帝汇报:“县官为行贿之首,给事为纳贿之尤。”[⑤]对于代天子巡狩的巡按御史,晚明时期有官员无情地揭露道:“朝廷每遣一人出差,即是其人养活之计……上下之间,贿赂公行,略无畏惮,剥下媚上,有同交易。贪污成风,恬不为怪。”[⑥]万历后期,给事中刘文炳弹劾巡按两淮御史徐缙芳“赃至巨万”[⑦]。崇祯年间,大臣梁廷栋奏称:“巡按查盘、访稽、馈遗、谢荐、多者至二三万金,合天下计之,国家遣一番巡方,天下加派百余万。”[⑧]由此可见,当时以权谋私、借案敛财的思想观念和官场习惯已经侵蚀社

---

① 《明史》卷二〇九《杨继盛传》,第5540页。

② 《明宪宗实录》卷五五,成化四年六月戊戌条,第1112—1113页。

③ 《明世宗实录》卷四〇二,嘉靖三十二年九月癸亥条,第7047页。

④ 《明世宗实录》卷四九五,嘉靖四十年四月戊申条,第8215页。

⑤ 《明史》卷二五八《韩一良传》,第6656页。

⑥ (明)邹缉:《奉天殿灾疏修省实政》,(明)陈子龙等选辑:《明经世文编》卷二一《邹李二公疏》,第164页。

⑦ 《明神宗实录》卷五〇八,万历四十一年五月乙亥条,第9629页。

⑧ 《明史》卷二五七《梁廷栋传》,第6627页。

会肌体到了何种地步！监察官自身污浊不堪，自然无力承担澄清吏治、雪冤释诬的重任。万历十五年(1587)，阁臣奏报各地灾伤，神宗曰："近来有司官贪墨，不恤百姓，刑狱多冤，抚按不为伸理，致伤害和气。惩贪墨、理冤狱是第一事。"[①]在神宗看来，各地官吏贪墨渎职严重影响了司法监察，才导致冤狱泛滥。

五、朝廷对监察官的考察、追责流于形式

从朱元璋开始，明朝就建立起来了较为细密、完善的官员考察、追责制度，很早就已经形成所谓的"考察八法"。遗憾的是，随着承平日久，整个政治风气趋于恶化，上恬下嬉，官德底线、责任标准不断降低，御史、给事中对自己的要求却日益松弛，作奸犯科的现象愈演愈烈。与此同时，朝廷对于贪官污吏的容忍度不断提升，朝廷对于官吏的考核日益流于形式。明中期以后，考核条款更堪称"形同虚设"[②]。嘉靖四十二年(1563)，吏部上疏向世宗汇报考察中的弊端，曰："考课之法……具法善矣。但行之厥久，渐失其初。盖由内外遇缺即行推补，填注考语率多溢辞。久任既不能行，评骘又无所据。名虽考课，徒具虚文。"[③]既然考核已是弄虚作假、虚应公文，纵然发现问题，追究责任自然也是敷衍了事。早在弘治六年(1493)，吏部、都察院会同考察天下官员，本当罢黜、调用者共两千五百多员，孝宗皆宽之宥之。尚书王恕等坚请如例处罚，孝宗不以为然，曰："人才难得，事贵得实，人贵改过。"[④]万历年间吕坤指出："如今天下人，譬之骄子，不敢热气，唐

① 《明神宗实录》卷一八九，万历十五年八月庚申条，第3538页。

② 刘祥学：《耳目之坏：从御史选用制度的演化看明代政治走向》，《史学集刊》2020年第3期，第13页。

③ 《明世宗世录》卷五二八，嘉靖四十二年十二月庚戌条，第8614页。

④ 《明孝宗实录》卷七一，弘治六年正月己丑条，第1337页。

突便怫然起怒。缙绅稍加综核则曰苛刻，学校稍加严明则曰寡恩，军士稍加敛戢则曰陵虐，乡官稍加持正则曰践踏。”[①]其又曰：“古之官人也择而后用，故其考课也常恕，何也？不以小过弃所择也。今之官人也用而后择，却又以姑息行之，是无择也，是容保奸回也。”[②]于是乎，大家上下夤缘，苟且度日，明王朝就在一片“和气”中逐渐走向灭亡。

以上是对文官集团泛泛言之，监察官则还要接受专门的考察。明代前期君主比较英明，政治生态良好，御史、给事中、按察司官尚能恪尽职守，较为严格地按照法令来行使监察职权，违法者往往也受到严厉处罚。但是，伴随着整个政治环境恶化，朝廷对御史的考察亦难免走样。嘉靖六年(1527)，内阁首辅杨一清指出：“御史巡按，一年满日，堂上官考其有无赃私坏法，推奸避事，方许回道管事，此见行事例也。近年堂上官不能振扬风纪，及为属官所制，此例虽存，不闻黜罢一人，所以人不知警。”[③]嘉靖九年(1530)，世宗切责都察院“堂上官不能振扬风纪，避谗远怨”[④]。嘉靖十二年(1533)，都御史王廷相等官在张璁、汪鋐之后再次“奉诏申明《宪纲》”，世宗曰：“申明《宪纲》事宜，先有旨令各巡按御史及按察司官从实举行矣。第迩者掌院官多务姑息，不为核实考察，以致按臣纵恣抗违、按察司官因循畏怯，全不举行。今如拟，通行晓谕，各务以实应。违者，御史考核罢黜，按察司官指名参奏。”[⑤]但是，对于御史、按察司官的考察依然没有得到认真执行。到了万历年间，张居正掌权，很多时候干脆连考察的形式都免了，

① (明)吕坤：《吕坤全集·呻吟语》卷五《外篇·治道》，第822页。

② (明)吕坤：《吕坤全集·呻吟语》卷五《外篇·治道》，第842页。

③ (明)杨一清：《杨一清集·阁谕录》卷一《奏对·论考选御史奏对》，唐景绅、谢玉杰校点，中华书局，2001年，第838页。

④ 《明世宗实录》卷一〇九，嘉靖九年正月乙卯条，第2573页。

⑤ 《明世宗实录》卷一五四，嘉靖十二年九月辛丑条，第3482页。

“按臣回道考察，苟非有大败类者，常不举行，盖不欲重挫抑之”[①]。万历十五年(1587)，左都御史詹仰庇疏陈御史出巡事宜，包括“整饬纪纲”“亲审词状”等十四条，尽管世宗诏令：“今后巡按御史，敢有任情行事，不遵《宪纲》者，该院从实查参，于回道考察之日分别议处。”[②]但也不过流于形式而已，不可能起到实际效果。具体事例，如万历四十一年(1613)，工科给事中刘文炳弹劾巡按两淮御史徐缙芳“赃至巨万”，但三次上疏，神宗竟毫无作为。后来，署都察院事刑部左侍郎张问达实在忍不住了，上疏指出：徐缙芳贪污之事“官箴所系，国宪攸关，可悠悠泛泛，竟置之不问乎？”神宗方才感到压力，“命巡按御史逮治”[③]。然而，据《实录》记载，次年五月，“工科给事中刘文炳疏劾两淮巡盐御史徐缙芳纳贿，秽迹赃私计数十万。不报”[④]。再过了大约两年，《实录》又记载“刘文炳劾奏两淮巡盐御史徐缙芳贪秽状”，神宗方才“命抚按勘问以实闻，诏削籍为民”[⑤]。尽管御史徐缙芳“赃至巨万”，倘若不是给事中刘文炳再三劾奏，倘若没有署理都察院长官张问达的仗义执言，徐缙芳估计就逍遥法外了。而且，从第一次遭受弹劾到“削籍为民”，历时竟长达三年之久。可想而知，在司法监察领域，还有多少渎职监察官没有受到追责，继续其因循苟且、敷衍了事的官场生涯。

考核与追责的失效无疑大大助长了监察官的腐化之风，鼓励了监察官与监察对象同流合污，不再认真履行职责，甚至自己作奸犯科，将监察公器视为谋取名利的工具，从而进一步恶化官场

---

① 《明史》卷二二九《刘台传》，第5991页。

② 《明神宗实录》卷一八九，万历十五年八月戊寅条，第3550页。

③ 《明神宗实录》卷五〇八，万历四十一年五月乙亥条，第9629页。

④ 《明神宗实录》卷五二〇，万历四十二年五月丁卯条，第9805页。

⑤ 《明神宗实录》卷五四四，万历四十四年四月甲寅条，第10329页。

风气，给司法监察添上更为黑暗的底色。

第三节　监察官制度弊端对司法监察的影响

明代监察制度空前严密，但对于监察官的职责范围和培养制度的规定，却存在巨大弊端。

一、监察官人手缺乏，难以承担广泛的职责

众所周知，中国古代在政治与经济上践行“精兵简政”“轻徭薄赋”的统治方略。根据张晋藩先生统计，中国古代职官编制受人口总数影响和制约，唐、宋、元、明、清五朝中，唯宋代职官滥设，其余四朝官员与总人口的比例均保持在1∶3000—1∶2000之间。他认为：“超过这个比例，民力便不堪承担。”[①]在“恭俭节约，务从约省”的政治喧嚣之下，明朝廷也保持着精简的监察官队伍。正统四年(1439)，朝廷定例“凡监察御史巡按，许带吏书一名；照刷文卷，许带人吏二名。若应用监生，临期奏请”。按察司除了按察使一人，虽可以设副使、佥事若干人，但朝廷也规定“按察司官分巡，许带吏典二名、承差一名，皆须官吏、监生承差同行，不许相离”[②]。

与如此精简的人手形成巨大反差的是，明代监察官却承担异常繁重的政务。明初《诸司职掌》详细列举了巡按御史的职责，包括审录罪囚、纠劾官邪、照刷文卷等[③]。根据嘉靖十三年(1534)审定的报告格式，巡按御史回道考察，需要详细报告的事情包括：荐举过文武职官、礼待过文武职官、纠劾过文武职官若干员等共

---

① 张晋藩：《论中国古代的职官编制法》，《中国法学》1993年第2期，第100页。

② (明)申时行等修：《明会典》卷二一〇《都察院二・出巡事宜》，第1049页。

③ 《诸司职掌・都察院》，第327页。

二十八项之多，涉及政治和社会领域的方方面面，且每项“俱要开具查勘过实事缘由”，“明白开报”。朝廷还强调某些事项的特殊要求，如荐举官员时，“各官廉勤公谨，俱要指摘所行实事若干件开报，不得用笼通考语塞责”[①]。可见其任务之艰巨。早在宣德年间，就有官员指出：“御史巡按一方，职在纠察官吏、锄剔贪邪、伸理冤抑、咨询民俗、宣布政化，责任甚重，非有司可比。”[②]不但如此，除上述常规工作之外，朝廷还常指派巡按御史进行诸如筹集军饷等专项事务或应对突发事件。宣德四年(1429)，河南道御史徐训就指出：“近年以来，五府六部，凡有公事未完，不分大小轻重，辄便拟奏委任巡按御史催办。”他认为这样会影响巡按御史履行监察职责，“非重风宪之职矣”[③]。尽管宣宗表示赞成该意见，但终明一代巡按御史承担专门差遣的现象仍是普遍存在。

本书第三章已经详述，明代巡按本职司监察，但宣德之后权力日益增大，责任日益加重。以至于巡按御史俨然地方长官，一些本属地方官分内之事，巡按御史也往往越俎代庖。不但平时地方兴修水利、建造牌坊、巩固城墙由巡按御史主持，很多非常事项也是巡按御史来负责推行。如庞尚鹏巡按浙江，既“搏击豪强”，“按治乡官吕希周、严杰、茅坤、潘仲骖子弟僮奴，请夺希周等冠带”，又因“民苦徭役，为举行一条鞭法”[④]。故成化年间，有官员指出：“御史巡按，祖宗成宪也。一方得一人，则一方倚赖之，一年得一人，则一年倚赖之，不得其人则否，其所任不既重乎！”[⑤]

巡按御史如此事多责重，作为“外台”的按察司亦是如此。洪

① (明)申时行等修：《明会典》卷二一一《都察院三·回道考察》，第1054页。
② 《明宣宗实录》卷五九，宣德四年冬十月乙酉条，第1403页。
③ 《明宣宗实录》卷五九，宣德四年冬十月乙酉条，第1404页。
④ 《明史》卷二二七《庞尚鹏传》，第5951—5952页。
⑤ (明)叶盛：《水东日记》卷三三“巡按御史”，第328页。

武十五年(1382),朱元璋"命都察院以《巡按事宜》颁各处提刑按察司,俾各举其职",规定了按察司的具体职责包括祭祀山川、天地,询访和旌表孝子、顺孙、义夫、节妇,兴举学校,察吏治得失,戢豪强,均赋役,举行乡饮酒礼,征求遗逸,举荐贤能,以及伸理狱囚冤滞、稽考诸司案牍等,并要求"来朝之日,则条列以闻"[①]。可谓方方面面无有遗漏。宣德五年(1430),江西按察司副使石璞言:"按察司旧置佥事,分莅各道,照刷文卷、分理词讼,比来多因差委不得专理,致讼者越诉,事须追问,淹延岁月,移文督促,案牍愈烦。乞令佥事专于所分之道,往来巡历,遇有诉讼,即为追理;或有营造军需之务,亦俾之催督。其岁输粮税,只令布政司、府、州、县官催运为宜。"然而该建议没有得到宣宗采纳[②]。这样一来,监察官们仍须为各种繁杂琐碎的事务奔波分心,甚至很多时候监察工作已非其主要业务。如弘治十二年(1499),巡抚山东都御史何鉴以山东按察司事务繁多,众官疲于应付,请添设山东按察司副使一员常居曹濮等州。在何鉴疏中,拟添设的副使"提督屯堡、操习民壮、缉捕盗贼,兼理词讼,以为山东、河南、直隶等处应援",负责军事斗争和社会治安显然为其主业。然而这样的要求,还是被朝廷拒绝[③]。又如万历年间的李材任云南按察使时"备兵金腾"[④],镇服孟养、蛮莫两地土司成为其仕途亮点,估计也是他任上最为操心费力的活动。包罗万象的事务使监察官应接不暇,疲于奔命。但监察官倘失职,朝廷的责罚则可能随之而来。如天启初,御史张素养按浙时"以奏荐姚宗文、邵辅忠、刘廷元、齐琦名等

---

① 《明太祖实录》卷一五〇,洪武十五年十一月戊辰条,第 2363 页。

② 《明宣宗实录》卷六九,宣德五年八月癸巳条,第 1628 页。

③ 《明孝宗实录》卷一五七,弘治十二年十二月乙巳条,第 2824 页。

④ 《明史》卷二二七《李材传》,第 5956 页。

不当，为台长赵南星纠参，夺俸五月”[①]。

所有事务当中，司法监察往往又是重中之重，朝廷对于监察官履行司法监察职责又特别强调。自洪武年间始，朝廷就要求“凡监察御史、各道按察司官，每出巡审囚刷卷，必须遍历，不拘限期”[②]。“凡监察御史、按察司官分巡去处，如有陈告官吏取受不公等事，须要亲行追问，不许转委。违者杖一百”[③]。监察官人少事多，如果朝廷配备的助手足够，尚可让其分担事务。然而遗憾的是，朝廷配备的人员却是寥寥可数，让很多才能不是特别突出的监察官真是不堪重负。且如此一来，监察官能用于司法监察活动的时间和精力就捉襟见肘了。早在成化十五年(1479)，巡按直隶监察御史王忆已向皇帝诉苦，言直隶审录任务繁重，巡按御史“干办不敷”。疏中，他还认为直隶地方本身词讼纷繁，却“止有御史一人之身，百责所归承”，而其他地方“有按察司去处，既有御史以纠察，又有总司以刑提，且得分巡以遍理，而刑狱稍清”，所以地方巡按的担子要比他的轻松得多[④]。其实，地方巡按御史的司法监察担子也不轻。弘治元年(1488)四月，左都御史等官员奏说近来审录之际，淹禁的囚犯实在太多，无法一一认真审查，“多系行勘之时幸遇大赦”，省去了许多功夫，“方才解赴完卷”[⑤]。时间、精力的不济，必然导致监察官员在履行职责的时候不能审慎为之，无法很好地实现司法监察绳愆纠缪、辩明冤枉的目标。

---

① 《明熹宗实录》卷三八，天启三年九月乙巳条，第1976页。

② (明)申时行等修：《明会典》卷二一〇《都察院二・出巡事宜》，第1049页。

③ (明)申时行等修：《明会典》卷二一〇《都察院二・出巡事宜》，第1050页。

④ (明)戴金编：《皇明条法事类纂》卷四七《刑部类・有司决囚等第・添官审录罪囚》，第881页。

⑤ (明)戴金编：《皇明条法事类纂》卷四六《刑部类・淹禁・禁约淹禁致死事例》，第837页。

二、监察官的培养制度无法适应司法监察实践的需要

明朝建立伊始，朱元璋大力贯彻“明刑弼教”思想，“明之以刑，晓之以礼”，“使知趋吉避凶之道”①。将对法律的重视提高到了一个新的历史高度。因此，洪武四年(1371)，朱元璋晓谕群臣：“凡国家律令并续降条例事理，有司官吏须要熟读详玩、明晓其意。”②《大明律》还设立“讲读律令”条款，《宪纲》又重审律意，历朝皇帝也一再下诏，让百官“将大明律条熟读讲解，深明其意”③。其目的都是督促士子学习律令，入仕后能尽快适应听讼理断的工作环境，“凡国家礼文制度、法律条例之类，皆能熟观而深考之，则有以酬应世务，而不戾乎时宜”④。其效果在后世尚令臣僚记忆犹新，明末尚有某刑科给事中言：“我太祖高皇帝参酌古今，定著《大明律》。既令百司官吏讲读律令矣，乃至科举之式，士子入乡、会试，亦必继以五判。”⑤不幸的是，这套制度在运行中却与朱元璋的初衷渐行渐远。明人指出：“祖宗所以画一天下者甚祥，法非不皆尽善，而后世日愆忘也。”⑥究其原因，其在于八股文使得明朝科举日渐僵化，士子多抱着侥幸以应之，企图靠背诵坊刻时文蒙混过关。官员入仕之前，所学无非儒家经典，所作无非八股之文，未涉吏事，不知案牍，不明律例。入仕之后，面临刑名之难，士

① 《御制大诰三编》序，第173页。

② (明)申时行等修：《明会典》卷二〇《户部七·读法》，第135页。

③ (明)戴金编：《皇明条法事类纂》卷三六《刑部类·保辜限期·斗殴伤人辜限外死备招奏请》，第438—438页。

④ (明)不题撰人：《居官格言》上篇“读法律”，《官箴书集成》第二册，第76页。

⑤ 《崇祯长编》卷六六，崇祯五年十二月戊辰条，台湾“中研院”历史语言研究所，1967年，第3811页。

⑥ (明)陈子壮：《盟水斋存牍序》，(明)颜俊彦：《盟水斋存牍》，中国政法大学出版社，2002年，第3页。

子方知“读书万卷不读律，致君尧舜知无术”[1]，但律例繁多，且晦涩难懂，增加了学习的难度。有明人论道：“我高皇帝开天创制，视汉三章，痛法脂荼，参以《大诰》，不啻炳若日星。列圣相承，代有令甲，又有《问刑条例》。新颁更定，重修续补，益广慈仁，粲然备矣。”[2]此处“粲然”二字，可见明代律例之纷繁浩瀚，非一朝一夕所能精通。故官员们只能囫囵吞枣、现学现卖，因律例不精而酿成的冤假错案不胜枚举。

于是，朝廷寄希望于御史、按察司官以及中央派遣的审录官员，希望他们能监督、指导其他官员的司法活动，督促他们正确适用法律，作出公平正义的裁判。如正统六年(1441)，英宗遣官审录，谕曰：“今天下司刑官多非其人，往往宣无辜于法。卿等宜于各属官内慎选廉明公恕四五员往详审之。”[3]然而，监察官能纠正其他官员的错误以确保司法审判的公正合理，有一个基本的前提条件，即监察官比一般官员更晓畅律法，更善于断案。然而，御史、给事中、按察司官等监察官都基本出身科举，与其他官员入仕之前所接受的文化训练并无不同，他们履行司法监察职责所需的法律知识和技能只能寄希望于朝廷的职业培训及监察官个体在平常自觉钻研。

应该说，明代在培养监察官法律素养和督促监察官提高法律素养这方面是进行了一番努力的。首先，《宪体》就要求“风宪之官，当存心忠厚，其于刑狱尤须详慎”，“风宪之职，其任至重。行

---

① (宋)苏轼：《苏东坡全集·前集》卷三《诗七十六首·戏子由》，中国书店，1986年，第64页。

② (明)潘士良：《临民宝镜序》，(明)苏茂相辑，(明)郭万春注：《新镌官板律例临民宝镜》，杨一凡主编：《历代珍稀司法文献》第6册，第1—2页。

③ 《明英宗实录》卷七八，正统六年夏四月甲午条，第1550—1551页。

止语默，必须循理守法”[①]。朝廷一再强调“法”，强调监察官要懂法、守法，希望监察官提高自身“内功”修炼以胜任履职需要。其次，朝廷还将法律素养作为御史任免的重要标准。如正统四年(1439)朝廷规定：“御史缺，从吏部于进士、监生、教官、儒士出身，曾历一任者，选送都察院理刑半年，考试除授。”其后，又令“凡御史员缺，于行人、博士、知县、推官、断事、理问及各衙门司务、各按察司首领官，进士、监生出身，一考两考者，吏部拣选送院问刑半年，堂上官考试除授”[②]。天顺八年(1464)，朝廷对御史的考核又增加了“操履端慎，通晓刑名”的要求，称：“御史之职，所以振扬风纪，纠察百僚，断决狱讼，伸理冤枉，必须操履端慎，通晓刑名方可胜任。”[③]成化十年(1474)，宪宗诏令御史有缺的，“选进士年三十以上者，问刑半年，考试除授。博士、行人、推官、知县兼选，仍试职”。过了十年，朝廷又下令：“试监察御史一年已满，刑名未熟，再试半年。仍前考试实授。”[④]弘治元年(1488)，都察院建议“凡办事进士，令同见任官问刑。两法司官属有缺，先以问刑进士铨补，次乃及别部进士，庶少称朝廷慎重刑罚之意”。孝宗均“从之”[⑤]。到了嘉靖年间，内阁首辅杨一清提到“御史试职一年，正欲其明习律令，历练事体。考得刑名疏通，方准实授，否则令其重试，此旧例也”[⑥]。万历三年(1575)，朝廷重申御史必须“务照旧例”试职一年“方考实授”[⑦]。可见，明代朝廷对于肩负监督百官之重任的监察官的法律修养要求特别高，着意培

---

① 《宪纲事类·宪体》，第47页。

②④ (明)申时行等修：《明会典》卷二〇九《都察院一·急快选用》，第1045页。

③ 《明宪宗实录》卷七，天顺八年秋七月己巳条，第168—169页。

⑤ 《明孝宗实录》卷一一，弘治元年二月壬寅条，第246页。

⑥ (明)杨一清：《杨一清集·阁谕录》卷一《奏对·论考选御史奏对》，第838页。

⑦ (明)申时行等修：《明会典》卷二〇九《都察院一·急缺选用》，第1045页。

养，加之某些监察官出于履职需要或兴趣使然，自觉钻研律法，使得监察官群体无疑成了当时“真正对法律知识有所掌握的人”[①]。

某些监察官如张楷、雷梦麟等人不但具有很深的法律素养，以至于能自己创作律注作品，甚至还将律注作品下发地方，使之成为解读明代律例的标准读本。张楷，慈溪人，进士出身，先任江西道御史，陕西按察佥事、副使，后升右佥都御史，“理狱摘奸，风振朝宁”[②]。因为其一生都在担任监察官，故对律例多有研究，对于司法实践颇有心得，遂尽心研磨，著成《律条疏议》。该书又被称为《大明律疏议》或《大明律解》。江西按察司副使张鎣为该书作序曰：“著律文之义，设问答以辩其疑，为总说以详其意。”[③]嘉靖年间，雷梦麟著《读律琐言》，按照《大明律》的结构，逐条进行注解，除了解释法律名词、释明律文，往往还钩沉律文的历史沿革、时代背景。更难得的是，雷梦麟还在“琐言”部分阐发个人的观点，其发明深入细微，不厌其烦，故而自称“琐言”。

然而，相对于庞大而参差不齐的监察官群体而言，张楷、雷梦麟之辈无疑凤毛麟角，更多监察官的法律素养难以令人满意，无法适应司法监察实践的需要。如正统元年(1436)，巡抚云南工部左侍郎郑辰“奏按察司佥事龙韬不谙刑名，难任风纪”。英宗令龙韬“冠带闲住”[④]。成化二十二年(1486)，山西按察司副使毛松龄奏言司法官吏“颠倒罗织”“随意锻炼”等乱象，随即指出按察司官

① 吴艳红：《选拔制度与明代官员的法律知识》，吴艳红主编：《明代制度研究》，浙江大学出版社，2014 年，第 179 页。

② (明)李贤：《南京都察院右佥都御史张公楷神道碑》，(明)焦竑辑：《国朝献征录》卷六四，周骏富辑：《明代传记丛刊》第 112 册，明文书局影印本，1991 年，第 387 页。

③ (明)张鎣《序》，(明)张楷：《律条疏议》，杨一凡主编：《中国律学文献》第 1 辑第 2 册，黑龙江人民出版社，2004 年，第 2 页。

④ 《明英宗实录》卷一六，正统元年四月辛酉条，第 321 页。

"多有不由法司出身，素不谙练，一旦干问讼词，其间天资聪颖者失错之处尚难尽免，禀赋迟钝者照驳之罪比比皆然"[①]。毛松龄还提及其先年奉敕审录罪囚，发现有的按察司佥事随意比附律条、出入人罪，"推原所自，亦由佥事惯原系知州升用，未经法司，不谙刑名而然"[②]。弘治元年（1488），都察院堂官领衔上奏："近来两京法司官员，或由进士初受寺正、寺副、主事，或由知州行人就升员外、郎中，而御史亦多知县所除。到任之后，未经问刑，先断刑狱。所以于律条多不熟读，而律意亦不讲明，所关囚人不过移情就律，将就发落笞杖徒流。"[③]可见，监察官因律意不明、理刑乏术而敷衍塞责、胡乱裁判甚至酿成重大冤案是普遍现象。

明代中期之后，纲纪日益废弛，监察官的法律素养更加不如人意。嘉靖六年（1527），杨一清指出巡按人选学律不精，而朝廷对其法律素养又疏于考核，"及出巡按，多有律意不通，事体不知，每为二司、郡、县官所笑"，无法顺利履行职责。杨一清建议："见今在道试御史一年将满，宜令侍郎严加考试，务要通晓刑名及章奏行移稍有条理者，方许实授，若生疏未练，仍令再试一年或半年，如此则自今以后，人知自警矣。"[④]世宗对其建议深以为然，但积重难返，实施效果恐未尽如人意。万历五年（1577）六月，神宗也公开表示对审录官员不满，其曰："近来审录官不讲求律意，但沽轻恤之名，其所称矜疑者，俱未见有可矜之情、可疑之迹，其中

---

① （明）戴金编：《皇明条法事类纂》卷三七《刑部类·告状不受理·申明镇守备管屯管粮等官不许滥受词讼例》，第535页。

② （明）戴金编：《皇明条法事类纂》卷三七《刑部类·告状不受理·申明镇守备管屯管粮等官不许滥受词讼例》，第535—536页。

③ （明）戴金编：《皇明条法事类纂》卷三六《刑部类·保辜限期·斗殴伤人辜限外死备招奏请》，第438—439页。

④ （明）杨一清：《杨一清集·阁谕录》卷一《奏对·论考选御史奏对》，第838页。

疑狱沉冤，或反不能照察，殊失朝廷钦恤之意。”①

其实，明代监察官的培养制度无法适应实践需要的深层次原因在于司法监察工作具有日益专业化的趋势。根据当代学者的研究，秦汉以来“随着国家生活的复杂化和阶级矛盾的尖锐化，职掌专政职能的职官迅速增加”，“其分工日趋细密，员额不断增加，以应付繁复严峻的社会形势”②。在分工日趋细密的同时，政府机构职掌的专业化也在不断加强，司法和司法监察亦是如此。司法和司法监察实践日积月累的发展理所当然地使得社会逐渐形成了一些关于法律工作的共识，凝练出了一些制度化、系统化的基本原则和技术手段，没有一定法律素养和刑名实践经验的官员无法承担此重任。御史台（都察院）、大理寺、刑部等衙门官员职司刑名，更是不得不将法律作为一种专门的学问进行学习和研究。但是，朝廷对此趋势缺乏足够的理解与重视，缺乏切实有效的司法监察官培养制度，使得不明律意、亵法渎职的监察官比比皆是，无法适应司法监察实践的要求。

第四节　监察技术手段落后对司法监察的影响

一、监察技术手段落后使监察官辨明真相殊为不易

司法监察主要针对的是刑事案件，而刑事案件类型多样，尤其是命盗案件办理难度很大，何况很多暧昧的证据需要精细的逻辑推理，复杂的案情需要反复推敲才能“水落石出”。然而，在当

① 《明神宗实录》卷六三，万历五年六月己巳条，第1406页。

② 张晋藩：《论中国古代的职官编制法》，《中国法学》1993年第2期，第99页。

时土地广袤、人口繁多、交通设施不便、科学技术落后的历史条件下，无论是司法还是司法监察，都面临很多困难。首先，尽管推行了里甲制度，但当时的人事档案记录不可能有今日之完备，估计政府连准确把握一县一时的生齿数量都难以做到。所以，暂且不说对嫌疑人进行侦缉、抓捕，或者对证人进行传讯，单说辨别嫌疑人相貌都面临很大问题。其次，尽管古代很早就强调办案要“赃证俱在，供招明白”，但司法和监察技术都不发达，哪怕当时相对成熟的法医检验手段也不可能跟现代社会的相比，更没有如“天网”等现代电子监控系统以资利用，所以证据的真实性、客观性、及时性、完整性、准确性都很难得到保证，证据材料的调取和保管难度则更大。

鉴于以上原因，古代审判和监察都非常注重案件的原始事实，所谓“狱贵初情”。成化九年(1473)，刑科给事中赵银批评地方官员过分信任里甲老人，凡人命、劫夺等案件都由其保勘，滋生弊端，但是也指出了其中原因，即“为官府者，徒知民情滋伪，变诈百出，而里甲老人与之同乡共井，必能周知真伪，必达事情。故不论情之重轻，一切付之保勘。不明至再至三，非为将以塞责分谤，亦欲求诸舆情，付诸众论，以息争端耳”[①]。由此可见，民间讼争暧昧难明，司法官员很难清楚地推断原始事实、分辨谁是谁非，故而只能求助游走于当地社会的里甲老人，借助舆论进行审理。最初的裁判已属不易，其后的复审或监察则面临更多的不确定因素。明成祖就深知：“夫治狱，得情尤难，鞭扑棰楚之下，罪人成于锻炼者，往往有之。”[②]他还告诫审录官员：“大抵人之实情难得。有言语便捷，辄驾虚词掩实情者；有讷于言，虽怀情实而口不能发

① (明)戴金编：《皇明条法事类纂》卷三八《刑部类·告状不受理·在外问刑衙门官员务要亲理词讼不许辄委里老人等保勘例》，第517页。

② (清)孙承泽：《春明梦余录》卷四四《刑部一》，第906页。

者。须详悉以听，亦不可以刑迫之。”[①]皇帝都理解司法监察的难处，可见监察官要想发现原审过程中的问题的难度之大。经手环节越多，案情越容易失真。有的巡按对于“曾经司府州县里老剖判过者，俱不行准状”[②]。个中原因，或许有的巡按御史是懒惰，有的是敷衍塞责，但应该不无对于复原现场、查清事实的畏惧与担忧。

倘若时间久远，因原始的现场无法保存，证据可能经历漫长的时间等待和路途遥远的空间转移而走样，证人可能因时间久远而模糊记忆，或因其他意外导致证据链条断裂，则真相更是难以浮出水面。早在天顺八年(1464)，给事中孙敬上疏请求“辨冤枉以清刑狱”，指出官员“鞫问一应罪犯，多不原情轻重，依律增减，惟是任情议拟拘于成案，致使多人被屈，连年控诉。及避原问衙门嫌疑，不肯与辨问。有行出在外经年累月，不亟从实勘报。及致勘实回报，人称年月久远，不与辨明”[③]。孙给事中的奏疏，揭露了冤案难翻的事实。究其原因，既有官员“拘于成案”、推卸责任的渎职态度，也有“年月久远”的苦恼。

审理过程中，让两造质证，是查清案情的必要步骤。因为当时民众识字率很低，书面化的证据很少，口供在证据链中占据绝对重要地位，但却具有不稳定的特性。更何况，时过境迁，当事人或证人可能因种种原因推翻原来的言辞，甚至故意脱逃，使得案情随时可能反转或证据链断裂，给司法和监察带来困难。成化十八年(1482)，户部尚书等官员就指出“勘问不便”的问题。原来，监察官复审案件，“奈何中间有等奸顽军犯，不

---

① 《明太宗实录》卷八五，永乐六年十一月丁巳条，第1131页。

② (明)戴金编：《皇明条法事类纂》卷四八《刑部类·断罪不当·缺题》，第931页。

③ (明)戴金编：《皇明条法事类纂》卷四七《刑部类·有司决囚等第·清理刑狱》，第867页。

行随即出官，或往逃躲患病，百般推调，经年累月不得完结，负累原勘官员。及至会勘，十无一实，反又捏词遮饰，不免另委官员体勘。亦有勘提到京，而原告夤缘脱逃，以致事难归结，或将解到人犯收监，或发回羁管，妨人生理，误官政事”①。尽管朝廷下诏“军民词讼行巡按御史就便提问”，然而，两造不到，甚至“夤缘脱逃”，或者“捏词遮饰”致使事难归结的问题，岂是巡按御史“就便提问”就能解决呢！

前述会官审录本是朝廷慎重刑狱的表现，是朝臣集思广益以辩明冤案的有效方式，但也日益流于形式。究其原因，固然有官场因循苟且，会审官员不敢或者不愿任事的主观因素，但其中材料不全、人证不齐等客观因素的影响亦不容忽视。成化十四年(1478)，大理评事周茂就向宪宗抱怨会审时存在上述诸多苦恼：“欲求情于证佐，则又当时引审者止是应决正犯，而证佐干连者先已摘发。欲求其情于案牍，则又当时阅目者止是略节揭帖，而卷宗粘连者莫得全见。……以致本末始终来历含糊，刑狱不明率多出此。”②从这位大理寺官员的感慨，我们可以体会到司法监察难度之大。

正因为案情扑朔迷离、证据暧昧，监察官要辩明真相殊为不易，又不敢贸然裁判，故只有长久淹禁，迁延不决。如正统六年(1441)，英宗指出中央及地方狱囚“动经二三年或七八年监系不决，岁月既久，死生难保”③。因此，往往有狱囚甘愿诬服，以求早日出狱。弘治元年(1488)四月，左都御史等官员要求“慎行勘以

---

① (明)戴金编：《皇明条法事类纂》卷三七《刑部类·告状不受理·军民词讼行巡按御史就便提问》，第534页。

② (明)戴金编：《皇明条法事类纂》卷四七《刑部类·有司决囚等第·多官会审重囚例》，第879页。

③ 《明英宗实录》卷七八，正统六年夏四月甲午，第1552页。

杜冤滞”，其疏中就揭露了某些衙门遇有囚犯，不论情之轻重、事之大小，拖延日久，州县府衙门逐级审理之后，及至审录官员发现蹊跷，“欲再参驳，奈何囚人输服，恳告无冤”。究其原因，其一，办案官吏“扰侵下人，干连人众，颠倒曲直，其害不可胜言”；其二，当事人“淹禁岁久，惧怕刑责，只得甘受其冤”[①]。更何况，长久禁闭在恶劣的环境中，很多囚犯会瘐死狱中。如永乐九年（1411），给事中曹润就向成祖报告京城狱囚淹滞，“其中有淹禁一年之上者，且一月之间瘐死九百三十余人”[②]。有论者认为，明代淹禁的产生，存在深刻的制度原因和人为原因，在当时的通讯、交通和法医学等技术不发达的环境下，淹禁寄生在法律体系中，具有不可根治的“固有性”[③]。既然淹禁不可避免，囚犯难以承受淹禁所造成精神、肉体上的痛苦，更担心未到洗冤之日自己已死狱中，在这种情况下，违心按照办案官吏的主观愿望承认罪过，争取活着出狱便成为“明智”的选择。尽管古代一直倡导“据供定罪”，但也一直信奉“口供为王”，既然当事人已经自愿认罪服法，加之时过境迁，现场不可复原，纵使监察官员研磨再认真、讯问再仔细，恐怕也未能发现其间冤屈，遑论纠正错案。

二、司法官吏的作弊加剧了技术手段还原事实真相的难度

前述技术落后的困难，导致了实际发生的情况难以准确地复原、再现，此系客观条件下不可避免的情况。但若注入了人为的因素，则可能就会几何级数地放大司法监察的难度。众所周知，最初的庭审笔录、证人证言是司法官吏作出裁判的最重要依据，

---

① （明）戴金编：《皇明条法事类纂》卷四六《刑部类·淹禁·禁约淹禁致死事例》，第837页。

② 《明太宗实录》卷一二一，永乐九年十一月丙子条，第1531页。

③ 详参赵克生：《明代“淹禁”述论》，《中国史研究》2013年第2期，第173—189页。

是最能真实地体现案件审理的整个过程的材料，也是日后进行司法监察、追究责任的最重要凭证。所以，倘若司法官吏在文卷上作弊，把真实情况隐藏或者篡改了，从而人为地增加案情的复杂，以古代的技术手段，极难恢复经过裁剪之前的“初情”，监察官要想查得“水落石出”则更是困难了。弘治年间，刑部官员万镗指出征收赋税过程中，“贪污官吏，又或交通为奸，剥生灵之膏脂归私家之囊橐。虽有严明上司，悉心查考，欲质之于簿书，而改匿诬捏，巧伪百端，簿书不可尽凭也；欲审之于纳户，而人众难齐，或病拘扰，纳户不能尽审也”[①]。其实，官吏结成同谋，通同作弊，相互掩护从而抗拒监察的情况在司法领域可能更为突出。弘治七年(1494)，户科右给事中王纶上疏报告：“近年在外官多有贪酷不仁，图小利而故勘平人，逞私忿而非法凌虐，有因拷讯而死者则搜求细事，诿曰因公；因久禁而死者则虚补文移，号为有病。”[②]成化七年(1471)，都察院左都御史就指出各地官员借受案之机，“或指修理衙门，或称措置公用，不分所犯重轻，动辄罚取银物，多者二三百两，少者亦不许下五七十两。使令心腹之人收掌在官，听其支用”。而“罚取之物，既无文案可查，又无簿籍可考。数目在其心胸，伸缩在其掌握。上司欲稽究，则莫知其端；下人欲告讦，则不知其数”[③]。更有甚者，还夤缘“买嘱”相关上司，“若遇事发行勘，俱作公用花销”[④]。且不说如此一来，案情更加复杂而难以还原，单说违法之徒如此上下夤缘、狼狈为奸，就已经给监察官带来

① (明)万镗：《应诏陈言时政以裨修省疏》，(明)陈子龙等选辑：《明经世文编》卷一五一《万太宰奏疏》，第1510页下。

② 《明孝宗实录》卷八六，弘治七年三月丁酉条，第1599页。

③ (明)戴金编：《皇明条法事类纂》卷四一《刑部类·因公擅科敛·禁约管军管民官员不许擅自科扰》，第656页。

④ (明)戴金编：《皇明条法事类纂》卷四一《刑部类·因公擅科敛·通行在外大小衙门不许劝借出粟赈济》，第662页。

极大的压力和阻力。

更有某些奸险官吏，为应对监察，干脆与囚卒串通，阴计虐死囚徒，来个死无对证，以当时的法医技术，监察官员往往无从查起。成化十六年(1480)，都察院左都御史王某上书指出浙江等处地方"有等残忍官员，不遵朝廷律例，视杀人如割草，管问死罪同于寻常。如遇捉获窃盗，不问所窃赃私多寡，所犯遭数若干，辄便酷刑当时打死"。据其所云，吏典、狱卒等人凌虐罪囚的行径更是令人发指。为了应对监察，涉案官吏"止凭取具医生人等有验病故结状在官，规避罪名"，便可逍遥法外。在王都御史愤慨的请求下，宪宗下诏定例："今后遇有捉获窃盗，务要通计赃物多寡，所犯次数，照依律例问拟发落。敢有将罪不至死者窃盗酷刑拷打，及吏卒非理凌虐至死，故捏病故文状规避罪名者，巡按御史严加究治。"[1]该例不过重申相关律令，了无新意，对司法监察活动的展开也毫无帮助，却让人体会到了监察官员面对司法官吏夤缘作弊的无奈。甚至还有官吏，为了文过饰非，连轻罪囚徒也陷害致死。成化二十一年(1485)，有官员向宪宗汇报："甚有将在监未曾问结轻罪人犯陷害致死，旋补文案，淹饰己非，致死囚属无所控诉。"宪宗下诏，令风宪官督促府州县官及其吏卒不得凌虐罪囚[2]。而且，为了减少平反冤案的阻力，朝廷还一再下诏不追究原问官吏的责任，避免其报复风宪官或给风宪官施加压力、增加纠错的困难。相关内容在上一章已详述，此处略之。尽管如此，效果并不见佳，因为到了弘治六年(1493)，李东阳又义愤填膺地指出凌虐罪囚致死的情况比比皆是，其疏曰："其有犯该笞杖轻罪，而原问

---

① (明)戴金编:《皇明条法事类纂》卷三七《刑部类·辨明冤枉·重囚务加详审不许狃于成案及在外窃盗有犯不许一概打死》，第477—478页。

② (明)戴金编:《皇明条法事类纂》卷四六《刑部类·淹禁·凌虐罪囚》，第842—843页。

官施其酷暴，辄便重加鞭挺，致死人命数多。”而且，按照李东阳的调查，官吏虐囚致死后，“旁引医证捏作病死，旋补卷宗，诬以重罪，捏为因公，捏称依法等项，计图自解，欲脱除名”，而且，“中间医证人等”也因受到逼迫或者利诱，“通同作弊”[①]。官僚夤缘作弊的特点是不容易被察觉，即使东窗事发，因为上下早已串通一气，形成一股强大力量抗拒监察，也很容易逃脱法律的制裁，往往使得监察官员的努力化为泡影。

本章小结

在明朝权力架构中，监察官始终是一支不可或缺的政治势力，其司法监察实践一定程度上起到了辩明冤枉、慎重刑狱、确保司法公平的作用。遗憾的是，明代司法监察制度赖以存在的封建制度本身导致其存在着不可避免的败笔，即君主专制的高度集权和人治社会的官场陋习都成为监察权正常行使的障碍。跟其他朝代一样，明代监察权力设置的初衷是维护皇权，巩固和扩大皇权的影响力，确保江山万世一系。皇帝掌握着最高权力，皇帝自身能力和素质直接决定着监察制度的实施效果。皇帝宠信的宦官、锦衣卫和阁臣对司法监察实践产生的影响亦不可忽视。由于他们更接近权力中心，具有“近水楼台”的优势，深受皇帝宠信和寄任，故而当这些势力胡作非为、败坏纲纪，影响正常的司法监察秩序之时，监察官往往不敢持正或不能持正，纵有浩然正气的监察官奋起指斥，交章弹劾，然而其结果往往也是以监察官的落败而告终，司法监察自然难以发挥其预期的作用。

---

① (明)戴金编:《皇明条法事类纂》卷四八《刑部类·决罚不如法·文武官将犯该笞杖罪囚酷刑致死数多捏作因公等项法司比附上请》，第923—924页。

人治的政治生态形成了诸多官场陋习，身处其中的官吏难以避免地受到官僚陋习的影响。年久日深，监察官自然而然地浸染了遇事推诿、因循守旧、懒惰贪逸的官场陋习，形成明哲保身、圆滑世故的官僚作风，甚至拉帮结派、结党营私、趋炎附势的情况在监察官身上都会成为司空见惯的事情，而且明代中期之后不少监察官深陷门户之争，意气用事而不辨是非，难以指望他们还能承担激浊扬清、辩明冤枉的重任。加上官场的贪贿之风愈演愈烈，尤其是明代中后期，由于商业资本、商品经济的撞击和阳明心学、泰州学派异端学说的影响，人们贪图享乐的欲望被激发出来，上恬下嬉，加剧了监察官队伍的腐化和政治的腐败。

除了封建政治体制的原因，监察官制度的弊端也容易导致司法监察的效果与人们的期待存在差距。其一，职责范围太广。因为监察官承担着极为繁重的政务，尤其是因朝廷安排其他任务而不能专理刑名，且御史、按察司官员的助手有严格的员额限制，寥寥可数的人手让很多监察官不堪重负，能用于司法监察活动的时间和精力就非常不济，必然导致监察官员在履行职责的时候不能审慎为之，无法很好地履行职务。其二，培养制度无法适应形势需要。司法监察较之于普通的监察更具有专业化的显著特点，故通晓律令，正确理解之、准确适用之，是监察官的基本技能。然而，监察官均基本出身科举，缺乏法律知识储备；步入仕途之后，又因各项事务繁重，且律文深奥不易把握，故其法律素养往往难以得到明显提高，不能满足职务需要。

监察技术手段落后也严重制约着司法监察效率的提高。因为司法案件往往案情扑朔迷离、证据暧昧不清。与此同时，古代科技不发达，交通设施、监察技术手段落后，民众识字率很低，书面化的证据很少，审判严重依赖的口供却具有不稳定的特性，案情随时可能反转，给司法监察带来困难。更何况司法官吏出于共同利益又常常结成同盟,通同作弊,相互掩护以应对或抗拒监察,加剧了司法监察工作的复杂程度,致使监察官要彻查案件真相殊为不易。

总之,明代司法监察制度完善,但实践中面临诸多困境,既受君主独裁的体制性缺陷影响,也受封建官场陋习和社会歪风影响,亦有监察官个人能力水平和工作态度的因素。此外,监察官制度的不合理以及监察技术手段落后也容易导致司法监察的效果与人们的期待存在差距。这些因素在当时的历史条件下无法得到解决,从而不同程度地影响了明代司法监察制度的正常运作。

第六章 明代司法监察的民间认知
——以通俗小说为材料的分析

众所周知，明代通俗小说，尤其是公案小说[①]的产生及流行，有其特殊的时代背景。有明一代，政府广泛建立官学，并鼓励民间办学，书院、私塾空前兴盛。随着文化资源的下移、知识的普及、民间互动交流的日益频繁，作为一种通俗读物的小说也得到了市场的青睐。尤其是明代中叶之后，社会经济繁荣、文化控制松弛，民间出版业日益发达，文化知识（包括法律知识）的生产、传播日益商业化、通俗化。在这种情况下，通俗小说内容涉及面越来越广，历史、时政、市井生活、公案诉讼等等，无不包含其中。我们知道，艺术源于生活。越是伟大的艺术作品，就越是真实地反映了社会生活，越是能让人感同身受、产生共鸣的作品。正如当

---

① 一般说来，“公案小说，是指以狱讼为题材的小说。小说中的人物，必须有作案人、受害人和执法者；所描述的，也必须是执法者审理案件的故事。侠义公案小说，是公案小说与英雄传奇小说的合流，写侠客在清官的率领下侦破案件、除暴安良”（武润婷：《中国古代长篇白话小说发展研究》，山东教育出版社，2016 年，第 134 页）。“‘公案’二字原指官府的案牍，后来引申指那些有待于判决的事情或案件。通俗地说，公案故事就是打官司的故事，公案小说就是以即将打官司或正在打官司（无论是主动地，还是被动地）的故事为描写内容的小说。或者说公案小说就是官员（无论是大的，还是小的）断案的小说”（刘云春：《明清小说与历史叙事》，西南交通大学出版社，2017 年，第 119 页）。但是学者对于“公案小说”的看法分歧较大，比如鲁迅就认为不存在“公案小说”的小说类型。所以，出于慎重起见，除特殊情况，本书对于明代白话小说一般都称“通俗小说”，其中也包括具有公案故事的通俗小说。

代学者所言，“明代嘉靖、万历时期兴起的历史演义、神魔小说与公案小说等，就其产生的文化场域来看，与其说它们是作为纯文学作品来创作的，毋宁说是作为一种面向民间建构、传播各种文化知识的通俗文化读物来生产的”[①]。也正因此，通俗小说的出版与流行已经成为一种文化现象，其记忆历史的功能也日益凸显。如《新民公案》主人公郭青螺主要活动在万历年间，《公案》刊行时，他尚健在，故可以推断这些公案故事都是当时发生之事，只不过有文学演绎的成分而已[②]。著名的，如胡适就指出《醒世姻缘传》是一部最有价值的社会史料、文化史料[③]。徐志摩说《醒世姻缘传》“是一个时代（那个时代至少有几百年）的社会写生”[④]。通过对通俗小说的分析，我们应该能对当时监察官的素质特征、司法监察程序以及市井百姓对于司法监察的印象与认知有一个比较深刻的认识。

第一节　通俗小说塑造的监察官形象

在明代通俗小说数量剧增的同时，故事中官吏的艺术形象也不断丰满。论者认为，明代之前公案故事的主人公是案件当事人，官吏只是象征性地代表国家机器进行审判和执行，其形象过于简单化、脸谱化[⑤]，而明代公案故事中，官吏成了重点塑造的艺术形象，甚至成为维系整部小说的精神所在。于是，众多监察官的形象跃然纸上，他们或清廉正直、振刷纲纪，或贪墨昏庸、徇私

---

① 纪德君：《明代通俗小说对民间知识体系的建构及影响》，《南京大学学报（哲学·人文科学·社会科学）》2017 年第 3 期，第 119 页。

② 详参王齐洲：《中国通俗小说史》，武汉大学出版社，2015 年，第 320 页。

③ 胡适：《醒世姻缘传考证》，《醒世姻缘传》，上海古籍出版社，1981 年，第 4 页。

④ 徐志摩：《醒世姻缘传序》，《醒世姻缘传》，中州古籍出版社，1997 年，第 971 页。

⑤ 详参王齐洲：《中国通俗小说史》，第 280 页。

枉法，二者形成鲜明的对比，既增加了小说的趣味性，也逼真地反映了当时的现实。

一、 通俗小说塑造的正面监察官形象

明初，朱元璋鉴于前元纲纪废弛而腐败亡国，表示要“重耳目之寄，严纪纲之任”[①]。明宪宗认为：“御史之职，所以振扬风纪，纠察百僚，断决狱讼，伸理冤枉，必须操履端慎，通晓刑名方可胜任。”[②]因此，明朝统治者对监察官，尤其对御史的任职资格要求特别严格。小说塑造了许多百姓喜闻乐见的监察官形象，凸显了监察官的两大素质特征：其一，清廉守法、贤良方正；其二，通晓刑名、明法善断。

（一）清廉守法、贤良方正

清廉正直、恪尽职守乃官员最基本的操守，更是监察官必备的首要品质。朱元璋曾说：“居其职者，当先养人廉耻，使避而不犯。”明宣宗曾告诫臣下：“御史以法治人，先当自治自身，违法何以责人！”[③]明代通俗小说就描绘了很多清廉自持、刚正不阿的御史。如《明镜公案》中的南京巡按陈主道“青年进士，明如镜鉴，清若冰壶。任事精勤，秋毫必察，刑罚严简，纤微必烛”[④]。《诸司公案》中御史曾泉“操行廉洁，莅事勤能，劝学兴礼，尤恤贫窘”，“历任三年，化醇讼简，家给人足，民怀其惠，至今称之”[⑤]。御史杨暄“刚直敢言，不徇权贵。利不能诱，威不能惕。贤士大夫则与之结

---

① （清）龙文彬：《明会要》卷三三《职官五 · 都察院》，中华书局，1956 年，第 560 页。

② 《明宪宗实录》卷七，天顺八年秋七月己巳条，第 168—169 页。

③ 《明宣宗实录》卷八一，宣德六年秋七月癸酉条，第 1878 页。

④ （明）葛天民、吴沛泉汇编：《明镜公案》卷二《奸情类 · 陈大巡断强奸杀人》，刘国辉校点，群众出版社，1999 年，第 335 页。

⑤ （明）余象斗编述：《诸司公案》卷五《争占类 · 曾御史判人占妻》，李永祜等校点，群众出版社，1999 年，第 279 页。

纳，奸险邪佞则多为排抑”[①]。

陆人龙描写陈御史巡按江西，“每府都去考察官吏，审录狱囚，观风生员，看城阅操，捉拿土豪，旌表节孝”[②]。凌濛初写李御史巡按福建，“巡历地方，祛蠹除奸，雷厉风行，且是做得利害。一意行事，随你天大分上，挽回不来”[③]。《醒世姻缘传》里，按察司巡道李纯治清廉方正，“穿了豸服，束了花银带，拖了印绶，冷铁了面孔，说什么是张纲！又什么是温造！倒恰似包龙图一般”[④]。《招帖收去》中，包公巡行天下，知林福被诬，叹道：“我奉旨搜检冤枉，今观林福这段事情，甚有可疑，然能不为伸理?”[⑤]这些监察官正直无私、恪尽职守的品格，令人敬佩之情油然而生。

(二) 通晓刑名、明法善断

朱元璋曾对监察御史言：“御史掌纠察，朝廷纪纲尽系于此。”[⑥]要整饬吏治、振刷纲纪，监察官自己就必须对“纲纪”有过人的了解，更何况监察官最主要的职责内容之一便是司法监察，故在品行要求之外，明法博学、通晓刑名向来都是监察官人选的一项硬性要求。

朝廷不断强调对新任御史要进行刑名技能的训练。如此一来，御史自然就成为明代官员中最明法善断的群体。小说中塑造的典型御史形象便是“肃肃清风獬豸衣，一生守法并无违。丹墀

---

① (明)余象斗编述：《诸司公案》卷六《雪冤类·杨御史判释冤诬》，第304页。

② (明)陆人龙：《型世言》第二二回《陈御史错认仙姑　张真人立辨猴诈》，覃君点校，中华书局，1993年，第560页。

③ 凌濛初：《二刻拍案惊奇》卷二六《懵教官爱女不受报　穷庠生助师得令终》，中华书局，2009年，第308页。

④ (明)西周生：《醒世姻缘传》第一二回《李观察巡行收状　褚推官执法翻招》，第104页。

⑤ (明)佚名：《包公案》卷一《招帖收去》，王玉杰校点，中州古籍出版社，2009年，第49页。

⑥ 《明史》卷七三《职官二》，第1771—1772页。

拜罢寒威彻，万古千秋烈日辉”[①]。在某些故事中，监察官吏具有过人的智慧，他们司法经验丰富、技巧娴熟，明察秋毫、剖断如神，给故事增添了许多乐趣，引人入胜。比如《新民公案》《廉明公案》中大多数故事都属于此类。这些精明的监察官，或认真推敲案件情节，或仔细审查证据，或耐心琢磨干证言辞，终于发现问题、揭露真相。有的监察官甚至运用心理战术，巧设圈套，或“赚”得证据，或引诱罪犯招供，终致“民奸不终隐伏，而王法悉得其平矣”[②]。如《新民公案》郭公“省刑罚，薄税敛，抑权贵，屏佥刑”，“三法司嘉其廉公有能”。小说作者评曰：“非贡谀也，欲俾公今日新民之公案，为万世牧林总者法程也。有志而喜，于是乎乐谈，而镂之剞劂。”[③]又如南京巡按陈主道“任事精勤，秋毫必察，刑罚严简，纤微必烛。每问刑，焚香告天，狱无冤枉，屡出无辜”[④]。一个个明法善断、精明强干的御史形象跃然纸上。

明代通俗小说中公案故事的套路通常是这样：案件被糊涂官吏错判造成冤枉，然后巡按御史或按察司官等监察官介入，经过一番侦查和研磨，终于平反冤案。典型的有《彭御史判还民田》《魏恤刑因鸦儿鸣冤》《陈风宪判谋布客》《曹察院蜘蛛食卷》《曾大巡判雪二冤》《刘刑部判杀继母》《陈按院卖布赚赃》《冯大巡判路傍坟》《曾御史判人占妻》等等。一系列的故事，塑造了一批清廉正直又聪敏善断的监察官光辉形象，广受朝野赞誉，深受百姓怀念。如御史曾泉“操行廉洁，莅事勤能，劝学兴礼，尤恤贫窘”，“历

---

① (明)周清源：《西湖二集》卷三三《周城隍辩冤断案》，浙江古籍出版社，2017年，第317页。

② (明)佚名：《包公案》卷一《夹船底》，第55页。

③ (明)吴迁：《新民录引》，(明)佚名编撰：《新民公案》，马玉梅校点，群众出版社，1999年，第3页。

④ (明)葛天民、吴沛泉汇编：《明镜公案》卷二《奸情类·陈大巡断强奸杀人》，刘国辉校点，第335页。

任三年，化醇讼简，家给人足，民怀其惠，至今称之”[①]。

二、通俗小说塑造的负面监察官形象

正如现实社会中有精细明察、解民于倒悬的清官廉吏，但也不乏滥用权力、肆意盘剥百姓的贪官污吏一样；明代通俗小说中的监察官，尽管多以正面形象示人，但是肮脏龌龊、愚蠢无能之辈也不少，后者一般都不得善终。

（一）贪赃受贿、徇私枉法

古代历史上，从来不缺乏贪官污吏。明代中后期，官场权钱交易更是普遍。《金瓶梅》一书对于巡按御史的丑恶嘴脸有着深刻的揭露。如第二十七回，盐商王四峰违法被监在狱中，通过西门庆贿赂蔡京，蔡京再指示山东巡按侯爷。后者通过一番操作，将行贿者尽行释放，将一场命案轻易化为云烟。第四十九回，蔡御史邀请宋巡按到西门庆家喝酒。蔡御史在金银、美色、美酒轮番攻击之下，竟表示：“倘我后日有一步寸进，断不敢有辜盛德。”[②]次日临别，西门庆说起苗青杀人一案，蔡御史满口应承，遂开释了真凶苗青，将两个船家做了替死鬼。

（二）助纣为虐、陷害忠良

明代御史的“软骨症”，早在明前期已经患下。成化年间，宦官汪直势大，“巡边之时，都御史尽戎装披挂，直至二三百里之外迎接，望尘跪伏，等候马过，方才走起。若驻馆驿之中，便换小帽一撒，趋走唯喏叩头，无异奴婢”。所以当时有歌谣曰：“都宪叩头如捣蒜，侍郎扯腿似烧葱。”[③]有的御史还附从权奸，充当迫害忠

---

① （明）余象斗编述：《诸司公案》卷五《争占类·曾御史判人占妻》，第279页。

② （明）兰陵笑笑生：《金瓶梅词话》第四九回《西门庆迎请宋巡按　永福寺饯行遇胡僧》，人民文学出版社，2000年，第585—586页。

③ （明）周清源：《西湖二集》卷一八《商文毅决胜擒满四》，第183页。

良的马前卒。如《沈小霞相会出师表》中，沈炼被严嵩父子陷害，发配边疆。严世蕃派心腹御史路楷巡按宣大，后者便设计害死沈炼及其儿子，并企图诛除其余家属。

（三）昏聩糊涂、律例不精

还有的御史，虽然没有贪赃枉法，也没有依附权贵、甘为其鹰犬，但自身昏庸愚蠢、不谙刑名、裁断错误，酿成冤案，也给监察官形象抹上了一层浓重的黑色。如方大年之父与继室陈氏吵架，陈氏持刀杀夫。方大年发怒夺刀杀陈氏。县官审知陈氏杀夫在先，方大年杀母在后，遂判方大年"杀母大逆"。巡抚、巡按皆依拟缴下，方大年只等秋后问斩。审录官刑部主事刘景认为方大年之继母手杀其夫，大年下手时，母子关系已经断了。最后，大年以擅杀有罪之人论杖罪。此案中，县官与巡按、巡抚等人，"唯知不合杀母议罪，不知其继母杀夫，已非吾母，杀之是杀一有罪之人"，因律例不精，所以作出了错误的判决①。

也有的故事是地方官勘断正确了，但却被监察官错判了。如《欢喜冤家》第三回，章必英谋商人王仲贤之命，孰料王仲贤命大，被人所救。知县将章必英问成绞罪，这是罪当其罚。可是，后来恤刑官吏看到诉词上写王仲贤并未死亡，财产也未丢失，既不问苦主，也不问干证，径自减罪，判徒罪三年，真糊涂也！

第二节　通俗小说对司法监察运作过程的反映

据当代学者分析，明代公案小说的素材来源主要有三：第一，

---

① （明）佚名编撰：《详情公案》卷四《人命门·郑刑部判杀继母》，马玉梅校点，群众出版社，1999年，第63—64页。

演绎当时流传的民间故事；第二，改编前代案例文本，如《疑狱集》《名公书判清明集》等；第三，改编当时话本小说中故事[①]。可以想见，明代通俗小说与现实的联系有多么紧密。流传至今的明代通俗小说对于当时的司法和司法监察也有比较全面而深刻的反映。其中缘由，一方面，有一批文化水平很高的文人积极投身通俗小说的创作；另一方面，这些作者不少人曾做过官、为过吏，对官场的运作、判案理讼具有一定的认识和洞彻，所以他们对于公案的描写细致入微，不经意间给后世留下了宝贵的历史资料[②]。如冯梦龙曾在崇祯年间担任县学训导、福建寿宁知县，曾上疏指斥时弊，最后抗清兵败，忧愤而死。这些经历，又为其艺术造诣积累了涵养，为其作品增添了许多深度[③]。又如陆人龙，终生只为一诸生，其《型世言》主要就是对当时的名人传记资料、社会新闻和野史笔记进行改编，有的是在比较忠实于本事的基础上加以润色，有的则比较多地进行了艺术加工[④]。当然，在这里，我们阅读的重点不在于故事的情节和文笔，而在于小说家们笔下对社会环境和时代背景的反映和揭露。

一、司法监察纠错程序的启动

司法监察的目的在于查清真相、辩明冤枉，将案犯绳之以法，确保案件的裁判情罪允协、罚当其罪。为了实现这一目的，在重

---

① 刘云春：《明清小说与历史叙事》，西南交通大学出版社，2017 年，第 119 页。

② 据学者考证，明代公案小说，从作品取材、故事源流来看，诸书有不少篇目是从法家书抄引、改编而来。如《廉明公案》一书有 64 则判词直接从《萧曹遗笔》采录，《诸司公案》有 33 则故事由明张景增补的《疑狱集》改写而成，《海公案》有 18 则故事来自《折狱明珠》。（李修生、赵义山主编.《中国分体文学史・小说卷》，上海古籍出版社，2014 年，第 370—371 页）

③ 中华书局编辑部：《古今小说古今传》，（明）冯梦龙：《喻世明言》，中华书局，2009 年，第 3 页。

④ 覃君：《型世言》前言，（明）陆人龙：《型世言》，第 4 页。

实体、轻程序的古代,司法监察纠错程序的启动方式明显具有多元化的特点。

(一) 监察官被动接受陈告

当事人或者其亲属不服地方衙门判决,觉得冤屈未伸,主动告诉监察官员。后者觉得其真有可矜之情、可疑之处,便准予立案。这是司法监察纠错程序启动最一般的缘由。如《诸司公案・许大巡问得真尸》,泰安富豪王元起欺占奸淫佣工李进贤之妻方氏,将李进贤杀害。李进贤之兄进贵告到衙门,宋太尹拟进贵以诬告罪。进贵不甘,复往府告。石太府仍拟以诬告。进贵闻巡按许孚中廉明,复迎轿陈告,巡按见其哀情恳恳,乃准其状。《醒世姻缘传》中,魏三受人指使,假冒晁梁生父,要晁梁归宗,知县糊涂裁断。晁夫人不服,遂趁着学道按临之际递状申冤。从小说内容看来,无论之前案件经过多少次裁断,当事人只要认为有冤屈,便可无休止地告诉,司法监察官员随时都可以进行裁断。如《诸司公案》卷五"齐大巡判易财产"一案,兄弟为遗产相争不已,相率贿赂官府,两相讦告。如此者五年,几经十余断,不能息争。及齐贤为巡按御史,又接受了两人的陈告。

如果当事人已被关押,无法及时诉冤,也可以在被释放后到监察官员处进行控诉,以图翻案。《廉明公案・朱代巡判告酷吏》中丁启被人诬扳,本应释放,但刑房书吏赵良勒银五十两。丁启不得不花钱买了一条命,被释放后,随即将赵良告到巡按处。《姚大巡辨扫地赖奸》中黄士良被知县拷打,勒逼招承欺奸弟妇。五年后,姚尚贤巡按河南,黄士良趁机诉冤。

本书第二章已介绍明代有"越诉"之禁,诉讼须自下而上进行,除特殊情况,民人不得直接赴巡按御史、按察司官处告诉。但是从小说来看,这个制度并没有得到严格遵守。明代通俗小说中,有时候,出于对当地衙门的顾忌,或出于对御史、按察司官身份、地位和职业操守的特别信任，当事人或其亲属会绕过当地府县长官，直接向监察官告诉。如《新民公案》中“争子辨其真伪”案，张桌之子张文旆被人拐卖给大户杨广，张桌认出来，遂争子。张桌遂到按察司告状，按察使问道：“这样小事，府县何不去告？”张桌答曰：“杨广势大，小的无后为大，故此冒死来告！”[①]按察使遂准了状辞。又如《警世通言》卷十一，知县苏云上任途中，在仪真遇盗，幸而未死，欲往仪真告状，但又担心强盗与当地官吏勾结，且南京御史衙门更具权威，遂直接到南京投状。再如《新民公案・设计断还二妇》中姚克廉本是寿宁县五都一图民，因在福建洪塘经商发现被贩卖的姐姐、姆婶两人，不敢在当地陈告，遂直抵省城到按察司周爷处投告。

小说告诉我们，即使案件已经州县官受理，但未作了结之前，当事人仍可以直接赴监察官处告诉。例如《新民公案・改契霸占田产》中，严州民叶之蕃告郑雍占他田产，县衙一时未能审决。适逢分巡郭爷同牛大巡到严州，叶之蕃即具状，到分巡处告之。哪怕案件正在州县、府衙审理，当事人或其亲属也可以向监察官告诉。如《诸司公案・陈巡按准杀奸夫》中，杨宠之妻与詹升通奸，杨宠杀死奸夫奸妇，然后到衙门出首，被知县收监候审。杨宠之父恐知县偏问致输，即赴按院陈告，巡按便亲提来审。

在明代，户婚田土纠纷，两造可以自行和息，也可以在司法官吏主持下进行调解。但是若两造不满调解，还可以向监察官投告。例如，《新民公案》有“追究恶弟田产案”讲章氏丈夫卒于任上，其小叔敖文信欺瞒家财。因章氏无凭无据，县官为难，想让敖文信出点资财以息事宁人，敖文信只得答应。但是章氏咽不下这口气，让弟弟赴按察司去告，也得到受理。

① （明）佚名编撰：《新民公案》卷三《赖骗・争子辨其真伪》，第90—91页。

有的监察官员为了打击奸恶，稳定民生，还鼓励百姓勇敢告状诉冤。如《醒世姻缘传》第十二回写山东临清道访查得知地方上冤声四起，于是回了察院，出了一大张告示鼓励受地方奸恶势力荼毒的百姓赴道陈告，结果百姓递上状子不下数百张。

需要注意的是，古代官员接受民间的陈告原则上都是有固定时日的，即“放告日”。例如前述章氏不满县官的调解，让弟弟章旦赴按察司去告小叔敖文信欺占家财，小说写道：“章旦听姊之言，即时竟往成都郭爷处去告。来到成都，正值放告日期，遂跪二门进状”云云[①]。哪怕是命盗案件，由于关系重大，苦主可以随时陈告，但也必须遵循一定的规则。如《金瓶梅》里苗青谋杀安童之主人，安童到巡按处举告。小说写道：“安童自思：‘我若说下书的，门上人决不肯放。不如等放告牌出来，我跪门进去，连状带书呈上。’”这“放告牌”应是巡按开始接受词状的仪式。小说还写：安童“于是早把状子写下，揣在怀里，在察院门首等候多时。只听里面打的云板响，开了大门，曾御史坐厅。头面牌出来，大书告亲王、皇亲、驸马、势豪之家；第二面牌出来，告都、布、按并军卫有司官吏；第三面牌出来，才是百姓户婚田土词讼之事”[②]。第三面牌出来之后，安童方能进去告诉。

（二）监察官主动启动纠错程序

1. 监察官刷卷发现问题

照刷卷宗是巡按御史进行司法监察的重要手段。刷卷就是检查案件卷宗，看程序是否合法、内容是否经得起推敲、判决和执行是否没有问题等等，一旦发现问题，就应追究。小说告诉我们，巡按御史照刷卷宗时，遇到疑问，可以提当事人、干证进行讯问，

---

① （明）佚名编撰：《新民公案》卷四《霸占·追究恶弟田产》，第131页。

② （明）兰陵笑笑生：《金瓶梅词话》第四八回《弄私情戏赠一枝桃　走捷径探归七件事》，第564页。

必要时还可以进行实地勘察。所以，监察官照刷卷宗发现问题进而启动监察纠错程序，最终辩明冤枉是小说叙事的惯用套路。《金瓶梅》里东平府已审结苗青杀人一案，曾巡按"查刷卷宗，复提出陈三、翁八审问"，方才审出苗青主谋之情[①]。《魏恤刑因鸦儿鸣冤》里，杨清害命谋财一案，知县审结。半年后，刑部主事魏道亨来湖广恤刑，"是夜览案卷，乃见是本年新案，仔细详察"，看出此中必有冤枉。次日，"单调杨清一起人犯研审"，稍后又微服带仆人访察，直至平反冤案[②]。

2. 监察官复审疑案

《诸司公案·曾大巡判雪二冤》中，池皮匠调奸马氏不成，将其杀死。马氏之夫梁华成状告富商安其昌"挟仇杀命"。知府审问，无果，只得做成疑狱待上司复审。一年后，曾察院出巡到县，查明真凶。

3. 监察官微服私访得到线索

《廉明公案·林按院赚赃获贼》浙江巡按林见素未到任，故微行入县衙。知县疑其打点衙门，收入监去。在狱中掌握了冤案的线索。《包公案·包袱》也有相同的情节。又如《包公案·地窖》李中立谋杀金本荣、霸占其妻。包公访察，缉知其事。次日，差人拘拿相关人等起解到台，审勘明白。再有《醒世姻缘传》第十二回，知县审理一个吊死人命的案件，"糊糊涂涂的罚了许多东西，问了许多罪，尽把本来面目抹杀过了"。幸好巡道心思缜密，私行访得真相，明白了详细情节，于是发了刑厅，"把一干人犯逐个隔

---

① (明)兰陵笑笑生：《金瓶梅词话》第四八回《曾御史参劾提刑官　蔡太师奉行七件事》，第566页。

② (明)宁静子辑：《详刑公案》卷一《谋害类·魏恤刑因鸦儿鸣冤》，刘漱石校点，群众出版社，1999年，第112页。

别了研审，把那骨髓里边的事都问出来了”①。

4. 同僚、故人提示或请托

巡按每到一地，拜访乡宦似乎是必备项目。如《型世言》第二十二回描写陈御史巡按江西，“每府都去考察官吏……然后拜在府乡官”②。拜访过程中，乡宦免不了向其讲述当地风土人情和趣事异闻。《初刻拍案惊奇》卷二十七，巡按薛溥化上任，先来平江拜谒昔日上司高公。高公向他告知当地一桩命案，连当事人姓名、住址、去处，都细细说明白了，“薛御史谨记在心，自去行事，不在话下”③。又如《廉明公案》中“洪大巡究淹死侍婢”案，御史张英淹死侍婢爱莲，诬告丘继修开棺劫财致使继修被问成死罪。张英又修书与洪巡按，令其即决继修。该案件由此进入洪巡按视野。至于后来洪巡按遂秉公执法，首劾张英枉法之事，则是张英始料未及的。《石点头》第五卷《莽书生强图鸳侣》，莫谁何仆人来元在扬州被误当作强盗告发。其年新巡按上任，乃莫谁何的座主，莫谁何将来元被陷实情诉上，巡按遂提出来元再审。

5. 冤案的社会影响迫使监察官介入

《石点头》第八回《贪婪汉六院卖风流》，知县吾爱陶为谋取钱财，迫害王家，舆论汹汹。适值新巡按铁御史采访舆论，得知吾爱陶在任贪酷无比，杀王大郎一家七命，委实冤枉，乃上疏奏闻朝廷。

二、监察官批发案件及其处理程序

无论是主动介入，还是被动介入，监察官员决定受理案件之

---

① (清)西周生：《醒世姻缘传》第一二回《李观察巡行收状　褚推官执法翻招》，第109页。

② (明)陆人龙：《型世言》第二二回《陈御史错认仙姑　张真人立辨猴诈》，第560页。

③ (明)凌濛初：《初刻拍案惊奇》卷二七《顾阿秀喜舍檀那物　崔俊臣巧会芙蓉屏》，中华书局，2009年，第293页。

后，并不一定要亲力亲为，可以批送治下官员审理。而且，这种情况相当普遍。如《金瓶梅》里安童到巡按衙门告人命案，曾御史取笔批东平府府官从公查明，钤了关防，差人送东平府。《包公案·葛叶飘来》中，地方官发现命案，感到疑难，不敢擅决，只得将四人一起解赴包公。包公正值审录考察，无暇勘问，发委董推官问明缴报。对于重要的刑事案件，巡按接状后，可以直接交付按察司办理。《二刻拍案惊奇》卷四，四川乡宦杨佥事为恶一方，被告发。巡按遂委托按察使物色两个得力人物"必要体访的实，晓得了他埋藏去处，才好行事"①。

从小说看来，百姓向监察官上告时，可以请求或建议监察官将状子批由某官处理，而监察官也可以接受建议。如《廉明公案·韩推府判家业归男》中，推官韩世德公廉无私，"郡中尝谣曰：'推府清，清如寒潭水中清；推府明，明如中秋月里明'"②。时百姓或两院告词，俱愿乞批韩推府。因此翁家有冤，也抱一张词状，径去察院投告并乞批韩推官，得到巡按许可。《醒世姻缘传》中，计巴拉为女儿伸冤，在呈上巡道的状上写道："乞亲提审，或批理刑褚青天究解。"③状上说的"理刑褚青天"即是当时善于断案的东昌府推官。结果巡道接受了请求，于次日将状批发东昌刑厅。

小说显示，巡按、按察司批发案件相当随意，无类似现代诉讼的地域管辖或者管辖回避之说。例如，姚克廉向按察司周爷投告，周爷说："你是寿宁县人，就批建宁府郭推官去问。"④建宁府瓯宁县民黄朴向杨大巡投告，大巡"遂准了黄朴状辞，即批仰本府

① （明）凌濛初：《二刻拍案惊奇》卷四《青楼市探人踪　红花场假鬼闹》，第52页。

② （明）余象斗集：《廉明公案》下卷《争占类·韩推府判家业归男》，李永祜等校点，群众出版社，1999年，第83页。

③ （清）西周生：《醒世姻缘传》第一二回《李观察巡行收状　褚推官执法翻招》，第104页。

④ （明）佚名编撰：《新民公案》卷一《欺昧·设计断还二妇》，第28页。

理刑厅郭推官，问明解报”[①]。前述安童到巡按衙门告状，因东平府系案发地，也是安童原籍，曾御史遂将案件批发东平府审理。以上案例，巡按秉承了审理方便的原则进行批发。然而，很多监察官在批发下级处理时也会出于其他原因的考虑。如前述推官韩世德廉洁能干，两院接受告词后，不分两造籍贯，也不查案发何处，经常批韩推府审理。另有《海刚峰公案·谋夫命占妻》中，金华府汤溪县民陶镕之子在江山县遇害，夫妻为子伸冤，告到按察司。按察使忙于他事，遂令善于剖断的淳安知县海瑞勘审。

接受委差的较高级别官员，也可以委托下级审理。如前述曾御史委东平府审理苗青杀主一案，府尹胡师文见了上司批下来，慌得手脚无措，即调委善于办案的阳谷县县丞狄斯彬审理。

案件经过指定官员审理后，如监察官员对审理结果不满，或者出于慎重的态度，还可以批送其他官员重新审理。如《廉明公案·曾巡按表扬贞孝》中，僧一清杀顺娥，割下头颅潜逃。顺娥之兄陈大方赴巡按衙门告状，巡按批知府提问，其后对知府的申详不满，又批某知县重申。有时候，监察官对下属呈送的审理结果已经比较满意了，甚至在自己亲自审理之后，出于谨慎心态，还可以批送下属审理。如《醒世姻缘传》中，晁大舍之妻计氏被逼致死一案，经县、府两级审理后，巡道对东昌府的审理结果基本认可，但提出“第施氏罪关大辟，不厌详求，仰东昌府再确讯招报”[②]，即让知府衙门再次复审明白，以免纰漏。《型世言》中徐铭杀奶娘一案，按察使石璞觉察知县审详不妥，批本府刑厅确审解报后，又不释然，亲审此案，查出真相。然而，石璞“还恐内中有未尽隐情”，

---

① (明)佚名编撰:《新民公案》卷一《谋害·强僧杀人偷尸》,第 47 页。

② (清)西周生:《醒世姻缘传》第一三回《理刑厅成招解审　兵巡道允罪批详》,第 119 页。

又“批临江府详究”[①]。

当然，下级官员将巡按、按察司批交的案件审结之后，必须将结果向巡按、按察司回报。如《新民公案·设计断还二妇》中推官郭爷将按察司发来的姚克廉之案审结，“立案存照，招报按察司”[②]。又如前述《金瓶梅》东平府审结曾巡按批送来的苗青杀主一案，审判官员做好申文，将招详一并送解按院。

三、证据与质证

小说中，监察官着手的一般均是命盗案件，关系重大，倘无过硬证据，人犯不会服法。故监察官一般都会想方设法找到证据，使歹人心服口服，使无辜者沉冤得雪。这在小说中有明白的体现。

（一）监察官细心研审或现场勘查寻找证据

《包公案·夹底船》中，包公将行凶嫌疑人锁定为叶新、单桂二人，但二人虽遭用刑，拒不承认谋财害命之事，口中争辩不已。包公次日将二人隔离，分别录取口供。尽管二人口词不一，已露破绽，但又以其财未获而不招。包公坚定了自己的猜测，遂亲率众搜到赃物，迫使二犯最终认罪。另一案例，通判饶于财夜间死于浴室。海瑞巡行于郡，亲自带着随从夜宿浴室，模拟了当时的场景，发现蜈蚣从墙上坠下，案情由此大白[③]。

（二）监察官设计取得关键证据

证据重要，但是证据往往被当事人深藏。所以，监察官不但要细心研审、仔细推敲以寻找证据，高明的监察官员还能设计“赚”到关键证据，从而坐实犯罪。如《廉明公案·陈按院卖布赚赃》，梁尚宾奸骗阿秀，嫁祸鲁学曾。巡按陈濂单吊鲁学曾，详鞫

---

① （明）陆人龙：《型世言》第二一回《匿头计占红颜　发棺立苏呆婿》，第296页。

② （明）佚名编撰：《新民公案》卷一《欺昧·设计断还二妇》，第5—6页。

③ （明）李春芳编次：《海刚峰公案》第一〇回《勘饶通夏浴讼》，第161页。

其来历，遂怀疑其表兄梁尚宾作怪。乃装作布客，往梁尚宾家卖布，梁以首饰买布。巡按由此“赚”出此赃，迫使梁尚宾招承。《廉明公案·林按院赚赃获贼》故事的前半部分也是讲一个乡宦之女被骗去首饰，知府误将他人问成死罪。林巡按问清缘由，转移嫌疑对象，并故意与之交好，半年后以嫁女需要妆资为借口，让其帮忙筹备首饰。凶手毫无防备，将劫取的首饰合盘献出，案件遂告破。《二刻拍案惊奇》卷四，张寅遇害，巡按锁定嫌疑人，遂找了两个得力差人伪装为商人设计接近凶犯杨佥事，在其院中挖出尸体，将其绳之以法。

（三）质证

质证是庭审的必经程序，对于查明真相具有重要意义。百姓也深知证据的重要性，故监察官审案时，民人可以自行前往做证。如《醒世姻缘传》魏三假冒晁梁生父一案，巡道复审时，知情人任直愤而前去与魏三对质。魏三哑口无言，遂认罪。

命盗案件，更重对质。前述张寅遇害案，凶手杨佥事被抓获，按察使将张寅二子带到尸场上认领父亲尸首，又“取出佥事对质一番”[1]，方将罪人拟凌迟处死。细心的监察官往往还能在两造对质时发现端倪，然后追索出真相，从而推翻之前的裁判，还无辜者以清白。

四、其他方面

御史出巡，可以自己掌握行程。如《欢喜冤家》第四回写江西人张英被差往陕西巡按。当时他辞朝出京之后，没有马上赶赴陕西，而是自作主张先往杭州娶妻。小说还写道：“驿处奉承，好不威

---

① （明）凌濛初：《二刻拍案惊奇》卷四《青楼市探人踪　红花场假鬼闹》，第52页。

武。”[1]由此可见，他这种擅自改变行程的作为，虽然违反了巡按御史不得便道回家的制度规定，但似乎也得到官方的认可。而且，巡按巡行的日程，外人也可以探知，并不机密。如《包公案·葛叶飘来》中，包公巡行南京，某举人与其相知，探得包公先巡视苏州，径转芜湖，遂与其约定在芜湖相会。巡按到了辖区，可以任意决定巡察地点之先后。如《玉堂春落难逢夫》故事中，王景隆点了山西巡按，往山西省城上任讫。出于对玉堂春的关心，便即时发牌，先出巡平阳府。

巡按提审案件，要待府县将囚犯和案卷送往巡按所在地之后，再定日子进行审录。如《醒世姻缘传》里巡按按临东昌，武城县将监内重犯佥了长解，押往东昌。到了东昌，巡按才定审录日子。

巡按审录人犯，需要原来的捕快押解，以便对审。如《醒世恒言》卷二十，张权无辜受杨洪、赵昂陷害，“张权解审恤刑，却原是杨洪这班人押解。元来捕人拿了强盗，每至审录，俱要原捕押解，其中恐有冤枉，便要对审，故此脱他不得”[2]。

按照明制，死刑案件要三次驳审，《醒世姻缘传》里有两处体现。第一次是珍哥逼死计氏一案。当时褚推官推翻了原问知县的判决，判珍哥绞罪。两个差人告知道：“褚爷虽是如此问，上边还有道爷，还要三次驳审。”[3]第二次是程谟杀人一案，程谟“驳了三招，问了死罪，坐在监中，成了监霸，倒比做光棍的时候好过”[4]。然

---

① (明)西湖渔隐主人:《欢喜冤家》第四回《香菜根乔妆奸命妇》，华夏出版社，2013年，第52页。

② (明)冯梦龙:《醒世恒言》卷二〇《张廷秀逃生救父》，中华书局，2009年，第293页。

③ (清)西周生:《醒世姻缘传》第一三回《理刑厅成招解审　兵巡道允罪批详》，第113页。

④ (清)西周生:《醒世姻缘传》第五一回《程犯人釜鱼漏网　施囚妇狡兔投罗》，第450页。

而，根据小说透露的情况，三次驳问往往徒具形式而已。仍说珍哥逼死计氏一案，经过县、府两级审理，又往巡道解审。巡道认为拟珍哥威逼绞刑或许过轻，又驳回本府。于是，一干人犯被提到府城，但报到时方知已被批了聊城县。聊城审过，转详本府，又改批了冠县。审过，又详本府，又改批茌平县，半个月后再连人解到本府。作者写道："虽是三四次驳问，不过是循那故事，要三驳方好成招。一个刑厅问定、本道复审过的，还指望有甚么开豁！本府分付把人犯带回本县，分别监候，讨保，听候转详。由两道两院一层层上去，又一层层批允下来，尽依了原问的罪名。"①

对于死刑案件，各级衙门逐级审转，巡按还要上报朝廷复核。最终判决下来之后，监决的往往也是巡按御史。例如，《型世言》第二十二回，知县抓获大盗张志，"连夜成招，申解大名府。转解守巡道、巡抚、巡按……圣旨依拟，着巡按监决"②。又如，和尚了然杀了妓女李秀英，巡按"判完，连夜写本申奏。过了两日，票拟到部，将了然定绞。待到秋后，把了然正法"③。

对于朝廷命官，或者曾经的朝廷命官，被坐实犯罪的，巡按还要奏请定夺。如四川乡宦杨佥事连杀五人，巡按嘱托按察司将案件侦破，拟杨佥事凌迟处死，按察司"申院奏请定夺"④。

巡按御史送本入京，也有特殊的形式。《金瓶梅》里，来保向西门庆汇报："俺每回来，见路上一簇响铃驿马，背着黄色袱，插着两根雉尾、两面牙旗，怕不就是巡按衙门进送实封才到了。"⑤

---

① (清)西周生:《醒世姻缘传》第一三回《理刑厅成招解审　兵巡道允罪批详》，第121页。

② (明)陆人龙:《型世言》第二二回《任金刚计劫库　张知县智擒盗》，第310页。

③ (明)西湖渔隐主人:《欢喜冤家》第一四回《一宵缘约赴两情人》，第177页。

④ (明)凌濛初:《二刻拍案惊奇》卷四《青楼市探人踪　红花场假鬼闹》，第52页。

⑤ (明)兰陵笑笑生:《金瓶梅词话》第四八回《曾御史参劾提刑官，蔡太师奏行七件事》，第576页。

第三节　通俗小说对司法监察功能的反映

监察御史按临地方，“代天子巡守”，在民间声望很高。如冯梦龙描写徐继祖中了二甲进士，在京二年，选授监察御史，差往南京刷卷，尚未到来，“当涂县内，只见沿街搭彩，迎接刷卷御史徐爷”①。徐巡按“少年科第荣如锦，御史威名猛似雷”②。《金瓶梅》中宋御史与蔡御史出场，二者“都穿着大红獬豸绣服，乌纱皂履，鹤顶红带，从人执着两把大扇”③。《二刻拍案惊奇》卷二十六写御史出场景象：“船舱门开处，摇摇摆摆，踱上个御史来。那御史生得齐整，但见：胸蟠豸绣，人避骢威。揽辔想象澄清，停车动摇山岳。霜飞白简，一笔里要管闲非；清比黄河，满面上专寻不是。”④知县朱源被行取到京，差往淮扬巡按。小说写道：“这是代天子巡狩，又与知县到任不同。”又赞曰：“号令出时霜雪凛，威风到处鬼神惊。”⑤在小说家笔下，监察官往往是百姓寄托希望的青天老爷，司法监察是澄清吏治、激浊扬清、雪屈理冤的有效措施。

一、司法监察是惩罚罪恶的有力武器

《金瓶梅》中，巡按山东御史曾孝序弹劾西门庆，提到了御史的职责及其重要性。其曰：“臣闻巡搜四方，省察风俗，乃天子巡狩之

① (明)冯梦龙：《警世通言》卷一一《苏知县罗衫再合》，中华书局，2009年，第97页。
② (明)冯梦龙：《警世通言》卷一一《苏知县罗衫再合》，第98页。
③ (明)兰陵笑笑生：《金瓶梅词话》第四九回《西门庆迎请宋巡按　永福寺饯行遇胡僧》，第580页。
④ (明)凌濛初：《二刻拍案惊奇》卷二六《懵教官爱女不受报　穷庠生助师得令终》，第306页。
⑤ (明)冯梦龙：《醒世恒言》卷三六《蔡瑞虹忍辱报仇》，第543页。

事也；弹压官邪，振扬法纪，乃御史纠政之职也。昔《春秋》载天王巡狩，而万邦怀保，民风协矣，王道彰矣，四民顺矣，圣治明矣。”[①]

清正廉明的监察官能有效遏制地方黑恶势力，激浊扬清。山东临清道因为是运河口岸，流动人口众多，鱼龙混杂，地方政治黑暗，司法混乱。按察司佥事李纯治被任命为巡道，“不时戴了顶巾，骑了匹骡子，跟了一两个人，在那巡属十八州县里边不歇的私行，制伏得那些州县也不敢十分放肆”[②]。李巡道闻知武城知县作恶多端，便予以特别稽察。后来该知县死了，李巡道恐怕那些虎狼衙役都逃散危害百姓，便突然径进县堂上坐下，召唤六房衙役，对其中罪行严重者予以严惩。《包公案》中系列故事，如《咬舌扣喉》《钥匙》《包袱》《葛叶飘来》《招帖收去》《夹底船》《妓饰无异》等，均是包公巡行地方时所办理的案件。可见，在百姓心目中，巡按是认真执行律法、维护社会正义的使者。

有时候，尽管司法监察官员在与黑恶势力斗争中落败，但其主持正义的初心仍令人钦佩。如《金瓶梅》中苗青杀死主人并劫走财物，贿赂提刑衙门，逍遥法外。山东巡按曾孝序重审此案，得出实情，并弹劾西门庆与夏提刑受赃卖法。然而，蔡太师受了西门庆二人行贿，遂设计陷害曾御史，将其除名，“窜于岭表，以报其仇”。小说作者感慨：“污吏赃官滥国刑，曾公判刷雪冤情。虽然号令风霆肃，梦里输赢总未真。”[③]

---

① (明)兰陵笑笑生:《金瓶梅》第四八回《曾御史参劾提刑官　蔡太师奏行七件事》，第570—571页。

② (清)西周生:《醒世姻缘传》第一二回《李观察巡行收状　褚推官执法翻招》，第104页。

③ (明)兰陵笑笑生:《金瓶梅词话》第四九回《西门庆迎请宋巡按　永福寺饯行遇胡僧》，第578页。

二、司法监察是平反冤假错案的有效措施

有明一代，司法黑暗，“从来只有冤狱难断”①，冤声四起，人们对司法监察官抱有很高的期许，正所谓“肃肃清风獬豸衣，一生守法并无违。丹墀拜罢寒威彻，万古千秋烈日辉”②。或许是基于天道轮回、善恶报应的宣教理念，以及迎合“大团圆”故事结局的市场口味，通俗小说对于以巡按御史为代表的司法监察官员的形象反映大多是正面的。他们站在公平正义的立场上，贴近现实，运用自己的生活阅历和智慧、胆识，或谨慎斟酌、反复磨戡、探究人物关系。或微服私访，发现人情物理，或巧设圈套调取证据，或迂回曲折“赚”罪犯入彀，一个个如神明般明察秋毫，将屈打成招的冤案辩明重判，将别人束手无策的难题剖决如流，终致“民奸不终隐伏，而王法悉得其平矣”③。他们使冤屈者平反昭雪，使百姓大快人心，重建了被破坏的社会秩序，实现了民间公平正义的理想。

在平反冤假错案的监察官广受民众欢迎，被民众广为颂扬的同时，其司法监察活动也重塑了政府权威。例如《醒世恒言》卷二十，张权无辜受人陷害，同监牢的种义安慰其曰：“等待新按院按临，那时去伸冤，必然有个生路。”后来巡按到来，种义指点张廷秀去巡按衙门告诉，最终平反其父冤屈。冯梦龙表达了人们对清正御史的感激：“奸细明镜照，恩喜覆盆开。生死俱无憾，神明御史台。”④《判雪二冤》这个故事里，先是屠夫岳充劫杀史符，将头扔在后园枯井中。随后，池皮匠杀马氏，割下头来，挂在屠夫岳充肉钩上，又被岳充丢在后园枯井中。马氏之死，遂成无头公案，拖延

---

①② (明)周清源：《西湖二集》卷三三《周城隍辩冤断案》，第317页。

③ (明)佚名：《包公案》卷一《夹船底》，第55页。

④ (明)冯梦龙：《喻世明言》卷二《陈御史巧勘金钗钿》，第37页。

不决。一年后，曾巡按来到，见此案可疑，遂令人化装细访，逐渐将线索集中到池皮匠身上，最后两案大白于天下。编纂者评论曰："此案池匠之杀甚密，既无可究……惟曾院知杀妇者必附近居民……已乃果得真犯，此非智且巧乎！既又雪史符之冤，则天意非人力也。"[①]充满了对御史的赞颂与敬佩之情。《魏恤刑因鸦儿鸣冤》里，杨清劫杀马泰，已被审实，就等秋后处决了。谁料半年后，刑部主事魏道亨恤刑时，经微服访察，却查出真凶乃吴玉。小说家将其视为监察官之楷模、理刑者之佼佼，赞曰："此断魏公之英明如此，上不负朝廷推毂之诚，下不致囹圄覆盆之叹。不然杨清之死几陷于无辜，而马泰之冤终沉于苦海。此冤一白，京师大震，远近知名，而恤刑之任始不虚矣！理刑者可不察欤！"[②]

第四节　通俗小说描述司法监察的文化意蕴

据当代学者分析，通俗小说尤其是公案故事在明代万历之后能蓬勃发展，"广大读者希望了解法律知识的需求正是重要的推动因素，正如讲史演义的盛行适应了百姓渴望了解历史知识一样"[③]。然而，笔者以为，深刻地反映了社会现实，使得读者从中得到某种心理慰藉也是通俗小说兴盛的重要原因。我们知道，著名的小说家冯梦龙虽曾担任知县，但之前一再困于场屋不得志，因而多年混迹市井。其他小说家诸如凌濛初、余象斗等人，社会层次都不高，他们都与社会大众有过密切的交往，其服务对象也

① （明）佚名编撰：《详情公案》卷四《人命门·判雪二冤》，第61—62页。
② （明）宁静子辑：《详刑公案》卷一《谋害类·魏恤刑因鸦儿鸣冤》，第112页。
③ 傅璇琮、蒋寅总主编：《中国古代文学通论·明代卷》，辽宁人民出版社，2016年，第137—138页。

主要是市井百姓。故而他们的立场、认知以及说话的内容，必然和广大市井百姓存在着高度的一致。他们笔下所描述的司法监察活动，所讲述的监察官平反冤案的一个个精彩故事，向我们传达了以下三方面的社会文化心理：

一、民间对黑暗政治的失望和对不肖官吏的愤慨

明代发展至嘉靖之后，帝国已经步入中晚期，政治黑暗、社会道德沦丧，统治阶级已经相当腐朽。体现在司法、监察领域，朱元璋悉心建构的制度已经失灵，官吏因循苟且、碌碌无为。万历年间的大臣于慎行在笔记中说道："本朝姑息之政甚于宋代，但其体严耳。……本朝无其恩礼，而法亦不行，甚至败军之将，可以不死，赃吏巨万，仅得罢官，是吞舟之漏也。"[①]

官场的腐败和政治的黑暗，使得政治批判"成了晚明俗文学的一种主导文化倾向"[②]。这种倾向在通俗小说中也有明显的反映。如锦衣卫都指挥门达得宠，"权倾中外，横恣罗织"，甚至还敢假传圣旨，将皇帝的恩人袁彬逮捕下狱，"欲坐袁彬以必死之狱"[③]。严嵩当权，"权尊势重，朝野侧目"，"不肖之人，奔走如市。科道衙门，皆其心腹牙爪。但有与他作对的，立见奇祸：轻则杖谪，重则杀戮，好不利害！"[④]《金瓶梅》里，且不说西门庆受赃卖法，行贿蔡太师得到庇护而逍遥法外。单说曾巡按弹劾蔡京，然而参本尚未到达东京，其内容却已被蔡京的爪牙夏提刑侦知。稍后蔡太师设计陷害曾御史，将其贬斥，进而发配岭南。严氏、蔡京根蒂之深、

---

① （明）于慎行：《谷山笔麈》卷二"国体"，中华书局，1984年，第29页。

② 张文珍：《腐败政治批判：明末清初通俗小说的一种文化倾向》，《东岳论丛》2012年第1期。

③ （明）余象斗编述：《诸司公案》卷六《雪冤类·杨御史判释冤诬》，第304页。

④ （明）冯梦龙：《喻世明言》卷四〇《沈小霞相会出师表》，第392页。

势力之大、爪牙之多，细思极恐。正如冯梦龙写道："忠臣翻受奸臣制，肮脏英雄泪满襟。"[①]海瑞忠贞为国，"保驾三朝，匡救社稷"，尽管身为都察院长官，却到处碰壁、壮志难酬。小说家都替其深感惋惜，赋诗曰："象简朝天若辩奸，圣明纳谏赖忠言。只缘蔓草除难尽，空负精心一寸丹。"[②]小说家对黑暗政治的失望溢于言表。

府县衙门中，肆意用刑、屈打成招的情况罄竹难书。如《沈小官一鸟害七命》中，县官坐堂，只偏听一面之词，便将嫌疑人"喝令吊起拷打，半日不肯招承，又将烧红烙铁烫他，二人熬不过，死去将水喷醒，只得口吐真情"[③]。《十五贯》中王老员外和大娘子的控诉有着明显的疑点，但是府尹听了后，根本不加分析，立即拷问小娘子，将其打得皮开肉绽，被迫自诬成冤。小说家愤愤不平道："这段冤枉，仔细可以推详出来，谁想问官糊涂，只图了事，不想捶楚之下，何求不得？……所以做官的切不可率意断狱，任情用刑，也要求个公平明允。道不得个死者不可复生，断者不可复续，可胜叹哉！"[④]

二、民间对清官的崇拜和对监察官寄予重望

中国古代百姓对清官的崇拜有着悠久的历史。在人治社会、等级社会的政治社会生态下，权大于法，权贵势豪欺压良善、作践"蚁民"的现象比比皆是，也就导致了冤屈遍地、哀声四起。百姓遇到冤屈，不能及时得到公平公正地解决，长久以往，自然就会幻

---

① (明)冯梦龙：《喻世明言》卷四〇《沈小霞相会出师表》，第 392 页。

② (明)李春芳：《海公案·海公小红袍全传》第二三回《叩丹墀三奸伏罪　临海表一纸征兵》，北方文艺出版社，2013 年，第 412 页。

③ (明)冯梦龙：《喻世明言》卷二六《沈小官一鸟害七命》，第 255 页。

④ (明)冯梦龙：《醒世恒言》卷三三《十五贯戏言成巧祸》，第 489 页。

想出一位青天大老爷横空出世，体恤民情、为民请命、替民申冤。而且，越是乱世，政治越是腐败，公平正义越是受到践踏，百姓就越是期盼能够有人挺身而出主持公道，将黑恶势力绳之以法，重建安定和谐的社会秩序。宋元时期，以公案故事为题材的文学创作渐成气候，首要原因即在于清官情结的确立[①]。有学者指出："与现实制度中弱势群体的处处横遭欺凌相比，小说往往通过清官对贫弱无助者的加倍体恤抚爱、格外慈善的克己施恩而表现出清官们的大仁大德。"[②]

如前述，明代中后期是中国历史上政治、司法比较黑暗的时期，故民间对清官的渴盼尤其强烈。而塑造清官形象，强化清官崇拜意识，明代也有着独特的资源。众所周知，朱元璋立国伊始，就采取"明刑弼教"的基本国策，一方面推行"重典治国"，另一方面大力推行教化，宣扬程朱理学。在这样的风气侵染之下，明代确实涌现出了很多清官循吏，况钟、海瑞、郭子章就是其中的典型。所以，冯梦龙等小说家除了可以利用包公、韩琦等"历史资源"，还可以发掘海瑞等人的故事，利用其同时代的资源进一步丰富清官形象，塑造出更为丰满、更具有大仁大德、更为受人欢迎的青天大老爷形象。诸如《张县尹计吓凶僧》《两县令竞义婚孤女》《一文钱小隙造奇冤》《乔太守乱点鸳鸯谱》等故事，都是在"蚁民"走投无路的危急关头，清官及时出现，以其正直的品格、精察的断案水平救民于水火。而那些深为百姓称道的清官，很大部分是监察官。因为监察官"代天子巡行"，职责本就在于绳愆纠缪，他们位尊权重，具有实现公平正义的实力和条件。在《邹推府藏吏听

① 武润婷：《中国古代长篇白话小说发展研究》，山东教育出版社，2016 年，第 134 页。

② 王毅：《明代通俗小说中清官故事的兴盛及其文化意义——兼论皇权制度下国民政治心理幼稚化的路径》，《文学遗产》2000 年第 5 期，第 71 页。

言》中，邹推府正在审案，众吏报知巡按到来，邹公曰："他是朝廷钦差，是小皇帝一般，怎敢欺他官小，就去见来。"[①]所以，案件被错判，冤屈已酿成，监察官就介入，最终平反冤案就成了通俗小说描述故事的惯常套路。由此亦可见市井百姓对于巡按御史、按察司官荡涤司法腐败、主持司法正义的期待。

在明代小说家笔下，有的监察官还得到了"神明"的赞许。如前述《林按院赚赃获贼》中，知府错误将人问成死罪，林巡按以计诱出赃物，平反冤案。文末评曰："然设若不得真赃，彼死亦不认，昌期之冤何日得伸。故先与之交密，赚出其赃，则此狱遂可立判矣。林公神明，岂可及哉！"[②]这位"平凡"的监察官尚且被誉为"神明"，更不消说专集中那些以个人统率全书的故事所着力塑造的光辉形象。如《龙图公案》《百家公案》极力歌颂的包公，《海刚峰公案》推崇的海公，《新民公案》赞扬的郭公，他们很多时候都是"御史"或者"巡按"的头衔，一个个都是清正廉洁、不畏强权，而又精明强干、剖断如流，平反冤屈干脆利落，甚至都有着超乎凡人的能力，懂阴阳、通鬼神。在他们面前，一切妖魔鬼怪都要原形毕露，一切恶行都无法隐瞒。正如现代学者所言，"包公的清正廉洁，具有十分浓厚的清官崇拜意识，是社会下层民众思想意识文学化的反映。……书中所写审案，有些是依靠包公个人的智慧和机巧，但也有不少是靠神鬼显灵、托梦等超自然手段获得解决"[③]。总之，百姓怀揣清官情结，对监察官能够体谅民情、为民做主、激浊扬清寄寓了深切的期望。

---

① (明)余象斗编述：《诸司公案》卷六《雪冤类·邹推府藏吏听言》，第286页。

② (明)余象斗集：《廉明公案》下卷《骗害类·林按院赚赃获贼》，第95页。

③ 李修生、赵义山主编：《中国分体文学史·小说卷》，第373页。

三、民间对鬼神的信仰和对善恶报应的迷信

中华民族的鬼神信仰在上古已经开始，世代薪火相传，延绵不绝。东汉开始，佛教输入中国，其因果报应说与中国传统的鬼神赏罚融为一体，影响日益扩大。于是，历代统治者因势利导，利用人们对鬼神的信仰、对因果报应的执着以麻醉臣民的思想、强化臣民内心自觉，从而达到维护统治稳定、维持社会安宁的目的。明朝皇帝甚至将鬼神提高到国家政务活动监察者的地位，法天道肇建法司、令天下府州县务要每岁依期致祭城隍，以此坚定臣民的鬼神信仰与因果报应观念[①]。

在政府的大力倡导下，信仰鬼神，相信因果循环、善恶报应成为明代世俗生活中至为普遍的现象。宣扬因果报应、劝人为善也成为小说家们创作的主旨。如《喻世明言》《警世通言》《醒世恒言》，光看名称就可以感受到作者写作之劝善主旨。再如陆人龙，将其著作命名为《型世言》，可见初衷也仿效冯梦龙，以文字教人向善。《新民公案》之谓“新民”，意即教化民众，作者和传主都主张“审理案件以教化为依归”[②]。此外，民间流传很多神灵报应的话语，诸如“从来人死魂不散，况复生前有宿冤！试看鬼能为活证，始知明晦一般天”[③]，“人身四大，乃是假合。形有时尽，神则常存。何况屈死冤魂，岂能遽散”[④]，“孰意天道昭彰，鬼神不昧！”[⑤]“湛湛青

① 详参朱声敏：《鬼神笼罩下的“明镜高悬”——鬼神报应与明代司法吏治》，《云南社会科学》2014 年第 4 期。

② 王齐洲：《中国通俗小说史》，第 320 页。

③④ (明)凌濛初：《初刻拍案惊奇》卷一四《酒谋对于郊肆恶　鬼对案杨化借尸》，第 137 页。

⑤ (明)凌濛初：《初刻拍案惊奇》卷一四《酒谋对于郊肆恶　鬼对案杨化借尸》，第 141 页。

天不可欺，未曾举意早先知。劝君莫作亏心事，古往今来放过谁？”[①]“积善之家，必有余庆；积不善之家，必有余殃。”“祸福惟人自召，非天之有私厚薄也。然积善莫大于阴，积不善亦莫大于阴。故阴骘之庆最长，阴毒之报最酷”[②]。还有“冥冥之中，积了阴德，远在儿孙近在身”[③]。甚至连父母官的贤良与否，也是报应的结果，“只因民有福，除得好官来”[④]。从小说家不断“唠叨”上述话语，我们可以想见当时崇信鬼神和坚信因果报应的社会习俗之风行。

于是，在教化大家遵循儒家伦理的同时，小说家们也将流行的鬼神显灵、因果报应观念渗透其中，赋予监察官沟通阴阳的神力，使其能依靠神灵托梦、鬼魂告状、动物提示等种种神秘手段恢复社会的公平正义，证明善恶报应的朴素伦理。如《律条公案》共四十二个故事，涉及鬼神的超过一半。《百家公案》总共约一百个故事，涉及鬼神的也大约有一半。有的故事，竟是监察官大白天在公堂上入睡，然后神明直接跑来道明真相的。最著名的判官（监察官）包公已被塑造成一个“日断阳，夜断阴”的“神官”形象。小说家在书中写道：“原来包公是个好人，自有神明来助他。”[⑤]而且，在政治腐败、吏治紊乱、司法权威扫地的时代，人们一旦遇到纠纷，尤其是遇到冤屈的时候，自然就会向上天祈求帮助，寄希望于洞察一切、明了真相的神明，期待神明能沟通世俗的判官，让后者在神明帮助下，侦破案件，还其清白、惩治奸邪。小说中神明对很多案件予以提示，或直接施展法力惩治奸恶，都会符合百姓心目中因果循环、

① （明）冯梦龙：《喻世明言》卷二六《沈小官一鸟害七命》，第 255 页。

② （明）东鲁古狂生：《醉醒石》第一回《救穷途名显当官　申冤狱庆流奕世》，上海古籍出版社，1985 年，第 1 页。

③ （明）冯梦龙：《醒世恒言》卷三三《十五贯戏言成巧祸》，第 489 页。

④ （明）安遇时：《包待制出身源流》，（明）安遇时编集：《百家公案》，石雷校点，群众出版社，1999 年，第 14 页。

⑤ （明）安遇时：《包待制出身源流》，（明）安遇时编集：《百家公案》，第 6 页。

善恶报应的公平正义标准。所以，种种鬼神显灵、神明相助的“案例”其实也可视为百姓借助文学作品表达对于现实正义的期盼。而神明的提示意味着是洞察一切的上天的作为，这无论是对于监察官本人，还是对于案件当事人以及社会民众，都具有不容置疑的权威性。这种权威性又为最后判决的权威性奠定了基础。

不过，这里需要指出，小说家写监察官沟通鬼神以破案的情节，还有两个原因。第一，推动剧情发展的需要。神灵托梦、鬼魂告状、动物提示等事件都具有神秘色彩，除了揭示因果报应、教人向善的终极主题，还可以为故事设置悬念，使内容曲折离奇，造成一波三折的艺术效果，增加读者的体验空间，达到引人入胜的创作目的。第二，弥补司法技术落后的需要。本书第五章已提及古代科技不发达，交通落后，刑侦技术低下，司法和监察所凭借的手段根本不可能跟现代社会的同日而语，司法和监察官员高度依赖的言辞证据却具有单向性、虚假性、不周密性和不准确性，往往给案件侦破带来很大困难。于是，人们对具有超自然能力的官员存在着非常强烈的期待。因此，小说家回应了人们的期待，在监察官办案陷入绝境、束手无策的时候，出现鬼神显灵、动物提示等种种异象，为其提供线索，让其顺藤摸瓜从而揭示案件真相，甚至直接告知真凶而使案件告破。

本章小结

明代通俗小说是中国古代白话小说发展的高峰，小说内容丰富多彩，为我们呈现了当时广阔的社会生活。从上文分析我们可以看到，通俗小说中有很多涉及司法和司法监察的篇章，叙述了监察官惩罚罪恶、辩明冤枉的故事。通过这些故事，无论是监察官的素质特征、司法监察的运作过程，还是司法监察的功能，抑或民间对司法监察的社会文化心理,都得到了全面反映。从推问准状开始,到现场勘验蛛丝马迹,再到判断案情和折狱处决,小说家们对故事情节描写细致、逻辑合理,对人物刻画栩栩如生,无论是语言、动作抑或是心理意识的描写,都生动逼真。尽管小说家批判了部分监察官昏聩无能、草菅人命、逢迎权奸的恶劣行径,但更多地塑造了一批恪尽职守的监察官的光辉形象。他们或体察民情、不畏强权,或细心磨戡、寻找线索,或精明强干、剖断如流,或会通鬼神,经冤魂梦示、祈求城隍等方法澄清事实、平反冤案,实现了"民奸不终隐伏,而王法悉得其平矣"①的社会理想。在小说家笔下,监察官往往是百姓寄托希望的青天老爷,司法监察是澄清吏治、激浊扬清、雪屈理冤的有力武器。小说家所描述的司法监察活动,所讲述的监察官平反冤案的一个个精彩故事,既表达了民间对黑暗政治的失望以及对不肖官吏的愤慨,也反映了民间的清官崇拜意识以及对监察官寄予厚望,还体现了当时尊崇鬼神显灵、善恶报应的社会信念。

小说家们正是从生活中吸取丰富的素材,以笔为矛,揭露种种罪恶和不公,满足了市井百姓的心理需要,在明代特殊的时代条件下,这些通俗小说"成了小民学习法律的生动教材"②,以上因素造就了当时小说市场的兴盛繁荣。同时,小说家们不经意间留下的宝贵史料,让我们在小说中发现历史,让我们得以通过小说的描写而丰富我们对过往社会生活、政治生活的理解。尽管文学作品中监察官平反冤案的故事与世俗司法监察活动不能完全等同,但并非完全虚构,一定程度上折射出了当时的司法监察运作实况。正如现代学者总结的那样,明代白话小说"对法律的描

---

① (明)佚名:《包公案》卷一《夹船底》,第55页。

② 李建明:《包公文学研究》,复旦大学出版社,2012年,第209页。

摹是非常细致具体、生动活泼的，其触角深入到了史籍和官箴书没有涉及的方面，具有独特的法律资料价值”①。当然，我们也必须注意，小说家创作的初衷并非真实记录历史事件，而是为了抒发心中块垒、迎合市场需要。所以，我们不可能将小说的每一处细节描写都当作历史的真实。这是我们在利用小说研究历史时需要注意的②。

---

① 孙旭：《明代白话小说法律资料研究》，上海古籍出版社，2017 年，第 246 页。

② 关于古代文学作品中法律资料的真实性问题，学者很早就予以关注。李启成通过探讨在处理“妄冒为婚”案件上文学作品与司法文书的差异，对文学作品的直实性提出了质疑。（李启成：《文学作品、司法文书与法史学研究——以审理“妄冒为婚”案件为中心的研究》，《政法论坛》2010 年第 2 期）此后他进一步提出评价法律史研究资料的差等原则：“那些在一定程度上反映法制和司法状况的资料（如正史、文集、回忆性文字等），应低于那些能准确反映法制和司法全局或部分状况的资料（如律例典章、中央司法档案、中央司法机构案例汇编、地方法规、地方司法档案和地方案例汇编、家法族规、乡约行规、方志、契据家谱、政书、讼师秘本、日用类书等），但应高于野史笔记、文学作品等不确定反映法制和司法状况的资料。”（李启成：《“差等”还是“齐一”——浅谈中国法律史研究资料之价值》，《河南大学学报》2012 年第 3 期）

结 语

司法活动是将法律适用于具体案件的过程，无论古今，其基本的价值追求之一即是公平正义。遗憾的是，尽管中国古代司法机制日益完善，但根本不可能杜绝司法腐败现象，审判不公、出入人罪的情况无论何朝何代都是罄竹难书。所以，秉承“明主治吏不治民”的理念，历代统治阶级都注意对各级官吏的司法活动实施监督，注重司法监察制度的建设和完善。

历史发展到明代，朱元璋雄才大略，他认为：“子民者君，君育民者法。其法也，三纲五常以示天下，亦以五刑辅弼之。”[①]故作为“君父”，其既推崇礼，也尊崇法，大力践行“礼法之治”，一方面尊崇儒教，让臣民从儒家文化中汲取忠君之道和纲常名教；另一方面，加强法律制度的建设，并对“明刑弼教”作出新的阐释，推行重典治国，以巩固政权和维护社会稳定。朱元璋及其嗣君积极总结和借鉴前代制度建构的经验教训，尤其是对元代的监察制度作了详细的梳理，承袭了独立的监察机构、垂直的组织体系、广泛的监察权、以卑察尊的监察方式、特定的监察官选拔标准和管理方式、常设监察机构与临时巡按制度相结合等历史传统，又结合时代特点，历三十年殚精竭虑制定《大明律》作为治国安邦的基本法律文本，辅之以令、大诰、例、会典等形式进一步建构和完善了司

---

① (明)朱元璋：《明太祖集》卷一五《序·心经序》，第307页。

法监察制度。特别是明代制定了《宪纲事类》这一综合性的监察单行法规作为监察官纠劾百官、辩明冤枉的法律依据，同时又重视监察的程序和监察官履职行为的规范化，将监察官的活动纳入法律的轨道，保障司法监察的有序进行。总之，明代司法监察制度比前代进一步系统化、完整化，无论是在组织建制、职掌规定，还是在官吏培养、选任、监察纪律，抑或对监察官的保护等方面，都对前代有所突破，成为司法监察活动取得成效的重要保障。

中国古代监察机构经过漫长的历史发展，到了明代已经完全成熟。当时监察机构随着君主专制登峰造极而得到很大发展，"耳目之司"的定位，让监察机构在国家机器中占据重要地位，其组织之庞大，权力范围之广，权威之重，是前代所不能比拟的。明代负责司法监察的中央机构主要为都察院、六科。废除丞相制度之后，明代最高级的机构就是都察院与六部，都御史与六部尚书合称"七卿"。都察院及其监察御史以纠劾官邪、照刷文卷、巡按地方、参与各种会审以及一度轮值登闻鼓等方式实施司法监察职权。六科虽品级不如都察院，然侍从皇帝，除了对六部实施对口监察、轮值登闻鼓、参与各种会审，还与都察院一样具有广泛的弹劾、稽察权和预议大政（包括司法事务）权。刑科可以审核、驳回刑部的章奏，可以通过复奏死刑及上报罪囚数目实施司法监察，而且还监察锦衣卫的逮捕行为和处决死囚的行为。都察院、六科都直接向皇帝负责，相互独立，其内部官员亦独立行事。监察御史和六科给事中虽然官品卑微，但却能以小制大、以下克上。大理寺、刑部可视为兼职司法监察机构，二者以参与中央各种名目的会审、遣官参与京外恤囚会审以及监督执行裁判结果三种方式履行司法监察职能。在地方，提刑按察司是专门的司法和监察机构。上述各机构对各级官吏的司法活动实行监督，同时各机构也加强内部监督，为司法监察实践提供了组织保障，同时也促进了司法监察的专业化、技术化。总之，司法监察制度作为我国古代政治文明的重要组成部分，至明代发展到顶峰，无论是在当时还是对后世都产生了深远影响。

司法活动是以审判为中心的一系列活动，纠正错误的审判是司法监察活动最令人瞩目的环节。按照制度规定，都察院及其御史对于各级衙门的裁判，按察司官员对于所辖府州县的裁判，如发现错误，均有权启动纠错程序，雪冤释屈。监察官对待错案，应以尊重基本事实为前提，其对证据存在瑕疵、司法官吏倚法为奸等诸多原因导致的错案进行纠正，在一定程度上确保了个案的公平正义，实现了绳愆纠缪、激浊扬清的监察目标。监察官积极主动地履行司法监察职责、辩明冤枉，其思想动机除了维护君主专制的政治、社会秩序，还有儒家慎刑价值理念和消弭灾变、应对天谴理念的驱使。

依托完善的监察制度，明代先后涌现出了诸如周新、于谦、吕坤等著名的司法监察官，他们既有高尚的德行，又有突出的才干，既清正廉洁、两袖清风，又刚直不阿、忠于职守，还敢于上披逆鳞、下纠奸佞，成为封建官员队伍中的佼佼者，至今为人所称道。正是这些监察官的集体努力，使得明代司法监察实践一定程度上实现了慎重刑狱、辩明冤枉、确保司法公平正义的目的。遗憾的是，明代司法监察制度赖以存在的封建制度本身导致其潜伏着无可避免的失败因素，君主专制的政治体制使得司法监察制度具有一种先天缺陷，人治社会的官场陋习又成为司法监察腐败滋生的催化剂，使得监察官履行职责时常常陷入困境而无法实现预期目标。

司法监察的困境，首先来自皇帝乾纲独断压制了监察机构独立运行。明代司法监察制度的建构，尽管直接目的是确保司法的公平正义，然而其建构的基本前提却是维护皇权，确保皇帝乾纲独断，最根本任务是维护朱明皇族的“家天下”。所以，纵然明代司法监察制度内容繁杂、巨细无遗，空前完备，但根据这个逻辑设置的司法监察机构，其组织表面上独立，但实际运行起来并不独立。第一，朱元璋“建立起历史上空前强大的皇权权力体系”[①]，作为“耳目”的监察机构及其官吏的活动对于政权的存续具有特殊重要的意义。所以，皇帝根据自身意志创设或改革监察机构，任命或者罢斥包括监察官在内的所有官员，掌握着所有监察官员的仕途命运，使监察机构与监察官绝对听命于皇帝，确保皇帝对包括监察官在内的臣民的绝对控制。第二，皇帝是整个政治系统运转的核心，其能力和素质决定着司法监察制度的实施效果。监察官弹劾百司、纠察官邪之效，完全以皇帝的态度为转移，甚至视皇帝的好恶喜怒为依归。明代前期，历任君主励精图治，给予监察官有力支持，监察权往往就能顺利行使，折奸邪、理冤抑。反之，明代中期之后，皇帝昏庸糊涂，政治腐败，监察权的行使受到诸多限制，其效果自然不会理想。第三，明代阁臣、宦官和锦衣卫依托皇权干预司法监察实践。由于这些势力更接近权力中心，深受皇帝宠信和寄任，他们参与司法监察活动虽说具有一定的积极意义，然而，当他们胡作非为、败坏纲纪，影响正常的司法监察秩序之时，监察官往往不敢持正或不能持正，虽不乏浩然正气的监察官奋起指斥，交章弹劾，然而其结果往往也是以监察官的落败而告终，司法监察自然难以收到实效。

由此，明代司法监察实践中，形成了一种悖论性的现象：一方面，监察机构在典制上各自独立，监察官有着很大的权力，尤其巡按御史以“代天子巡狩”的身份在其辖区内有着崇高的自由裁量权；另一方面，由于皇帝乾纲独断，监察官只能俯首听命，这种不

① 李渡：《明代皇权政治研究》，中国社会科学出版社，2004年，第235页。

断加强的垂直控制导致监察的经过和效果完全取决于皇帝，加之离皇帝更近的宦官、锦衣卫、阁臣以各种形式参与或干预司法监察，故监察官往往抱怨权力下放不足，掣肘过多。更何况，监察官作为儒家士大夫的一员，深受孔孟政治理想的熏陶，在"入世"和"忠君"之外，尚有"胸怀天下""为民请命""天下为公"的人文关怀与终极追求，当皇权自我膨胀、任性胡来，当皇权卵翼下的各种势力狐假虎威，肆意干涉监察秩序的时候，正直的监察官内心的苦楚可想而知。

司法监察的困境，其次源于官场陋习和社会歪风邪气对监察官的腐蚀。监察官群体与其他官员一样，处于复杂的关系网络之中，年久日深，容易浸染遇事推诿、因循守旧、明哲保身、圆滑世故等官场陋习，甚至拉帮结派、结党营私，难以指望他们还能承担激浊扬清的重任。尤其是明代中后期，由于商业资本、商品经济的撞击和阳明心学、泰州学派异端学说的影响，传统的价值标准、伦理道德规范失去了普遍的共同的约束力，整个社会物欲横流，人们的贪图享乐的欲望被激发出来，上恬下嬉，加剧了官僚队伍的腐化和官场政治的腐败。同时，朝廷对于官吏的考核日益流于形式，追究责任自然也是敷衍了事，大大助长了监察官的腐化之风，给司法监察添上更为黑暗的底色。

另外，监察官制度设计的不合理和监察技术手段落后也容易导致司法监察的效果与人们的期待存在差距。其一，巡按御史、按察司官职责范围太广，承担着极为繁重的政务而不能专理刑名，且他们的助手有严格的员额限制，寥寥可数的人手让很多监察官不堪重负，能用于司法监察活动的时间和精力就非常不济，必然影响履职效果。其二，司法监察较之于普通的监察更具有专业化的显著特点，但监察官基本上出身科举，缺乏法律知识储备；步入仕途之后，又因各项事务繁重，且律文深奥不易把握，故其法律素养往往难以得到明显提高，不能满足职务需要。其三，古代科技不发达，交通设施、监察技术手段落后，没有现代手段以资利用，使得司法监察面临诸多困难。更何况司法官吏出于共同利益又常常结成同盟，上下夤缘、狼狈为奸，相互掩护以抗拒监察，加剧了监察工作的复杂程度，致使落后的科技手段与情况复杂的司法监察工作之间的矛盾更为凸显。

总结起来，明代司法监察制度的建构，既沿袭了前代传统，也有现实原因的考虑，还深深地烙上了开国皇帝朱元璋的个人性格烙印，体现了理想化和功利性的特点。明代司法监察制度及其运作，其积极意义首先在于纠正错案，维护社会公平正义，其次在于防范和惩罚司法渎职，澄清吏治，提高司法效率。此外，明代司法监察还承担着下情上达，涤荡不法势力、巩固中央集权的政治功能和化解纠纷、缓和社会矛盾的社会功能，有效地解决了古代国家地域广袤、科技落后带来的沟通困难、信息交流不畅等问题，对明代的国家治理和社会治理具有重要的积极意义。但是，历史条件决定了明代司法监察制度及其运作的效果，既受到司法监察制度本身的影响，更取决于皇帝的素质和政治生态环境，也不可能超越客观技术条件的限制。对上述内容，明代通俗小说都予以了一定程度的反映。通俗小说中有很多涉及司法监察的篇章，叙述了监察官绳愆纠缪、辩明冤枉的故事。通过这些故事，无论是监察官素质特征、司法监察程序，还是司法监察的功能，抑或民间对司法监察的社会文化心理，都得到了反映。冯梦龙等小说家依照人间世相和读者的心理期待，进行细致描写、合理展开逻辑，其中不少故事以写实的方式深刻而全面地反映了世俗的万千情态，塑造了一批恪尽职守、明察秋毫、雪冤辩诬的监察官光辉形象，也批判了部分监察官昏聩无能、草菅人命、逢迎权奸的恶劣行径。小说所描述的司法监察活动，所讲述的监察官平反冤案的一个个精彩故事，是民间社会对司法监察的认知在经过文人加工后的表达，既体现了民间对黑暗政治的失望以及对不肖官吏的愤慨，也反映了民间的清官崇拜意识以及对监察官寄予重望，还体现了当时尊崇鬼神显灵、善恶报应的社会信念。很多小说家以鬼神显灵的想象让监察官获得超自然能力，也是满足民间对于监察官突破技术落后的缺陷从而辩明冤枉的心理需要。

历史是现实的一面镜子，知古可以鉴今。当下我们国家正在进行监察体制改革，尽管当代的制度呈现出根本不同于以往的崭新面目，但是绝对抹不去深深的历史烙印，这是我们进行法治建设和监察体制改革的民族文化基因。所以，在借鉴域外有益经验的同时，我们更应该从中国古代监察治吏的优秀传统和制度精髓中汲取营养。

部分参考文献

一、古代文献

1. 《明实录》,台湾“中研院”历史语言研究所,1962 年。

2. 《崇祯长编》,台湾“中研院”历史语言研究所,1967 年。

3. 《宪纲事类》,刘海年、杨一凡总主编:《中国珍稀法律典籍集成》乙编第 2 册,科学出版社,1994 年。

4. 《御制大诰》,《中国珍稀法律典籍集成》乙编第 1 册。

5. 《御制大诰续编》,《中国珍稀法律典籍集成》乙编第 1 册。

6. 《御制大诰三编》,《中国珍稀法律典籍集成》乙编第 1 册。

7. 《诸司职掌》,杨一凡、田涛总主编:《中国珍稀法律典籍续编》第 3 册,黑龙江人民出版社,1996 年。

8. (明)陈洪谟:《治世余闻》,中华书局,1985 年。

9. (明)戴金编:《皇明条法事类纂》,《中国珍稀法律典籍集成》乙编第 4、5 册。

10. (明)东鲁古狂生:《醉醒石》,上海古籍出版社,1985 年。

11. (明)冯梦龙:《古今谭概》,中华书局,2007 年。

12. (明)冯梦龙:《警世通言》,中华书局,2009 年。

13. (明)傅凤翔:《皇明诏令》,《中国珍稀法律典籍集成》乙编第 3 册。

14. (明)葛天民、(明)吴沛泉辑:《明镜公案》,刘国辉校点,刘世德、竺青主编:《廉明公案　诸司公案　明镜公案》(合编本),群众出版社,1999 年。

15. (明)海瑞:《海瑞集》,陈义锺编校,中华书局,1962 年。

16. (明)焦竑辑:《国朝献征录》,周骏富辑:《明代传记丛刊》,明文书局影印本,1991 年。

17. (明)兰陵笑笑生:《金瓶梅词话》,人民文学出版社,2000 年。

18. (明)雷梦麟:《读律琐言》,怀效锋、李俊点校,法律出版社,2000 年。

19. (明)李春芳:《海公案》,北方文艺出版社,2013 年。

20. (明)李乐:《见闻杂记》,上海古籍出版社,1985 年。

21. (明)凌濛初:《初刻拍案惊奇》,中华书局,2009 年。

22. (明)凌濛初:《二刻拍案惊奇》,中华书局,2009 年。

23. (明)刘基:《刘基集》,浙江古籍出版社,1999 年。

24. (明)陆人龙:《型世言》,覃君点校,中华书局,1993 年。

25. (明)陆容:《菽园杂记》,中华书局,1985 年。

26. (明)吕坤:《吕坤全集》,王国轩、王秀梅整理,中华书局,2008 年。

27. (明)宁静子辑:《详刑公案》,刘潄石校点,刘世德、竺青编:《详情公案　详刑公案　律条公案》(合编本),群众出版社,1999 年。

28. (明)丘濬:《大学衍义补》,林冠群、周济夫校点,京华出版社,1999 年。

29. (明)申时行等修:《明会典》,中华书局,1989 年。

30. (明)宋濂等:《元史》,中华书局,1976 年。

31. (明)沈德符:《万历野获编》,上海古籍出版社,2005 年。

32. (明)王廷相:《王廷相集》,中华书局,1989 年。

33. (明)徐榜:《宦游日记》,《官箴书集成》第 2 册,黄山书社,1997 年。

34. (明)杨一清:《杨一清集》,唐景绅、谢玉杰校点,中华书局,2001 年。

35. (明)叶盛:《水东日记》,中华书局,1980 年。

36. (明)佚名:《包公案》,王玉杰校点,中州古籍出版社,2009 年。

37. (明)佚名:《详情公案》,马玉梅校点,刘世德、竺青编:《详情公案　详刑公案　律条公案》(合编本),群众出版社,1999 年。

38. (明)佚名辑:《都察院条例二卷》,杨一凡编:《中国监察制度文献辑要》第 3 册,红旗出版社,2007 年。

39. (明)应槚:《谳狱稿》,杨一凡编:《古代判牍案例新编》第 6 册,社会科学文献出版社,2012 年。

40. (明)于慎行:《谷山笔麈》,中华书局,1984 年。

41. (明)余继登:《典故纪闻》,中华书局,1981 年。

42. (明)余象斗编述:《诸司公案》,李永祜校点,刘世德、竺青主编:《廉明公案　诸司公案　明镜公案》(合编本),群众出版社,1999 年。

43. (明)张萱:《西园闻见录》,《续修四库全书》第 1170 册,上海古籍出版社,2002 年。

44. (明)张璁:《张璁集》,张宪文校注,上海社会科学院出版社,2003 年。

45. (明)朱国桢:《涌幢小品》,王根林校点,上海古籍出版社,2005 年。

46. (明)朱元璋:《明太祖集》,胡士萼点校,黄山书社,1991 年。

47. (清)顾炎武著,(清)黄汝成集释:《日知录集释》,上海古籍出版社,2006 年。

48. （明）苏茂相辑，（明）郭万春注：《新镌官板律例临民宝镜》，杨一凡主编：《历代珍稀司法文献》第6册，社会科学文献出版社，2012年。

49. （清）孙承泽：《春明梦余录》，王剑英点校，北京古籍出版社，1992年。

50. （清）西周生：《醒世姻缘传》，中州古籍出版社，1997年。

51. （清）薛允升：《唐明律合编》，怀效锋、李鸣点校，法律出版社，1999年。

52. （清）张廷玉等：《明史》，中华书局，1974年。

53. （清）赵翼：《廿二史札记》，中国书店，1987年。

54. 刘俊文点校：《唐律疏议》，中华书局，1983年。

55. 怀效锋点校：《大明律》，法律出版社，1998年。

二、研究专著

1. 卜宪群：《与领导干部谈历史》，中共中央党校出版社，2020年。

2. 陈大康：《明代小说史》，上海文艺出版社，2000年。

3. 陈光中、沈国峰：《中国古代司法制度》，群众出版社，1984年。

4. 丁玉翠：《明代监察官职务犯罪研究——以〈明实录〉为基本史料的考察》，中国法制出版社，2007年。

5. 方志远：《明代国家权力结构及运行机制》，科学出版社，2008年。

6. 高春平：《明代监察制度与案例研究》，商务印书馆，2020年。

7. 关文发、严广文：《明代政治制度研究》，中国社会科学出版社，1995年。

8. 怀效锋主编：《中国法制史》，中国政法大学出版社，1998年。

9. 贾玉英:《中国古代监察制度发展史》,人民出版社,2004 年。

10. 邝士元《中国经世史》,上海三联书店,2013 年。

11. 李渡:《明代皇权政治研究》,中国社会科学出版社,2004 年。

12. 刘社建:《古代监察史》,东方出版中心,2018 年。

13. 刘云春:《明清小说与历史叙事》,西南交通大学出版社,2017 年。

14. 林代昭:《中国监察制度》,中华书局,1988 年。

15. 刘双舟:《明代监察法制研究》,中国检察出版社,2004 年。

16. 胡沧泽:《中国监察制度史纲》,方志出版社,2004 年。

17. 毛佩琦主编:《中国社会通史・明代卷》,山西教育出版社,1996 年。

18. 那思陆:《明代中央司法审判制度》,北京大学出版社,2004 年。

19. 牛建强:《明代社会研究》,上海人民出版社,2018 年。

20. 彭勃主编:《中华监察大典・法律卷》,中国政法大学出版社,1994 年。

21. 蒲坚编:《中国古代法制丛钞》,光明日报出版社,2001 年。

22. 瞿同祖:《中国法律与中国社会》,商务印书馆,2010 年。

23. 苏亦工:《明清律典与条例》,中国政法大学出版社,2000 年。

24. 唐克军:《不平衡的治理——明代政府运作研究》,武汉出版社,2004 年。

25. 陶道强:《明代监察御史巡按职责研究》,中国社会科学出版社,2017 年。

26. 吴艳红、姜永琳:《明朝法律》,南京出版社,2016 年。

27. 尤韶华:《明代司法初考》,厦门大学出版社,1998 年。

28. 余蔚:《中国古代地方监察体系运作机制研究》,上海古籍出版社,2014 年。

29. 张德信:《明朝典章制度》,吉林文史出版社,2001 年。

30. 张仁善:《中国法律文明》,南京大学出版社,2018 年。

31. 张晋藩主编:《中国古代监察法制史》,江苏人民出版社,2007 年。

32. 张显清、林金树主编:《明代政治史》,广西师范大学出版社,2003 年。

33. 张薇:《明代的监控体制——监察与谏议制度研究》,武汉大学出版社,1993 年。

34. 张星久:《中国政治思想史(古代部分)》,复旦大学出版社,2017 年。

35. 张世明、步德茂、娜鹤雅主编:《世界学者论中国传统法律文化》,法律出版社,2009 年。

36. 张哲郎:《明代巡抚研究》,台北文史哲出版社,1995 年。

37. (美)贺凯著,谢天译:《明朝监察制度》,中国方正出版社,2021 年。

三、研究论文

1. 艾永明:《中国古代监察与司法的关系——兼议对当代监察体制改革的启示》,《法治研究》2018 年第 5 期。

2. 常冰霞、艾永明:《中国古代监察权的监督与制约及当代启示》,《华侨大学学报(哲学社会科学版)》2020 年第 1 期。

3. 陈炜强《论董仲舒的法政思想及其历史意义》,《江南大学学报(人文社会科学版)》2014 年第 1 期。

4. 程惠霞:《明代巡按御史机制及其反腐败功能研究——基于委托代理制度分析框架》,《中国行政管理》2017 年第 2 期。

5. 段颖惠:《明朝对御史的监察立法及其意义》,《湖南工程学院学报(社会科学版)》2013 年第 1 期。

6. 方琢:《洪武时期磨勘司之设与革》,《黑龙江社会科学》2017 年第 1 期。

7. 付海梅:《明代的巡按御史制度研究》,《兰台世界》2014 年第 35 期。

8. 顾元:《体制与道德的背反——中国传统司法的背景及困境》,《安徽大学学报(哲学社会科学版)》2004 年第 4 期。

9. 胡沧泽:《唐代监察体制变革》,《福建师范大学学报》2001 年第 3 期。

10. 胡吉勋:《明嘉靖李福达狱及相关历史评价考论》,《明史研究论丛》(第七辑),紫禁城出版社,2007 年。

11. 黄阿明:《明初磨勘司考论》,《社会科学辑刊》2013 年第 4 期。

12. 纪德君:《明代通俗小说对民间知识体系的建构及影响》,《南京大学学报(哲学・人文科学・社会科学)》2017 年第 3 期。

13. 康中乾:《董仲舒"天人感应"论的哲学意义》,《吉林大学社会科学学报》2014 年第 5 期。

14. 李渡:《明代监军制度述论》,《文史哲》2010 年第 2 期。

15. 李德福:《明代言官》,《上海社会科学》1982 年第 3 期。

16. 李启成:《文学作品、司法文书与法史学研究——以审理"妄冒为婚"案件为中心的研究》,《政法论坛》2010 年第 2 期。

17. 李孔怀、陈永明:《汉唐明三代行政监察体制比较》,《复旦学报(社会科学版)》1994 年第 4 期。

18. 李青:《中国古代监察机构演变及改革的启示》,《国家行政学院学报》2017 年第 2 期。

19. 李青:《中国古代司法监察的现代意义》,《政法论坛》2018 年第 4 期。

20. 梁尔铭:《论明代巡按御史的考察职权》,《历史教学(高校版)》2007 年第 8 期。

21. 隆奕:《明初司法监察制度述论》,《哈尔滨学院学报》2007 年第 1 期。

22. 卢薇、王洪芳:《明代恤刑思想及刑狱实践之剖析》,《兰台世界》2015 年第 11 期。

23. 毛圣泰:《论明代监察御史选任的五维建构》,《南昌大学学报(人文社会科学版)》2015 年第 4 期。

24. 苏嘉靖、柏桦:《明代科道官行取制度兴起与衰落》,《西南大学学报(社会科学版)》2016 年第 6 期。

25. 王毅:《明代通俗小说中清官故事的兴盛及其文化意义——兼论皇权制度下国民政治心理幼稚化的路径》,《文学遗产》2000 年第 5 期。

26. 王伟凯:《明代磨勘司职能考辨——兼论〈明史·大理寺〉目下的一丝差错》,《社会科学辑刊》2017 年第 2 期。

27. 王世华:《略论明代御史巡按制度》,《历史研究》1990 年第 6 期。

28. 吴艳红:《国家政策与明代的律注实践》,《史学月刊》2013 年第 1 期。

29. 吴观文:《论明代监察制度及其作用》,《管理世界》1987 年第 3 期。

30. 修晓波:《明代巡视监察制度若干问题探讨》,《历史研究》2018 年第 4 期。

31. 杨一凡、曲英杰:《〈问刑条例〉与明代中后期统治集团的立法思想》,《学习与探索》1991 年第 5 期。

32. 余兴安:《明代巡按御史制度研究》,《中国史研究》1992年第1期。

33. 赵毅:《明代六科论略》,《社会科学辑刊》1988年第6期。

34. 张晋藩:《明清律“讲读律令”的启示》,《比较法研究》2011年第1期。

35. 张晋藩:《论中国古代司法文化中的人文精神》,《法商研究》2013年第2期。

36. 张晋藩:《中国古代司法监察的历史管窥》,《中国党政干部论坛》2014年第10期。

37. 张晋藩:《中国古代监察思想、制度与法律论纲——历史经验的总结》,《环球法律评论》2017年第2期。

38. 张晋藩:《中国古代的治国之要——监察机构体系与监察法》,《中共中央党校学报》2018年第5期。

39. 张晋藩:《中国监察体制改革的历史文化渊源》,《人民法治》2018年第9期。

40. 张晋藩:《中国古代廉政法制建设之镜鉴》,《人民法治》2019年第5期。

41. 张晋藩:《中国古代官民知法守法的法律宣传》,《行政管理改革》2020年第1期。

42. 张增香:《明代六科给事中浅议》,《东疆学刊(哲学社会科学版)》1995年第4期。

43. 朱子彦:《论明代的内阁与党争》,《社会科学战线》1996年第1期。

44. 朱子彦:《论明代监察制度》,《探索与争鸣》2005年第4期。

45. (日)山根幸夫著,赵英兰译:《战后日本的明史研究介绍》,《史学集刊》2000年第3期。

后　记

这本小书是我主持国家社科基金项目“明代司法监察制度及其运作研究”的最终成果。

我对于中国古代法律文化的认真思考和研究，始于2010年前后。究其原因，除了学术感悟和研究兴趣，就是我当时开启了兼职律师生涯，对法律职业、司法运作充满了憧憬和好奇，也抱着“古为今用”“温故而知新”的期待，想从故纸堆中挖掘些许“资源”以助益自己的律师职业。这些年来，我的职业生活不断地在教师、律师之间切换：时而静坐书斋，青灯伴古籍；时而奔走“户婚田土细故”现场，感受浓浓的“火药味”；时而徜徉于历史长河，指点江山，坐而论道；时而激辩于法庭，说情论法，据理力争。律师执业期间的某些经历确实让我获得了触及灵魂深处的体验，也触发了我的学术灵感，启迪了我的学术思维。

在我看来，历史学者与律师的工作有很大的共同点，即二者都需要“上穷碧落下黄泉，动手动脚找东西”（傅斯年语），在占有大量材料的基础上细致地阅读和甄别，去伪存真、探微索隐，再利用严谨的逻辑和丰富的经验进行推理，回到“现场”，建构“事实”，形成文本。无论是历史学者，还是律师，都应该秉承“有一分证据说一分话”的原则，熟观而深考之，穷研而推理之，下结论既不能盲从，也不能自以为是。诚如明代福建名儒陈第所云：“治史如断狱。”只不过，倘若断狱出了差错，直接攸关生命财产，问题要比治史错讹严重得多。

不幸的是，古代狱讼，不公之事罄竹难书，不平之狱司空见惯，冤声四起、哀号不绝成了社会常态。于是，为了约束司法官吏，尽可能地确保司法活动实现激浊扬清、惩恶扬善的目标，历朝历代都高度重视司法监察制度的创制和运作。经过两千多年的不断丰富和完善，中国古代的司法监察制度在世界上独树一帜，凸显了中华民族在运用制度约束权力、规范权力运行上的理性思维与智慧。司法监察文化亦成为中国传统文化的重要成分。国家领导人一再强调“优秀传统文化是一个国家、一个民族传承和发展的根本”。首先，传统文化深入人心，是中华民族精神基因的传承，是我们无法割断的“过去”。因此我们应该科学对待传统文化，不忘历史才能开辟未来，善于继承方能善于创新。其次，读史可以明智。我们祖先的司法监察活动及其制度建设存在着一些超越历史的价值，早已成为中外共识。欲知往日之事，欲断今日之情，我们有必要向历史索取经验和智慧，努力实现传统文化的创造性转化、创新性发展，使之与现实文化相融相通，共同服务于“良法善治”的追求。这是我对自己学术研究和实践活动的一点感悟。

书稿付梓，于我既是一个阶段学习和工作的总结，也可以借此请教于同行。本书所依托的项目得以立项、结项，既是我个人努力的结果，也凝聚了导师范金民、夏维中、张仁善教授的不少心血。只是三位老师的意见和建议，我因生性驽钝而未能完全领会，实在惭愧！写作过程中，我的妻子给予了我很多理解和支持，让我得以如期完成研究任务。于磊、王刚、阳正伟、陈林等好友都提出了不少宝贵意见，使我获益匪浅。本书的出版，还多亏了凤凰出版社的支持和王淳航兄的帮助。在此，我对上述单位和师友一并表示谢忱。

我才疏学浅，书中难免有不足之处，敬请读者批评指正。

朱声敏

二〇二二年五月十五日